CHURCHILL

英国名相

丘吉尔

◎刘乐华 编译

中国铁道出版社有限公司
CHINA RAILWAY PUBLISHING HOUSE CO., LTD.

图书在版编目（CIP）数据

丘吉尔/刘乐华编译.—北京：中国铁道出版社
有限公司，2019.10
（二战名人录）
ISBN 978-7-113-26032-3

Ⅰ.①丘… Ⅱ.①刘… Ⅲ.①丘吉尔（Churchill,
Winston Leonard Spencer 1874-1965）- 生平事迹 Ⅳ.① K835.617=5

中国版本图书馆 CIP 数据核字（2019）第 141908 号

书　　名：丘吉尔
编　　译：刘乐华

责任编辑：乔建华　　　　　　　　　　　电　　话：（010）51873005
封面设计：刘　莎
责任校对：王　杰
责任印制：赵星辰

出版发行：中国铁道出版社有限公司（100054，北京市西城区右安门西街8号）
印　　刷：三河市兴博印务有限公司
版　　次：2019 年 10 月第 1 版　　2019 年 10 月第 1 次印刷
开　　本：787 mm × 1 092 mm　1/16　印张：23　字数：483 千字
书　　号：ISBN 978-7-113-26032-3
定　　价：59.80 元

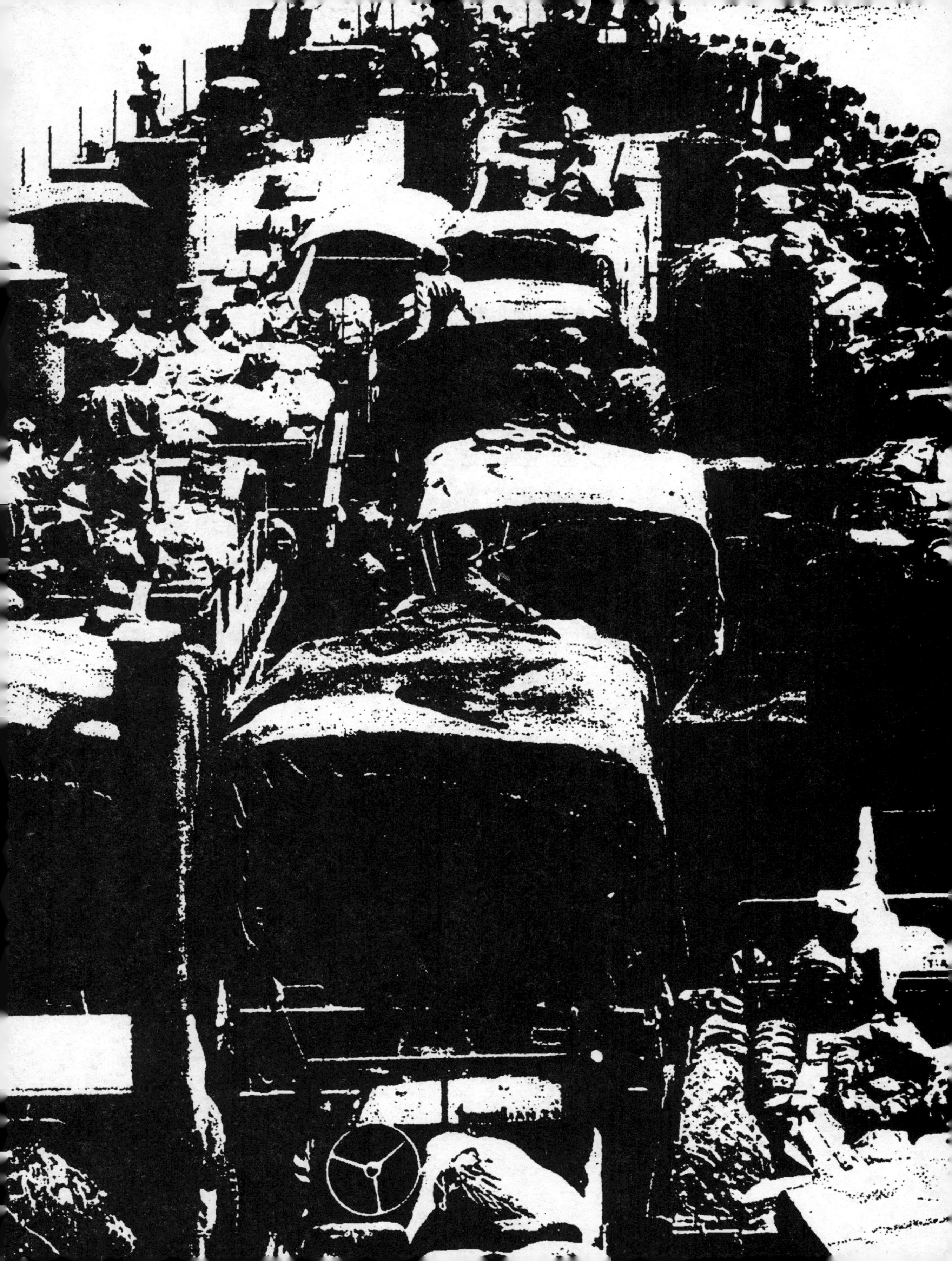

Famous People Introduction

名人剪影

  1874 年 11 月 30 日，丘吉尔出生于一个名门望族。一战时期获得的勋章，并没有抵挡住政治对他的巨大诱惑。20 多岁的他以其高傲和自信，运用一条利舌，向每一届英国内阁"狂轰乱炸"，并以其勤勉的工作态度担任海、陆军大臣，财政大臣等职，且得到了人民对他的交口称赞。当希特勒的魔爪伸向英伦三岛时，又是丘吉尔用他那含血挟泪的精彩演讲，为英国人民的血管重新注入了沸腾的热血……

  英国人民把他推上了首相之位，丘吉尔站在了反法西斯战线的最前沿！又是他把罗斯福和斯大林拉入了反法西斯的同盟阵营……

  丘吉尔一生在宦海中沉浮，可谓 20 世纪最典型的"政客"。他两次荣登首相宝座，并获得英国女王颁发的嘉德勋章。他是 20 世纪英国最伟大的人物之一。他是超群的政治家和演说家、杰出的外交家和军事家、天才的画家、荣获过诺贝尔文学奖的作家……瑞典文学院在授予他诺贝尔文学奖的颁奖词中说："丘吉尔成熟的演说，目的敏捷准确，内容壮观动人……也许他自己正是以这伟大的演说，建立了永垂不朽的丰碑……"

  "我所能奉献的，只有热血、辛劳、眼泪与汗水！"这句宣言把他铭刻在了历史的一页！

1874-1965

> 英国首相丘吉尔。

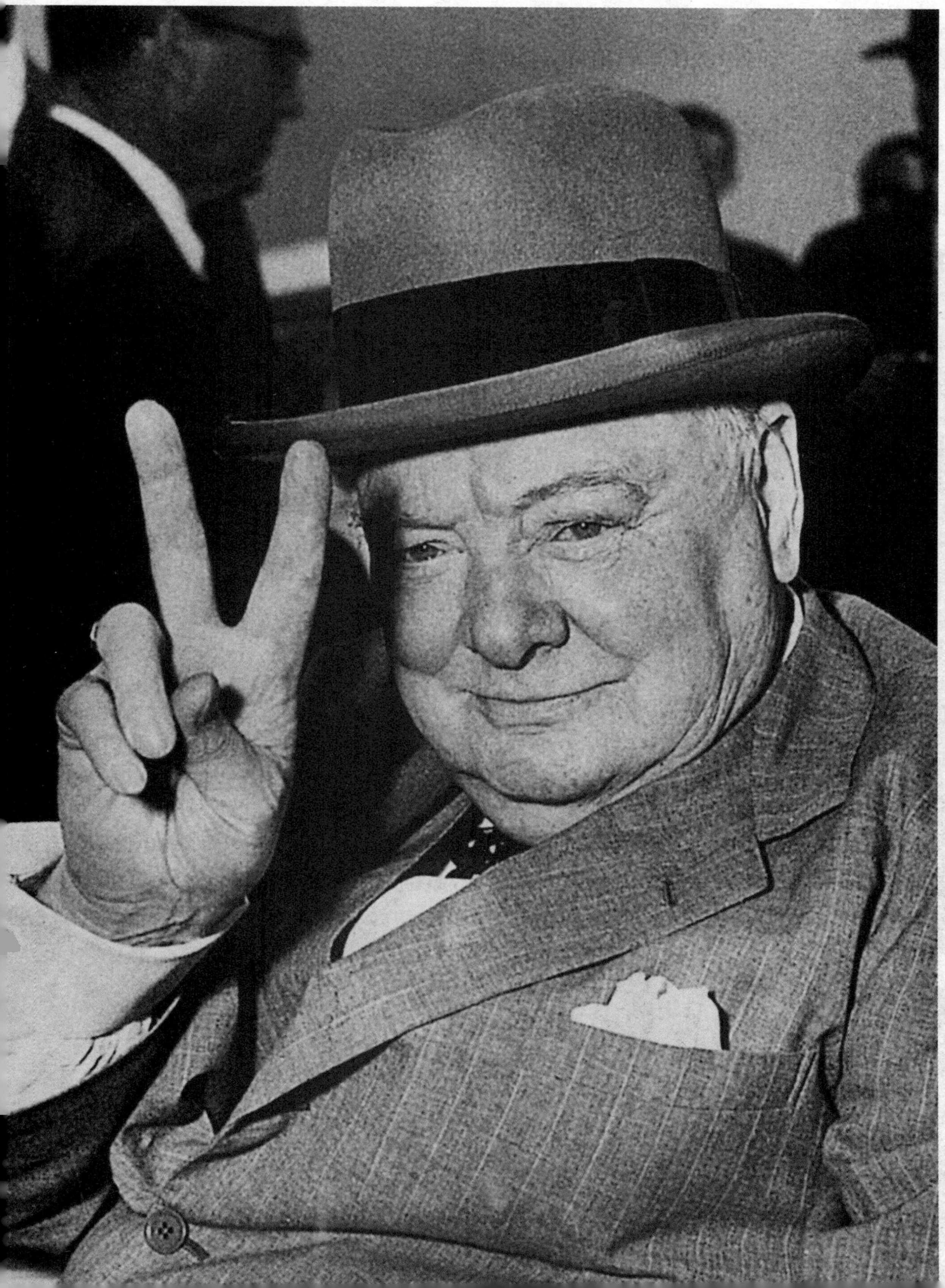

丘吉尔 档案

Winston L.S.Churchill →

1888

3月，从汤姆逊学校转到哈罗公学读书。

1874

11月，诞生于英国牛津郡伍德斯托克镇布伦海姆宫。

1893

1月，从法国凡尔赛学法语归来，在伯恩默思庄园的游戏中摔成重伤，肾脏破裂，险些丧命。

8月，被桑赫斯特皇家军事学校录取，名列第95位。

1881

就读于阿斯科特的圣乔治贵族子弟寄宿学校。

1884

从圣乔治贵族子弟寄宿学校转到布赖顿的汤姆逊学校就读。

1894

11月，在帝国剧院的骚乱中"发表了我的第一次演讲"。

1895

1月，通过桑赫斯特皇家军事学校毕业考试。在130名考生中名列第20位。

父亲伦道夫·丘吉尔因病逝世，终年46岁。

2月，被任命为骑兵中尉军官，分配到第四骠骑兵团服役。

11月，与同伴雷金纳德·巴恩斯中尉一起乘船经纽约赴古巴，采访西班牙军队对古巴民族解放运动游击队的镇压行动，所写战地报道在《每日纪事报》上发表。为此获西班牙政府颁发的红十字勋章。

21岁生日当天遭古巴游击队袭击，幸免于难。

1896

9月，随所属第四骠骑兵团驻防于印度南部的班加罗尔。

1897

春天，回伦敦休假。在伦敦巴斯城外"樱草会"的集会上发表了第一次政治演讲，大获成功。夏秋之间，以随军新闻记者身份参加了英印军队在印度西北边境地区对起义的游牧部落开展的军事行动。

9月，亲身参加了战斗，险遭不测。

10月，重返第四骠骑兵团。

1898

8月，乘船赴埃及，加入在苏丹的英国皇家第21枪骑兵团。

9月，镇压苏丹起义，与苏丹起义者托钵僧队伍遭遇，发生激烈战斗。

10月，从埃及回英国休假。然后返回印度班加罗尔的第四骠骑兵团。

1899

3月，辞去军职，离开印度返回英国。途经开罗时，收集有关英国与苏丹战争的资料。此时已写完《河上的战争》第18章。

6月，前往奥德姆选区第一次参加竞选，但遭到失败。

8月，收到《河上的战争》的校样。

10月，《河上的战争》由朗曼公司出版。与《晨邮报》商定，以该报记者身份赴南非采访英布战争。

乘船驶过好望角，抵达开普敦。然后转途到达德班。

12月，在与布尔人的遭遇战中被俘虏。于当月12日乘机逃出战俘营，24日抵达德班。

1900

2月，《萨伏罗拉》由朗曼公司出版。

5月，《从伦敦到莱迪史密斯》和《伊恩·汉密尔顿的进军》由朗曼公司出版。

6月，进入被攻陷的比勒陀利亚。

7月，从南非回到英国。

10月，当选为奥德姆地区的保守党议员。

赴美国发表关于南非战争的演讲。

Winston L.S.Churchill →

1901

1 月，到加拿大发表关于南非战争的演讲。
2 月，在下院发表新议员的"处女演讲"。

1903

4 月，"胡里干"小组与约瑟夫·张伯伦共进午餐，张伯伦向他们提"关税壁垒"政策。
10 月，丘吉尔在竞选演说中表示将坚定地维护自由贸易政策。

1904

5 月，在下院与保守党切断了联系。

1905

1 月，被保守党取消其议员资格。
5 月，参加自由党。
12 月，谢绝担任财政部次官的邀请，就任殖民地事务部次官。

1906

1 月，《伦道夫·丘吉尔勋爵》由麦克米伦公司出版。在曼彻斯特西北选区的大选中当选为自由党议员。

4 月，在下院的演说中要求与南非战争中的对手和解。

1907

4 月，在帝国会议中就帝国特惠制发言。

10 月，出发作东非之行。

1908

1 月，从东非返回英国。

3 月，《我的非洲之行》由霍德和斯托顿公司出版。

4 月，被提名担任商务大臣。按照相关法律的规定辞去议席，回曼彻斯特参加补缺选举，遭到失败。落选后旋即前往丹迪市参加补缺选举，以较高票数当选。获胜后就任商务大臣，并进入内阁。

5 月，在丹迪市的选举中，再次当选为自由党议员。

9 月，与克莱门蒂娜·霍齐尔小姐结婚。

★ ★ ★ ★ ★

1909

3月，向下院提出在几个适当行业建立工资协商组织的提案，获通过。

7月，长女黛安娜出生。

1910

1月，《人民的权利》（演讲集）由霍德和斯托顿公司出版。

2月，在丹迪市参加大选获胜，当选为自由党议员。就任阿斯奎斯政府内政大臣，进行监狱制度改革。主持制定了《矿山法》以及职业介绍、失业保险等一系列社会改革方面的法律。

11月，在丹迪市参加大选获胜，再次当选为自由党议员。

1911

1 月，亲自处理塞德奈街事件，引起舆论哗然。
5 月，儿子伦道夫出生。
8 月，动用军队镇压海员、码头工人和铁路工人罢工。
10 月，与麦肯纳交换职务，转任海军大臣。

1912

1 月，在海军部正式建立了作战参谋部。
2 月，在格拉斯哥发表针对德国海军的演说。

1914

8 月，在收到"德国已经对俄国宣战"的电讯后，自行下
达海军总动员令。第二天才得到内阁追认。
英国对德国宣战。
10 月，在比利时的安特卫普组织保卫战。
次女莎拉出生。

1915

1 月，在战时委员会上提出达达尼尔计划。
5 月，被解除海军大臣职务，改任兰开斯特公爵郡（不管
部）大臣。
11 月，辞去内阁职务。
去法国前线参加战斗。
12 月，被任命为皇家苏格兰毛瑟枪营营长。

1916

3 月，回英国参加下院关于海军预算的辩论。
4 月，他所在的营被合并，失去营长职务。
5 月，回到伦敦。放弃军职，重新开始政治生涯。
9 月，达达尼尔海峡战事调查委员会成立。

1917

1月，达达尼尔海峡战事调查委员会发表调查报告，为丘吉尔重新在政法崛起提供了契机。

7月，被劳合·乔治提名为军需大臣。

Winston L.S.Churchill →

1918

7月，以严厉手段镇压了军工企业工人的罢工。

11月，三女玛丽戈特出生。

再次在丹迪市当选为自由党议员。

1919

1月，在联合政府中就任陆军大臣兼空军大臣。提出新的复员计划和征兵法案，平息了英军中广泛存在的怨恨情绪和由此引起的多次兵变。

2月，敦促英国政府干涉俄国革命。参加在巴黎举行的协约国最高军事委员会会议，提出成立俄罗斯问题委员会，主张对俄国进行国际性干预。

1921

2月，转任殖民地事务大臣。随后主持举行了开罗会议，以解决北非殖民地的有关问题。会后访问了耶路撒冷。安排埃米尔·费萨尔担任伊拉克国王。同意建立独立的约旦国，由费萨尔的哥哥埃米尔·阿卜杜拉统治。

4月，被解除空军大臣职务。

6月，母亲珍妮·杰罗姆逝世。

10月，参加政府与爱尔兰新芬党领导的谈判。

1922

9 月，四女玛丽出生。在对土耳其的争端中持强硬态度。

10 月，两党联合破裂，政府倒台；失去殖民地事务大臣职务。在丹迪市的大选中落选，遭到第一次失败。

1923

2 月，《泰晤士报》开始连载《世界危机》第一卷。

4 月，《世界危机》第一、二卷由桑顿·巴特沃斯公司出版。

11 月，在西莱斯特选区参加大选遭到第二次失败。

1924

1 月，英国历史上第一届工党政府上台。工党领袖拉姆齐·麦克唐纳出任政府首相。

2 月，同自由党分手。

3 月，在威斯敏斯特选区以"独立的反社会主义者"名义参加补缺选举并遭到第三次失败。

10 月，以"宪政主义者"名义代表保守党参加埃平选区选举并获胜。

11 月，就任鲍德温政府财政大臣。

1925

4 月，在下院作关于第一个财政预算的演说，宣布恢复"金本位制"。

1926

4月，在下院作关于第二个财政预算的演说。
5月，英国历史上第一次全国工人总罢工爆发。

1927

4月，在下院作关于第三个财政预算的演说。

Winston L.S.Churchill ⊙→

1929

5月，参加埃平选区选举获胜，当选为保守党议员。但由于工党在大选中获胜组阁，丘吉尔失去财政大臣职务。
7月，和儿子伦道夫、弟弟杰克及其儿子约翰尼到加拿大、美国等地旅行演讲。《世界危机》第四卷由桑顿·巴特沃斯公司出版。

1930

10 月，《我的早年生活》由桑顿·巴特沃斯公司出版。

1931

1 月，因印度宪政问题与保守党领袖鲍德温发生分歧而导致决裂，宣布退出保守党"影子内阁"。
12 月，第二次去美国旅行演讲。
12 月，在纽约遇车祸受重伤。

1932

11 月，《思想与冒险经历》由桑顿·巴特沃斯公司出版。

1933

10 月，《马尔巴罗传：他的生平和时代》第一卷由哈拉普公司出版。

1935

7 月，在鲍德温的国民内阁中任帝国防务委员会下属的空防研究委员会委员。

1936

3 月，德国重新占领莱茵兰地区。
12 月，英国发生国王爱德华八世逊位危机。开始写作《英语民族史》。

★ ★ ★ ★ ★

1937

5 月，首相兼保守党领袖鲍德温引退，张伯伦出任英国首相。
10 月，《当代伟人》由桑顿·巴特沃斯公司出版。

1938

6 月，《军备与盟约》一书由哈拉普公司出版。
7 月，罗斯福总统提议举行美英法等国政府首脑会议，被张伯伦拒绝了。
9 月，由英法德意四国首脑举行慕尼黑会议，同意肢解捷克斯洛伐克。
10 月，激烈抨击慕尼黑协定。

1939

8 月，苏联与德国签订《苏德互不侵犯条约》。
9 月，德国进攻波兰。
英法向德国宣战。张伯伦邀请丘吉尔出任海军大臣。
苏军占领波兰东部。

1940

4 月，德军攻占挪威和丹麦。

5 月，就任联合政府首相。

荷兰、比利时先后投降德国。

敦刻尔克大撤退。

6 月，德军占领巴黎。

法国总理贝当元帅与德国签订停战协定。

7 月，不列颠之战。

9 月，德、意、日在柏林签订条约，正式形成法西斯国家联盟。

11 月，罗斯福在大选中获胜，连任第三届美国总统。

12 月，罗斯福发表著名的"炉边谈话"。

1941

3 月，《租借法案》在美国国会获得通过。

8 月，在大西洋上同美国总统罗斯福会谈。14 日签署《大西洋宪章》。

12 月，日本袭击珍珠港，进攻新加坡，发动了太平洋战争。

乘"约克公爵"号到美国同罗斯福会谈。

1942

6 月，飞往华盛顿讨论进攻北非的计划。

8 月，飞往莫斯科同斯大林会晤。

1943

1 月，参加卡萨布兰卡会议。

5 月，访问北非，与戴高乐会晤。

11 月，参加开罗会议。

参加德黑兰会议。

1944

6月，"霸王行动"计划开始实施，盟军在诺曼底登陆。
苏军进入反攻。

1945

2月，参加雅尔塔会议。
3月，英国前首相劳合·乔治逝世。
4月，罗斯福总统因脑溢血突然逝世。
希特勒自杀。
5月，德国宣布投降。
丘吉尔辞职，解散战时联合政府，组织看守政府。
7月，参加波茨坦会议，与斯大林、杜鲁门会谈。
在大选中失败，辞去首相职务。
8月，日本宣布投降。

1946

1月，被授予功勋章。
3月，在密苏里州富尔敦的威斯敏斯特学院发表"铁幕"演说。

1948

6月，《第二次世界大战回忆录》第一卷由卡塞尔公司出版。

1951

10 月，再度出任首相。

1952

10 月，英国成为美、苏之后的第三个拥有原子弹的国家。

1953

3 月，斯大林逝世。
6 月，在女王伊丽莎白三世的加冕典礼上被授予嘉德勋章，以表彰他对英国所作的贡献。
轻度中风。
12 月，获诺贝尔文学奖。

1955

4 月，辞去首相职务。

1956

4 月，访问联邦德国，因其对推动欧洲一体化的贡献而被授予"查理曼奖"。

1958

11 月，访问巴黎，被戴高乐总统授予"解放奖章"。

1959

11 月，继承"下院之父"的荣誉称号。

1963

4 月，美国总统肯尼迪宣布授予丘吉尔"美国荣誉公民"称号。

1965

1 月，因病逝世，终年 91 岁。

丘吉尔语录 ⟶

◎ 失去的永远不会比手上现在握住的多。

◎ 宁愿只身在战场上杀敌，也不愿独自面对无理的人。
◎ 暴风雨前的宁静，是在酝酿接下来发生的事。

◎ 你若想尝试一下勇者的滋味，一定要像个真正的勇者一样，用全部的力量去行动，这时你的恐惧心理将会被勇猛果敢所取代。

◎ 我所能奉献的，只有热血、辛劳、眼泪与汗水！

WINSTON L.S.CHURCHILL

◎ 你们问，我的目标是什么？我可以用一个词来回答：胜利……是不惜任何代价赢得的胜利，是不顾一切恐怖都要夺取的胜利，是不论路程多么遥远，路途多么艰苦都必须取得的胜利。因为得不到胜利就得不到生存。

目录
contents

丘吉尔终于迈出了从政的第一步。从此，他成为英国政坛的一个重要人物，担任过许多部门的重要职位。他的前途一片光明。

他已成为炙手可热的人物，各家报纸都争相报道有关他的情况。然而，在到达名声和权力的顶峰之前，还有许多悲伤、失望和困难等待他去挑战、克服。

可丘吉尔坚信，英国人民有一种乐观而又沉着的气质，有了这种气质就可挽回颓局。

英国处处都面临着敌人，处在半包围之中。

在这抗战的高潮，每一个人都表现得很沉着，宁愿豁出自己的生命去决一死战。这就是丘吉尔和战时内阁以及英国人民的心情……

隆美尔虽然是丘吉尔战场上的敌人，但丘吉尔却对他很敬重，他称隆美尔为"一个非常勇敢善战的对手"。丘吉尔经常直接指挥战斗。他认为，最好的防御就是进攻。

丘吉尔满面春风，向下院宣布："'俾斯麦'号沉没了！"下院顿时爆发出一阵满意的掌声。

美国最终参战了,这给丘吉尔战胜法西斯轴心国以无穷的力量。如果说,丘吉尔以前的战胜法西斯的诺言只是一种信念的话,现在,这种信念就要变成现实。

英国许多军政要员们,对他们已经遭到的种种失败,感到惴惴不安。但是,丘吉尔更清楚地知道,这些失败才只是灾难的开始……
丘吉尔已经明显地感觉到有一种令人为难的、不愉快的、无法回答的但又是肤浅的意见,从四面八方,气势汹汹地向他逼来……

丘吉尔求胜心切,一再催促蒙哥马利发动进攻。因为自从丘吉尔当上首相以后,英军就几乎连吃败仗,丘吉尔太想取得一次胜利了。
罗斯福致电丘吉尔:"我们必须和苏联坐在一起开会。"丘吉尔立即回电,在原则上他完全表示同意……

这是丘吉尔一生中值得纪念的时刻。在他的右边，坐着美国总统，在他的左边坐着苏联的主人。他们联合在一起，控制了全世界大部分的海军和四分之三的空军。他们指挥着将近2000万军队，而这些军队正在进行着人类历史上罕见的一次最可怕的战争……

对连续不断的空袭活动，丘吉尔一直感到不安。他担心地说："为了打败德国，法国人民做出的牺牲太大了。"作为战时首相，丘吉尔成立了专门的委员会，自己任主席，每周召开一次会议，由他亲自主持。因为在英国，他对战争负有极其重大的责任。

丘吉尔登上了英国驱逐舰"金伯利"号，去观看盟军登陆的实况……刚才还轰鸣着的战列舰上的大炮也停止了轰击，只能看到军队在行动。
在返航中，丘吉尔走进了舰长室，在里面发现了一部情节动人的小说，名叫《大旅馆》，一路之上，他看得非常投入……

丘吉尔老谋深算，提出希腊、南斯拉夫的事务主要由英国负责处理，而罗马尼亚、保加利亚则由苏联方面负责。而斯大林更加深思熟虑，他要求将此事与美国直接磋商……
圣诞前夕，丘吉尔在伦敦的家中，举行了一个家庭和儿童的晚会。

德国虽然投降了，丘吉尔却没有感到一点轻松。在激动喧闹、庆祝胜利的日子里，这位饱经战争考验的首相向全国人民讲话。他在讲话中，向沉浸在胜利中的全国人民发出了警告……但他想不到的是，抗战胜利结束了，他却被人民抛下了首相的宝座……

丘吉尔不承认自己会从此永远退出政治舞台。而且，他明确地意识到，一旦他离开了保守党领袖的职务和反对党的领导岗位，他就不可能再做首相了。因此，他宣布，他将在议会中全力以赴，研究战后英国乃至欧洲面临的一切问题。
这位71岁的老人还坚信，他一定能够再返回唐宁街10号。

第十二章

∧ 少年时的丘吉尔梦想有一天成为一名军人，能驰骋沙场指挥千军万马。

WINSTON L.S.CHURCHILL

第一章
贵族出身的大人物

1874-1965　丘吉尔

丘吉尔终于迈出了从政的第一步，当他走进童年时候来过的下院大厅时，物是人非，心情无法平静。

他已成为炙手可热的人物，各家报纸都争相报道有关情况。

一个叫斯蒂文斯的评论家说："他的未来是在20世纪。"

从此，他成为英国政坛的一个重要人物，担任过许多部门的重要职位。他的前途一片光明。

然而，在到达名声和权力的顶峰之前，还有许多悲伤、失望和困难等待他去挑战、克服。

>> 贵族的后代

1874 年 11 月 30 日，伦敦郊外一座富丽堂皇的城堡灯火通明。一百多年来，它的名字始终与英国的尊严联系在一起。毫无疑问，历史给予它的崇高荣誉更增添了它的迷人色彩。这座城堡就是布伦海姆宫，它位于闻名遐迩的牛津区约 13 千米外，是一座面积达 91000 亩的庞大庄园。它的主人，是在法兰西土地纵横驰骋而誉满欧洲的约翰·丘吉尔公爵的后代——第七代马尔伯罗公爵，他正在这良辰美景中举行一次平常而注定不平常的晚会。

悠扬的华尔兹舞曲在喧闹的缝隙中升起，像徐徐拉起的幕布一样遮住了其他嘈杂的声音。随着灯光的闪动，人们情不自禁地拥着自己的舞伴，在音乐声中翩翩起舞。伦道夫夫人，这位伦敦社交界公认的美人，也被许多自命不凡的年轻绅士当作舞场上追逐的猎物，人们争先恐后地邀请她跳舞。她也是来者不拒，刚从丈夫的怀抱中解脱，又缠在另外一个男人手臂之上。她成了舞会的皇后，整个舞会就像一湾清澈的湖水，随着舞曲旋律由低而高、节奏由慢而快，像湖水旋转一般，越旋越快，越转越急，成了一个巨大的旋涡。这旋涡的中心，就是令人叹为观止的伦道夫夫人。

人们都沉浸在无比的欢快之中。他们似乎失去了感觉，一切外界的声音、震动，哪怕是厅外呼呼作响的风声，都被湮没了。无论是男人还是女人，都被这种麻木的刺激征服了。

正当人们在兴奋中沉醉之时，大厅里突然传出女人的尖叫声。

音乐声渐渐停下来，那些绅士、淑女们一个个面面相觑，不知所措。从门外跑进来几位女仆人，帮助伦道夫扶起夫人，走向距离最近的一个房间。到了门口，仆人们说道："先生，让我们来照顾她吧，医生马上就来，您放心好了。"

这是一间女更衣室，伦道夫先生无可奈何地摊开双手，望着妻子被搀扶进去，门被"砰"地关上了。

还没有等医生赶来，一个婴儿的尖锐的哭声从女人的号叫中挣脱，划破了舞厅的天花板，在布伦海姆宫的上空回响。

这个孩子就是后来响遍全球的温斯顿·丘吉尔。进入 20 世纪以后，他成了英国政坛的怪杰，也是世界历史名人谱中的一位巨人。

1874 年 12 月，在生下温斯顿·丘吉尔之后，伦道夫夫妇就迫不及待

地赶回伦敦。尽管这个新家庭每年有一笔可观的收入，但由于他们挥霍成性，而显得不十分宽裕。伦道夫夫人沉湎于上流社会的寻欢作乐，跳舞、宴会、美味佳肴成为生活中不可缺少的项目。她把时间都花在与贵妇人们交往的欢娱中，难得有机会照料自己的亲生儿子，而是请了艾伯斯特夫人做保姆。伦道夫先生奔波于议会和宴会之间，有时还去赛马，对于儿子也很少关注。

幸运的是，伦道夫一家住在离总督府不远的凤凰公园的一座住宅里。这是一个小村庄，被郁郁葱葱的丛林灌木包围着。在幼年丘吉尔的记忆里，这是一座大森林！

当黑压压的穿着灰色军装的士兵在检阅台前走过，刺刀在阳光下闪耀着光芒时，小丘吉尔注视着他威风凛凛的祖父，心中充满了自豪感，他想象着有一天自己也能像祖父一样，指挥千军万马，多么气派！而多年以后，他将梦想成真。

出身于名门望族的丘吉尔上学了。

当他正要准备点燃12岁生日蜡烛的时候，父亲决定让他去哈罗公学深造，哈罗公学被认为是伊顿公学之外最出色的，它坐落在一个小山上，空气清新，环境优雅。

可是，丘吉尔在学校的日子并不好过。他的学习成绩太差，只有一科例外，那就是作文。教他作文的索马培老师对这个学生很感兴趣，无

< 进入桑德赫斯特皇家军官学校学习的
丘吉尔与同学合影。

论什么时候，对丘吉尔讲解东西都特别仔细，丘吉尔的作业上，密密麻麻地排满了黑、红、绿等不同颜色的字句。丘吉尔对他，也只有对他特别尊敬。于是，丘吉尔把大量时间花在这一科上，每次考试，他的作文成绩都是出类拔萃的。而其他功课，则一塌糊涂。

此外，对丘吉尔未来的发展具有重要意义的是，哈罗公学有一个军事先修班，是为圣多哈斯特和马利奇陆军军官学校进行预备教育的。丘吉尔似乎从小就表现出了在军事方面的禀赋，他对这一行特别喜欢，为此，他收集了各种各样的玩具士兵，最后足足凑了15000个，相当于一个师的兵力。不仅如此，他的部队还包括炮兵、骑兵，只缺运输部队。他的弟弟杰克在他的诱惑下也偏爱此道，并且成了他唯一的"敌人"。他们制定了自己的军备限制条约，因为杰克代表黑人一方，所以不能拥有炮兵，而丘吉尔不仅拥有要塞大炮，还附加18门野炮。每当他放假回家，都要与弟弟较量一番。他的父亲伦道夫勋爵，经过几年的折腾，对孩子的事也关心起来，经常在一旁"观战"。有一次，他似乎不经意地问丘吉尔：

4

"温斯顿，你是不是愿意成为一名军人？"

玩到兴头上的丘吉尔正享受着"总司令"的荣誉，当即回答道：

"当然愿意。"

父亲并没有再说什么，丘吉尔也没有想到这意味着什么，继续与弟弟"厮杀"着。

进入哈罗公学的第二年，丘吉尔参加了陆军军官的预试，鬼使神差地通过了，于是，丘吉尔顺利地进了军事先修班。

进入先修班后，就完全不同于普通班级了。虽然丘吉尔的名字仍旧被排在学生花名册的最后一位，但上课是与二年级的学生一起上，这或多或少地减少了他的屈辱感。

刚进哈罗时那梦魇般的日子一去不复返了，丘吉尔觉得好像获得了新生似的，人变得更加活跃了，但性格却更加固执。

他的父亲为儿子的糟糕成绩头痛不已。与丘吉尔商量之后，决定让他报考桑德赫斯特皇家军官学校。丘吉尔也从此走出了哈罗公学的校门。

桑德赫斯特皇家军官学校坐落在伯克郡的桑德赫斯特，是一所培养骑兵、步兵军官的学校。在当时的英国社会，只有上流社会的家庭才能供得起，其中包括每年缴纳150英镑的学费，以及成为军官以后各个阶段的巨额花费。军校中几乎没有出身寒微的学生。学校每天早晨6点45分开始上课，一直上到下午4点，其中只留出吃早饭和午饭的时间。所学的科目包括操练、战术、射击、体操、马术、军事管理和军法、地形学等。下午4点以后是自由活动时间，可以进行各种体育活动或到附近散步。晚饭由大家聚在一起进行会餐，晚上11点，必须准时入寝。

丘吉尔对军校的环境十分喜欢，这里优雅，一切都显得干净利落，他下定了决心，从现在开始，努力学习！幸运的是，丘吉尔对学校开设的课程还是很感兴趣的，特别喜欢马术，只是对操练不感兴趣，因此被编入了需要特别训练几个月的特别班。父亲为他寄来不少参考书，学校的图书馆也是丘吉尔常去的地方，渐渐地，丘吉尔养成了爱看书的习惯。在这里，他对古今中外的历史一览无余，更激发了他的上进心。

经过半年的学习，丘吉尔学到了许多东西，他可以挖战壕、作堡垒、制沙袋、建筑工事，还能安装地雷、用炸药破坏铁路、桥梁和敌方工事，甚至能够依据地势绘制出一幅等高线地图。他的成绩很引人注目，他被提拔为后补军官。

*威斯敏斯特教堂

该教堂是英国教会教堂，是11世纪号称"笃信者"的英王爱德华建立的。原为隐修院，后曾多次增建扩修。建筑风格为哥特式。教堂自建成以来，一直是英国历代国王或女王加冕典礼和王室成员结婚的场所。英国历代国王死后，大部分都葬在这里。英国资产阶级革命后，许多名人死后，在教堂也占有一席之地。英国把威斯敏斯特教堂称为"荣誉的宝塔尖"。现在，威斯敏斯特大教堂不但是名人的墓地，而且是难得的"历史博物馆"。

> 丘吉尔的父亲于 1895 年 1 月 24 日去世。
< 图为"二战"期间遭德机轰炸而被毁坏的威斯敏斯特教堂。

　　桑德赫斯特军校特别重视培养学员的社交能力,生性活泼的丘吉尔很容易从中学到经验。他经常对下士军衔的教员和服务人员解囊相助,以博得他们对自己的好感。

　　丘吉尔的虚荣心在慢慢滋长着,他少年时指挥千军万马的幻想更加牢固。他听说克莱武将军年纪轻轻就成了英国驻印度军队总司令,羡慕不已。他天真地以为,国家之间的仗都打完了,以后再也没有使人出头露面、成为叱咤风云的统帅的机会了。他幻想着,如果早一百年出生,那么他还可以碰见拿破仑,并与他交战二十多年,如果那样,该多好啊!可是,这是无法实现的,那么自己的愿望注定要破灭吗?

　　1894 年底,丘吉尔参加了桑德赫斯特军校的最后一次考试,在 130 名学生中,他取得了"史无前例"的第八名的成绩,这使他高兴得手舞足蹈。但就在这时,不幸降临了:他父亲病危。

　　1895 年 1 月 24 日,伦道夫勋爵的眼神渐渐暗淡下来,他用了最后的力气说了一句话,丘吉尔模模糊糊听见了:"你一定要为爸爸争回这口气!"

　　丘吉尔记下了:"一定要争气!"

　　伦道夫在回光返照之后便永远离开了人世。伦道夫的追悼仪式在威斯敏斯特教堂★举行,首相和许多政界名人都前来参加。

　　"我一定为父亲争这口气!"

　　他咬着牙齿,不止一次地警告自己。他想起了父亲临终前那张灰白的脸,还有那暗淡的眼神……

　　父亲的期望、他高贵的血统,以及他家庭的政治荣光,这一切,激励了他一生。

>> 从军之路

父亲去世后，丘吉尔说服母亲，让他选择自己喜欢的骑兵部队。伦道夫勋爵的生前好友伯拉巴宗上校统率第4轻骑兵团，他对丘吉尔特别关照。

不久，丘吉尔被正式任命为骑兵少尉。在骑兵团里，他充分体会到了纵马驰骋的感觉，虽然有时候马跑得太快，把他摔在地上、跌落帽子，甚至还沾了满身泥土，一副狼狈样子，但他仍然觉得很舒畅。有时，在视察总督的指挥之下，由三四十个骑兵连组成的骑兵师列队演习，壮观的场面令人惊心动魄，庞大的方阵开始缓缓移动，一会儿做15度角旋转，一时间尘土飞扬，人喊马嘶，每次都有人摔下马，像是战场上中弹倒下的士兵。每当这个时候，丘吉尔的内心就激动得无法抑制，甚至情不自禁地喊出杀声来。

伯拉巴宗上校生于爱尔兰，他很早以前，甚至早在丘吉尔还没有出生时就成了伦敦社交界中的出色人物，与威尔士王子的关系特别好。他是丘吉尔家里的常客，他对丘吉尔百般照顾，使丘吉尔在服役期间得到了锻炼。有一次，陆军总司令坎布里奇到奥尔德肖特镇视察，伯拉巴宗上校就指派丘吉尔担任他的护卫，陪伴公爵到处巡视。这一次使他有机会见到了威尔士王子、罗伯茨勋爵。后者10年前是由丘吉尔的父亲伦道夫提议被派去印度任驻军司令的，现在已是响当当的元帅。勋爵见到伦道夫的儿子，不免想起伦道夫以前对他的好处，与丘吉尔在一起聊了很久。几个星期以后，丘吉尔又被邀去会见约克公爵和夫人。这些活动，使丘吉尔有机会见到英国最上层的人物，激励他实现自己的愿望。这一年，保守党在大选中获胜，索尔兹伯里再度组阁，丘吉尔常常被邀去参加议员们的聚餐，使他得到更好的机会认识和结交那些政坛的活跃分子，这个时期，他已经俨然是一个政治活动家了。

类似的邀请还有很多，只要他愿意，就可以天天晚上去参加舞会。但是，他没有为这些事情打乱自己的计划，他早已定下自己的抱负，也就是争取政治上的辉煌业绩。在1898年的

大选中，他密切地关注着事态的发展动向，设想着以后自己参加竞选的情景。在给母亲写的信中，他清楚地表达了自己坚定不移的理想。

母亲为他的这种转变而吃惊，但从他坚毅的语气之中，她相信丘吉尔所说的是他的真情实感。作为母亲，还能为他做些什么呢？只是尽她所能，去帮助儿子实现理想罢了。他崇拜那些戎马倥偬的统帅，但骑兵少尉对他来说，至多不过是一块跳板，只要有机会，他就会跳出去。

现在，机会来了。

入伍后八个月，丘吉尔就享受到了第一次休假生活，为期两个半月，可以毫不拘束地游玩、休息。但大西洋对岸的古巴响起的枪炮声激起了他的灵感："何不到古巴去亲眼看一看战争的场面？"他把自己的想法告诉了一个名叫雷金纳德·巴恩斯的少尉同事。

∧ 1898 年 8 月，丘吉尔在开罗时所摄。
< 时为骑兵少尉的丘吉尔。

回到家之后，他对母亲说，他打算利用假期去访问美洲和西印度群岛。母亲大吃了一惊，她不仅担心这次又要花费一大笔钱，而且她也知道西印度群岛正在发生什么事，她不得不考虑儿子的安全。但她拗不过丘吉尔，在儿子的执意请求下，她只好再次动用各种关系。幸运的是伦道夫勋爵生前的好友亨利·德拉蒙德·沃尔夫先生正担任英国驻西班牙大使，伦道夫夫人给这个老头写了一封信说明丘吉尔的请求，沃尔夫轻而易举地为丘吉尔取得了西班牙政府的许可。但是仅有西班牙政府的许

可是不够的，还必须得到最高统帅部的正式同意。这时同样是伦道夫的老朋友、刚刚取代坎布里奇公爵的总司令职务的沃尔答利勋爵，不但爽快地答应，而且亲自接见了丘吉尔，他把丘吉尔去古巴的旅行安排得像执行一次正式任务。

1895年11月初，丘吉尔和他的伙伴巴恩斯少尉乘船抵达纽约，开始了他们的冒险之旅。

在美洲，丘吉尔的好奇心在真正的枪林弹雨中得到满足，这虽然与他幻想的纵马驰骋、所向披靡的情景有很大的出入。但经过这一番锤炼，他开始认识到，战争并不神秘，也远远不像书上描绘得那样浪漫，那样吸引人。这里充满着死亡的威胁。这次，丘吉尔的最大收获就是真正体验到生命的珍贵。不顾一切代价的冒险，是大可不必的。战争，教会了他如何生存。

丘吉尔和巴恩斯被西班牙政府授予了"红十字勋章"，尽管他觉得这项殊荣得来的未免过于容易，但还是欣然接受了。

1896年春天，第4轻骑兵团奉命驻防印度。丘吉尔听到这个消息顿时喜出望外，这一下他终于可以再次到国外去了。

军队要等到9月份才出发，在这之前的几个月里，丘吉尔已准备好各种东西。对于已经有一次经验的丘吉尔来说，这几个月是多余的。在这段时间里，军队管理不严，丘吉尔不必再每天去报到，而是把更多的时间放在交际、游玩上。

这几个月，丘吉尔从入学以来第一次与母亲在一起长时间共同生活。他只是隔三岔五地到部队点个卯，然后就顺路到哈林·汉拉宁玩马球。他已经有了5匹马，玩得还算不错。在这里，许多人都成了他的朋友。对他影响最大的并不是这件事，而且他有时间真正投入到伦敦社交界。以前是因为父亲和母亲显赫的名声的作用才使他受到别人的注意。这次，是他自己努力的结果。

伦道夫夫人从来都不甘于寂寞。为了自己的习惯，同时也为了儿子在政界的成长，她不顾家庭经济状况的拮据，接连不断地邀请自由党、保守党的政治家、文学家、艺术家来家里吃饭。她从来不考虑当中的细节问题，只要愿意来，都可以到家里来。因此，在丘吉尔家里的宴席上就显得格外热闹，往往在野党和执政党的活动家们会借题发挥，互相攻击，争吵不休，有时绅士风度尽失，让丘吉尔大开眼界。这些对他以后步入政界都是有益的。

开拔的日子终于到了。

1896年9月，他去了印度，开始了他漫长的海外军旅生涯。然后，他又去了非洲，经历了真正的战争。一直到26岁，他才回到伦敦，开始了政治生涯。

>> 政坛新星

那天，在26岁的丘吉尔眼中，伦敦从来没有像这样的美丽。当轮船鸣着汽笛徐徐驶进港口时，鳞次栉比地带着古老神韵的房屋和宫殿完全呈现在他眼前，泰晤士河在欢迎凯旋的

∧ 丘吉尔，英国政坛一颗冉冉升起的新星。

战士们的乐曲中荡漾着微笑的波纹。岸上挤满了各式各样的人，他们高举着鲜花和旗帜的手在不停地摇动，嘹亮的口号声在秋风中此起彼伏，回旋在甲板的上空。

　　丘吉尔觉得自己真成了一位英雄，好像所有的欢呼、所有的鲜花、所有的微笑都是为了他而来。他旁若无人地挤在船舷上，若不是身高的原因不能令他更为显眼，他一定会被认为是伟大的统帅。他那副踌躇满志的神情，那扫视整个伦敦城的不可一世的气概，在这个时候，他认为所有人都感觉到了。这不是骄傲，至少在他心中没有这样的字眼，是自豪，是自信。也许是为了整个不列颠民族，而不是因为他自己的雄心壮志；也许是真正的事实而不是他的假想，总之，他真正感受到了被人们拥戴的感觉，十几年来一直追求的神经的颤抖，终于在这时出现了。倘若伦道夫勋爵能见到这个场面，该怎样呢？

∧ 丘吉尔作为《晨邮报》特派记者赴南非采访前留影。

　　回到家后，在闲暇时间，丘吉尔把相当一部分时间放在了写书上。此外，他获得的最有意义的机会莫过于在政治上的尝试。

　　在各种社交场合，他结识了更多的政治活动家，其中几个年轻的议员给他留下了特别深刻的印象，这些人中有著名的保守党党魁、时任首相索尔兹伯里之子休·塞西尔勋爵，还有其他几个著名家族的子弟如帕西等。置身于这些已经在政坛上崭露头角的年轻人中，他开始不免有些自惭形秽。不管怎么说，他毕竟还只是个少尉而已。更何况，这些人都是从牛津、剑桥这样的学府中拿到印有金字的毕业证，单从学历上看，也比丘吉尔强很多。不过在交往中，丘吉尔很快发现，这些人对自己非但没有任何不礼貌的表现，相反，还为自己横溢的才华和丰富惊险的战争经历而惊叹不已。因此，逐渐地，丘吉尔又恢复了从前的自尊和自信。

　　他们在一起讨论如何治理殖民地，既能使英国人放开手脚，又能够得到更多利益；如何让公民得到更多的权利，政治上也应尽可能多地体现出民主。虽然他们大多是保守党人，丘吉尔也带着保守党的家族传统，但观点却不约而同地激进，根本与现在党的政策不合拍。

　　政治的迷雾终于在丘吉尔面前打开，他发觉自己已经具备了发言的权利。至少，他不像以前那样草率，多年的冒险经历坚定了他的信心，同时，也使他在认识问题方面看得更加深刻。年轻的保守党议员们也发现了丘吉尔与众不同的才华，他们邀请他参观保守党总部，甚至请他发表演讲。丘吉尔在心中积淀已久的政治热情和野心被激发起来，他直接让保守党总部为他安排选区。

这是他第一次正式投入政治生活，为此，他准备了一次公开演讲。针对当前的政治势态，他定了这样一个标题：英国将从自由党干涸的排水沟转换为保守党民主主义的海洋，使全体人民获得更大利益。他将所要讲的东西都在本子上整理好，然后充分利用大脑的空间，记得滚瓜烂熟，还进行了几次模拟，争取在规定的 20 分钟内讲完，又要讲得好。

演讲的日子来到了。

讲着讲着，丘吉尔已经忘记了台下的反应，他只听见自己浑厚的声音从喉咙里像波浪一样涌出，整个公园，都是自己的声音。当他演讲结束时，台下响起了一片热烈的掌声。他终于松了一口气，从台上走下来，许多人向他表示祝贺，使他更激动不已。

这是一次成功的演说。第二天，《晨邮报》在全篇刊登的演说辞后还加了一篇评论，把丘吉尔誉为政界的一颗新星，其他的报纸也不同程度地给予评价。丘吉尔瞬间成为政界名人，他的抱负就要实现了！

就在丘吉尔紧锣密鼓地忙于竞选的时候，英国政治气氛已经发生了巨大变化，暴风雨就要来临了，丘吉尔对战争的来临更加敏感。

南非已经进行了长时间的准备，他们从荷兰、德国购进大炮、枪支、弹药，装备了一支强有力的现代化部队。荷兰人在北方不断扩张着，意图在于吞并布尔共和国，取得对南部非洲的全部发言权。而英国政府，也在不断加派军队，保持高度警惕，同时伦敦的唐宁街，开始对形势进行全面分析并商量对策。

10 月初，导火索终于被点燃了，足够强大的布尔人在荷兰的幕后支持下，向英国政府递交了最后通牒，要求英国军队马上撤退，否则将受到决定性的打击。

战争已无法避免。

还没等丘吉尔去联系报社，《晨邮报》的老板奥里巴·伯吉克就匆匆赶来，问丘吉尔愿不愿以特派记者的身份去南非，如果愿意，将获得每月 250 英镑的报酬，一切经费由报社承担。这可是美差事，报酬要比前几次高出几倍，自己还不用花钱，这对谁来说，都有无法抵制的诱惑。丘吉尔十分高兴地答应了，然后就开始做各方面的准备。终于，他随着南下的军队再次登上非洲大陆。但是，在那里，他被俘虏了。

不过，在好心人的帮助下，他爬上一列装甲车成功逃离。他简直欣喜若狂，恨不得跳起来。

德班的英国人早从电报上获知了丘吉尔成功越狱的消息，当他到达那里时，人们举着国旗正守候在码头上。船刚靠岸，一大群人就拥上了甲板，他们欢呼着将丘吉尔举起来，扛着他从码头走向市区，后面跟着狂热的群众，欢呼声惊天动地。到达司令部时，城防司令官紧紧握着他的手，像是接见一个在战争中取得辉煌战绩的英雄。人们一致要求他发表演

∧ 从军到南非的丘吉尔。

讲，亲口告诉他们惊险的奇遇。他们争相送给他礼物，年轻的姑娘送给他亲手编织的毛衣，老太太也将照片塞在丘吉尔手中。虽然英国军队在"黑暗的一周"中蒙受了巨大损失，但对丘吉尔，却像是已经取得了决定性胜利似的。在热烈的欢呼声中，丘吉尔享受了一个英雄般的待遇。他的好运也随之而来，有些事情是他所想象不到的，也是其他人所不敢想象的。

这时，丘吉尔在装甲列车上临危不乱的行动以及他逃跑成功的消息已经成为英国甚至荷兰、美国报纸关注的焦点，他一时成为新闻界关注度最高的人物。他不断收到来自世界各地的祝贺电报和信件，他发给《晨邮报》的稿子，霎时成为最抢手的新闻。英军的失利，使他的逃亡具有更为特殊的意义，被称为"黑暗一周中的唯一亮点"，因此备受关注。丘吉尔决定趁热打铁，主动向普拉将军提出要参加军队。由于丘吉尔惯于对军队，特别是对指挥官进行旁敲侧击的批评，英国陆军部已经下令禁止军官加入报界，更不允许报界人士以军官身份加入战斗。但普拉将军对这个名人还是另眼看待，终于同意丘吉尔以中尉衔加入南非轻骑兵团，但不给发津贴。《晨邮报》仍旧付给他每月250英镑，他同时还是一个报社的随军记者。

此后的两个月，丘吉尔从军南非轻骑兵团，在普拉将军指挥下参加莱迪史密斯的解围战。丘吉尔在这段时间里为《晨邮报》写了大量稿子，积攒了一笔可观的钱。

竞选已为期不远，丘吉尔辞去军队的职务再次赶回了伦敦。

他的竞选演说不止一次淹没在掌声和笑声中，人们无论是否投了他的票，但都对他充满了好感，因为他说话幽默，语气中肯，不像许多政治家那样玩弄说大话、空许诺的把戏。虽然第一次当选优势并不大，却为以后起了良好的铺垫作用。丘吉尔终于迈出了从政的第一步。

WINSTON L.S.CHURCHILL

★萨拉热窝事件

1914年6月28日，奥匈帝国皇储弗兰茨·斐迪南遇刺身亡，这是第一次世界大战爆发的导火索。1914年6月，奥匈帝国为炫耀武力，进行战争威胁，在波斯尼亚首府萨拉热窝组织了以塞尔维亚为假想敌的军事演习。弗兰茨·斐迪南亲自到萨拉热窝检阅第15、16兵团，并指挥演习。6月28日上午10时左右，斐迪南夫妇乘车进入萨拉热窝城内时，斐迪南被17岁的青年普林西波击中头部，当场毙命。这就是举世闻名的萨拉热窝事件。

丘吉尔已成为炙手可热的人物，各家报纸都争相报道有关他的情况，有的甚至开始对他进行全面深入分析，还提出了对他的政治前途的推测。

一个叫斯蒂文斯的评论家说："他的未来是在20世纪。"他当选下议院议员了。这确实是一个伟大的开始。从此，他成为英国政坛的一个重要人物，担任过许多部门的重要职位。他的前途一片光明。

1911年，丘吉尔当上了海军大臣。其时德国正开始挑战英国的地位，两国间大有发生战争的架势。现在，他终于成为一个独当一面的决策者，英国的整个海军，就操纵在他的手中，梦想变成了现实。他风风火火地上任以后，加紧进行战备，在海军部大楼制造了一种临战气氛。他建立了参谋人员值班制度，即在必要情况下发出紧急情报。他上任当天，就把北海的地图挂在自己写字台后面的墙壁上。参谋人员每天用小旗在地图上标出德国海军的部署情况。他这样使自己和同事经常保持敌情观念。

果然，战争发生了。

1914年7月24日，星期五下午，一份紧急电报送到了英国海军部丘吉尔的办公桌上。在塞尔维亚发生了萨拉热窝事件★，奥匈帝国已经向塞尔维亚发出最后通牒。

巴尔干火药桶终于被点燃了。

丘吉尔接到这一消息，当机立断，令各舰队立刻进入战斗岗位。第1舰队趁夜间从波特兰开往斯卡帕湾和罗塞斯的新建基地。丘吉尔本人及其他海军部办公人员，守在白厅的办公桌旁，静观事态的进一步变化。他早就定好了自己的计划，坚决主张宣战！

但是，英国的海军表现很糟糕。丘吉尔成了众矢之的，几乎所有英国海军失利的事件都与他的名字联系在一起，即使他使出浑身解数，也无法扭转舆论对他不利的倾向。他在众目睽睽之下搬离海军部大楼。从

∧ 时任海军大臣的丘吉尔视察部队。

此，他在政坛上时而上升，时而沉沦，但始终没有离开舞台的中央。一直到二十世纪三十年代，他在对德国法西斯的威胁中，显示了远见卓识，从而彻底成为英国人民的核心和领袖。

>> 临危受命

随着希特勒的崛起和德国"战争意识"的重新抬头，丘吉尔敏锐地觉察到了一种隐藏的危险，那就是德国有可能会重新挑起一场世界大战。1933年1月底，希特勒在德国上台，丘吉尔成为最先声讨这个罪恶性质的新政权的人之一。

然而，在这一问题上，丘吉尔又遭到了非议。大多数人还强烈呼吁要求以全面裁军的方式来实现和平，而彻头彻尾的和平主义者的数量也在不断增加。直到国际联盟召开"全面的军备措施"会议时，这些人才改变态度，朝着丘吉尔所希望的方向转变了。

由于丘吉尔的呼吁，内阁决心增强英国空军的力量。联合政府在7月宣布，用5年时间加速扩充皇家空军力量，1937年5月28日，尼维尔·张伯伦担任了首相。

起初，丘吉尔对张伯伦政府持积极的支持态度。此时，他与政府的关系也处于良好发展的阶段。但是，张伯伦是一个一切大权都要抓在自己手中的人物，他希望能够控制他的政策所涉及的一切领域，而且张伯伦在外交上一直主张绥靖政策，即对意大利、德国和日本这三个法西斯主义国家采取宽容的态度，想以让步来换取这三国向苏联进攻，更是对美国总统罗斯福建议召开世界和平会议冷若冰霜。对此，丘吉尔站在了反对政府的一派当中，他对张伯伦政府姑息养奸的政策十分不满，并呼吁采取紧急行动来预防德意法西斯的扩张侵略。但是，张伯伦对这场危机仍想以妥协退让来加以避免，结果使阿比西尼亚落入了意大利手中，而德国则从捷克得到了一块地盘。

这期间，丘吉尔曾到巴黎作过访问，见到了他在法国政府中的老朋友保罗·雷诺和乔治·曼德尔，建议他们千万不能辞去在政府中的职务，否则只是削弱他们在议会中的仅有的一点影响，而对欧洲局势的变化会于事无补的。回到伦敦后，丘吉尔发表了一项声明，声称英法两国对德意的妥协性政策是"西方民主向纳粹武力威胁的彻底投降"。

从此，丘吉尔对张伯伦的对外政策处处予以批评，他本人和张伯伦在这一时期所建立的良好关系也陷于破裂。

张伯伦的妥协政策，终于使他自己尝到了最初的苦果。当他再去德国会见希特勒时，他发现这位独裁者更加桀骜不驯和更加难以满足欲望了，这一次希特勒竟提出由他的军队立即占领捷克斯洛伐克境内日耳曼居民区。张伯伦对此十分气愤，责怪希特勒不守信用，但回到伦敦后，又只能让内阁接受希特勒的无理要求。张伯伦的提议遭到了外交大臣哈利法克斯的强烈拒绝，结果，在丘吉尔和哈利法克斯的倡议下，英国外交部发表单方面声明，声称如果法国出面援助捷克斯洛伐克，英国将站在法国一边。于是，英国军队处于紧急状态，所有人员都动员起来了。到9月28日，当张伯伦正在下院就时事作报告时，突然接到希特勒愿意推迟进攻捷克的消息，这才使张伯伦大大松了一口气。张伯伦立刻做好准备，在4位助手的陪同下，又一次前往慕尼黑，去和法、德、意的领导人会晤。

丘吉尔很清楚，按照张伯伦的一贯作风，他这次前往慕尼黑，极有可能会进一步向德、意纳粹作出让步，不过他并没有得到内阁的授权许可，只不过是自作主张而已。于是，丘吉尔和一些反对派的主要领导人举行了会谈，艾登、艾德里、辛克莱、劳埃德等也都在场。丘吉尔敦促大家联名发电报给首相，坚决不能在捷克的安全问题上投降，但同僚们都因各种原因而拒绝署名。丘吉尔不得不为此感到悲伤。他知道，若不阻止张伯伦的投降，不仅捷克及其他小国难保，英、法也有挨打的危险。因此，当艾登等人同丘吉尔握手道别时，丘吉尔的眼眶里充满了泪水。当张伯伦以牺牲捷克挽回了暂时和平，回到伦敦时，全英国人都大大松了口气，但丘吉尔知道这和平之后会接着发生什么事情。

1939年3月13日，随着德国侵略步伐的加速，丘吉尔的处境明显有了改善。这一天，德国侵占了捷克斯洛伐克尚未占领的地区，宣布对波希米亚实行保护。丘吉尔曾说过的关于慕尼黑协定毫无用处的话，现在被完全验证了。德国的侵略扩大使英国国内的情绪发生了巨大的变化，要求全力重整军备的呼声更加强烈了。张伯伦也感到了某种危险，于是在3月底，宣布建立军需部，而这是3年前丘吉尔就要求鲍尔温政府去做的事情，但鲍尔温和张伯伦都对此置之不理；此外，张伯伦还宣布，要求议会授权进行征兵，将本土军扩大1倍编制。这些决定自"一战"后的和平时期在英国还是第一次。

在战争方面具有远见的丘吉尔，此时又把目光转向了希特勒再次发动战争进攻之前，去促成欧洲各国结成联盟的前景问题。他对巴尔干各国的安全深表忧虑。他在意大利占领阿尔巴尼亚后，就认为英国应在希腊的帮助下，在科孚岛驻扎英国海军部队。直到6月，张伯伦政府才向莫斯科派去一名使节，为达成一项政治性协议先行铺路。

由于丘吉尔在对德国问题上的准确预见，以及他在英国军备问题上的积极态度，使保守党内部产生了一种观点，即必须让丘吉尔参加到内阁中来。既然战争不可避免，那么国家就需要杰出的军事政治家。

有人发起一场张贴布告和标语的运动。其中有一幅标语写道：

"丘吉尔必须回来！"

然而，张伯伦还是认为和平并不是没任何希望，所以他认为如果让丘吉尔回来任职，那么为和平所做的一切努力将会化为乌有。所以，丘吉尔仍被拒于内阁的门外。丘吉尔并不为此而感到失望，他仍积极为加

▽ 1939年，丘吉尔与张伯伦会谈后离开首相官邸。

> 再次担任海军大臣的丘吉尔在视察英国北部的海岸防线时拍的照片。

强对德国的防御而努力。他在8月初，视察了法国的马奇诺防线，并作了鼓舞士气的演讲。

在这次访法之后不久，《苏德互不侵犯条约》签订，希特勒消除了来自东线苏联的威胁，他可以行动了。到9月1日早晨，德国军队开始入侵波兰，第二次世界大战打响了。

张伯伦挽救和平的计划彻底失败了。9月3日，英法正式对德宣战。当天下午，英国下院举行会议，张伯伦把丘吉尔请到办公室里相见。他告诉丘吉尔，他已经决定邀请陆、海军大臣都参加战时内阁，请丘吉尔担任海军大臣。

当天下午，丘吉尔就来到了他原来的海军部办公室。尽管他对这项工作十分熟悉，对这里的室内陈设和海图了如指掌，但他知道，在目前战争危机严重的情况下，他必须作好重新开始的准备，并且重新结识大批高级军官。而在他上次任海军大臣时，他们都不过是一批海军军官候补生这样的中级军官罢了。同时，丘吉尔还起用了一些有才能的军官做他的秘书或助手，他们在战争期间对他在军事上，以至生活上都给予了很大帮助。

为了能够在战时随时接到各方信息，尤其是指挥部队作出的决策，丘吉尔还把自己的住处搬进了海军部大楼，就同1913年一样，占用了一个套间。此外，丘吉尔还作出各种安排，在他私人住房的旁边设立一间高级作战室，里面配备了各种地图。应他的邀请，军事专家林德曼教授也搬进海军部大楼，帮助统计工作人员和经济管理人员建立了一个"经计处"。经过长期谨慎的交往，丘吉尔逐渐取得了海军部军官和其他工作人员的尊重和信任，这给他以后的工作带来了极大便利。

就英德两国的海军力量而言，丘吉尔认为，英国海军的实力仍占优势，但他并不敢因此而掉以轻心。他知道，英国的军舰大都是在"一战"期间或在此之前建造的，而德国海军的军舰全是"一战"后新造的，德国潜艇一向很活跃，绝不可小看德国海军力量。因此，丘吉尔上任后，就视察了英国沿海各基地的舰队，并向军官们谈论了防止德国潜艇和飞机袭击的重要意义。就在他视察结束，于9月18日晚乘火车返回伦敦时，他接到在尤斯顿车站迎接他的海军部第一部务大臣德雷·庞德海军上将的报告，英国的航空母舰"无畏"号被德国海军在布里斯托尔海峡击沉，舰上约500名官兵死亡，占全舰人数的一半，德国海军的行动比英国海军快了一步。

丘吉尔立即决定让新闻界报道这一沉船事件,同时决定尽早向下院通报最初几周的海战情况。9月26日,他向下院说明了英舰遭击沉没的情况,还介绍了建立商船护航制度、武装商船以便自卫的情况。他说英国已被击沉了6艘舰艇,这实际上是一个夸大的数字,但报告使下院感到了满意。这份报告中,丘吉尔使用了极其明确和有力的措辞,语言生动,而且词句中显示出充足的信心,连反对派也十分满意。丘吉尔把反德国舰艇的这场战斗看成是"一场残酷的、大规模的和艰苦的搜索与驱逐战、伏击与计谋战,以及科学与航海技术之间的战争"。

　　10月,一艘德国潜艇穿过苏格兰北部斯卡帕湾防御线,击沉了抛锚在那里的英国主力舰"皇家橡树"号战列舰★,有近800名军官和士兵,包括舰队司令在内阵亡。

　　海军将士们都很清楚,防御力量薄弱正是张伯伦姑息政策造成的后果,而丘吉尔则是这种政策最坚定的反对者,所以大家并不责怪丘吉尔。

　　尽管丘吉尔没有被追究责任,但他身为海军大臣,担子并不轻松,他和他的同僚们必须就重大的军事损失及时找出对策。丘吉尔几乎动用了海军部内专家的所有力量来逐一解决战争中遇到的问题,首先就是对付各种形式精巧的德国磁性水雷。德军正是用布磁性水雷的方法来击沉英国舰艇,虽然这种磁性水雷的设计应用不是什么新奇的东西,但要弄清其引爆系统的奥秘必须得有一个样品进行剖析才能解决。当年11月底,英国海军在泰晤士河的港湾口的泥滩中发现了一枚德国掩埋的磁性水雷,丘吉尔立刻派了一个勇敢而技术高超的专家小组把它拆开,解开了其中的奥秘。这样,英国就立即在商船上安装了避免遭受磁性水雷袭击的装置,但这一切都得暂时保密,严禁泄露出去。丘吉尔通过这一事件,重新树立起海军大臣的威信。

　　丘吉尔还知道,仅有防御是不够的。海军部知道敌人有2艘小型战舰在大西洋上非常活跃,便派了一支搜索舰队追踪,以图击沉它们。12月13日,其中1艘德国名为"施佩伯爵"号的战舰被3艘英国巡洋舰发现,英国舰队在指挥官

★ "皇家橡树"号战列舰
英国海军第二次世界大战时期的战列舰之一。1916年建成下水服役,标准排水量33,500吨,该舰长190.3米,宽26.97米,吃水深8.27米,主机动力5万马力,最大航速为每小时23海里,舰载武器装备有381毫米主炮8门、157毫米副炮10门及大量中小口径平高两用大炮。1939年10月14日,在英国斯卡帕湾停泊时被潜入军港的德国海军U-47号潜艇发射的鱼雷击沉。

∧ 1940 年，丘吉尔在视察海岸防线。

亨利·哈伍德准将的率领下，把"施佩伯爵"号逼进了乌拉圭的中立港口蒙特维多。这艘德舰受到了重创，但英国也有 1 艘巡洋舰受到更严重的破坏，不得不退出追杀。过了 3 天，德舰从港口出来，但因英舰的封堵，最后其舰长下令在港口自行爆炸沉没，舰长也以自杀了事。英国海军的胜利在英国引起了赞扬，当这 2 艘巡洋舰返回英国港口时，丘吉尔为他们举行了隆重的欢迎仪式。

随着欧洲大陆战争的发展，丘吉尔便预计到战争不仅只会限于西线，他认为还应开辟一条北线，以支援法国军队。在西线，丘吉尔主张陆军要建立 55 个师，而在北线，他的设想是建造两艘主力舰，并派一支舰队在波罗的海不定期的巡逻，为主力战舰提供支援，但这一建议未被采纳。到 1940 年 1 月，他又建议在莱茵河投放水雷，以阻止德国舰艇将瑞典北部的铁矿石运往德国各港口。这一计划因涉及侵犯挪威中立地位，而被外交部和自治领事务部反对。丘吉尔提出的几项建议均遭到了否定，这使他有施展不开才能的感觉。2 月，丘吉尔又陪同张伯伦出席在法国巴黎举行的最高军事委员会会议，但法国在这次会议中所表现出来的冷淡态度，使丘吉尔深深感到正是他们的这种漠然导致了盟国在军事上遇到的困难比想象的还要多，因为法国领导人并不想在西线采取主动作战。

为了协同对德作战，英国战时内阁又向法国提出两项计划：第一项是在莱茵河投下漂浮水雷以阻止德军的进攻，第二项则是在挪威出海口布防水雷，而这些计划是丘吉尔提出的。

虽然达拉第已不再执掌法国最高政权，但他仍有很大的影响，他和张伯伦一样，竭力采取妥协政策以避免战争。因此，英国向法国提出的第一项计划被拒绝，法国只同意在挪威海岸线布雷的计划。达拉第心想这样一来，就可以使德国不至于以为是法国的支持，德国便不会向法国进攻。

但是，法国答应的太迟了，德军从海陆空三路进攻挪威和丹麦，攻占了挪威各主要港口，包括最北部的纳尔维克港。"闪电战"使德军仅一天就占领了丹麦。英国与德国海军在挪威沿海进行了激烈的战斗。4月9日，由5艘驱逐舰组成的英国舰队在驶入纳尔维克港湾时，与从前线急速返回偷袭英军的德国舰队相遇，英军利用出其不意的有利条件，击伤、击沉了数艘德舰，取得了很大胜利，但在英舰驶出港湾时，也丧失了2艘战舰。丘吉尔又尽快把这一战局向下院作了报告。

4月中旬，英国海军方面接连传来令人兴奋的消息。那就是英国"沃斯帕特"号战列舰在进入纳尔维克港湾时，击沉了8艘停泊在那里的德国驱逐舰，而英舰毫无损伤，这使德国海军力量大为削弱。但在挪威陆地上，德军的控制在迅速加强，从中部到南部都被它占领。与海上战争相反，陆战对英军极为不利。因为英军不会滑雪，不熟悉挪威地形，在德国陆军滑雪部队的攻击下，许多英军死在雪地里。到月底，英军只得撤离挪威。

英国在挪威受挫的消息使国内失望情绪迅速蔓延，张伯伦政府在议会中遭到的反对声越来越强烈。反对他的人越来越多，党内外的反对派聚集起来，组成了各种组织，这其中有自由党人戴维斯主持的全党行动组织、反慕尼黑协议的保守党下议员组成的由艾里主持的国会团体、由议会两院保守党组成的由索尔兹伯里侯爵主持的监督委员会。这些组织利用各种场合集会，强烈抨击政府的错误，并要求张伯伦下台。

与此同时，丘吉尔自从担任海军大臣以后，因为他在海上作战所取得的成绩，使他的个人威望在大众中稳步上升。自战争开始后，他必须每月向全世界发表广播讲话，他的演讲才能也给人们留下了深刻的印象。

在1940年初的一次民意测验中，竟有三分之一的人愿意让丘吉尔代替张伯伦担任首相。而到4月初，盖洛普民意测验更为明显，当问到"如果张伯伦先生退休，你愿意谁接任首相"时，有28%的人选艾登，丘吉尔占25%，此外也有选哈利法克斯（7%）、艾德礼（6%）和劳合·乔治（5%）等人的。尽管丘吉尔当时还没有成为众望所归的首相人选，但他在多年来反纳粹暴行中所显示出来的坚定立场和充沛精力，以及准确的预见等，都使人们对他抱有好感，连反对党工党也愿意让丘吉尔代替张伯伦任首相。因为他们认为，在众多的政府大臣中，唯有丘吉尔能够担负起在这场反法西斯的残酷斗争中领导英国人民取得胜利的艰巨任务，尽管他们并不喜欢丘吉尔对工党一贯的敌视态度。

张伯伦决定去王宫，向国王递交辞呈。他知道自己确实不再适宜当首相了。

"那么谁将接任首相？"国王明白他的意图后，问他。

"经议会讨论，决定由丘吉尔来接任。"张伯伦有些不情愿地回答道。

"好的。"英王立即命人给海军部打电话，正是丘吉尔接的电话。当他知道国王要召见他时，他就明白将要有什么事情发生了。他立刻来到了王宫里。

∧ 首相丘吉尔走出官邸。

"温斯顿，你知道我今晚叫你来的目的是什么吗？"国王问。

"我让你来，是要请你组织政府。"国王满意地说。

"真的？"

"当然是真的，你回去赶紧准备吧。"

"是，尊敬的陛下。"丘吉尔像此时才明白似的，脸上立即漾出感激和毫无思想准备的表情。自进入政治舞台以来，他就一直在为这一天的到来进行充分的准备，这一刻终于在他65岁时到来了。如果再不到来的话，他将像所有其他议员一样，下一年就该领取养老金了。他决定不负自己这些年来的伟大目标，不让自己伟大的祖先马尔伯罗感到失望。

从白金汉宫返回海军部后，丘吉尔就以内阁首相的身份来组织他的战时内阁了。

第二天，英王就向全国宣布了让丘吉尔担任首相的决定，这使那些具有较高职务的政府官员对丘吉尔能否控制局势表示极大关心。

尽管国内对此议论纷纭，丘吉尔却以他特有的果断和高效的办事方式，在当天就开始着手组建政府，而且很快就拟好了第一批大臣的任命名单，征得了工党全国执行委员会会议的赞同后，立即将名单公布于世。这样，在短短几天时间内，丘吉尔就组建好了他的战时联合政府，开始了他一生中最为光辉的生活。他最终实现了自己30年来的梦想，成为一位伟大的历史人物。

丘吉尔就任英国首相后，他同美国总统罗斯福的关系变得更加密切了。英美两国间的重大事项实际上是通过他们之间大量的私人函电往来处理。

丘吉尔上台时，英国正面临着严峻的考验。德军突破了法军防线，战火正向法国北部蔓延，巴黎的安全受到威胁，英国远征军也有被歼的现实危险。丘吉尔建议内阁向美国政府求援驱逐舰和新式飞机，得到内阁的赞成。

在这里，丘吉尔表现出了他的远见卓识。以后事态的发展，也正如丘吉尔所预料的那样：意大利参加了德国一方并对法国宣战，德国空军空袭英国，英国孤军奋战。

他赢得了人们的支持。下院对新政府进行信任投票，支持丘吉尔新内阁的票数为381票比0票。丘吉尔赢得了全国一致的广泛的支持。从此，全国人民空前团结，热情迸发，纷纷投身到抵抗法西斯侵略的历史洪流之中。

第二章

苦战德军

1874-1965 丘吉尔

苏、德签订了互不侵犯条约；日本在远东虎视眈眈；西班牙可能随时与英国为敌；投降了的法国组成了维希政府，成为德国的傀儡……英国处处都面临着敌人，处在半包围之中。

可丘吉尔坚信，英国人民有一种乐观而又沉着的气质，有了这种气质就可挽回颓局。在这抗战的高潮，每一个人都表现得很沉着，宁愿豁出自己的生命去决一死战。这就是丘吉尔和战时内阁以及英国人民的心情……

>> 初战受挫

早在1939年10月9日，希特勒就指示陆军总司令部制定入侵西欧的"黄色方案"。"黄色方案"规定，德军的主攻方向和突破点放在法、比边境的右翼，经过荷兰进入比利时和法国北部，击败索姆河北岸的英法联军，直接占领英吉利海峡各港口，切断英国和同盟国之间的联系，迫使英法求和。而盟军为了对付德军取道比利时向法国发动袭击，制订了"D计划"。按照这个计划，法国第一军团和第九军团与英国远征军一同开往比利时，驻守代尔和马斯两河沿岸的主要防线。英国布置的兵力，以及比利时20个师、荷兰10个师，在数量上与德军势均力敌。希特勒对英法作战计划已有所提防。

1940年春，德国军方按照曼施坦因的军事计划，重新拟订了"黄色方案"。根据这一新的"黄色方案"作战计划，德军想从法、比边境楔入法国北部，首先要占领荷兰、比利时、卢森堡三个低地国家，然后再南下占领法国。占领三个低地国家就成了进攻法国本土战略计划的重要一环。

比利时、荷兰这些国家随着欧洲形势的变化早已宣布"中立"。正像对已占领的其他国家一样，希特勒也曾多次向比利时和荷兰提出，"愿意承认和保证两国领土的不可侵犯和中立"。但在1939年5月23日，希特勒却对他的法西斯将领说："必须以闪电的速度……用武装力量占领比利时和荷兰的空军基地。无须考虑中立声明。"

在挪威战役尚未结束时，希特勒就开始准备实施"黄色方案"作战计划。在北海至瑞士边境400多千米的西部防线上，德军集中了136个师，其中包括拥有3000辆坦克的10个坦克师、7个摩托化师、3800多架飞机，分别从三条战线向低地国家和法国发动攻势。

到1940年5月10日，由于希特勒历时8个月的拖延，并且摧毁了波兰，又同斯大林签订了互不侵犯条约，因此可以尽量减少东线的德军。

德国陆军最高统帅部的后备军大约还有47个师，其中20个师作为各集团军群后方的直接后备，另外27个师留作一般后备。德军做好了入侵西欧的一切准备。

盟军指挥部在前线度过了平静的几个月，丧失了警惕性。1940年5月初，有15%以上的人员休假。许多部队开往靶场和训练中心。高级司令部无忧无虑，深信德国人不会来进攻。

< 希特勒与手下将领一起商讨入侵西欧的"黄色方案"。

　　英、法长期以来一直推行对德妥协的"绥靖政策"。最后终于自食其果，首先遭到了德军的进攻。

　　5月10日，希特勒期待已久的对西欧的进攻开始了。德军各部队宣读了希特勒的文告，文告指责英、法奉行背信弃义的政策，并宣称："从今天开始的这场交战将决定德意志民族今后一千年的命运。"

　　德军出动大批飞机猛烈轰炸荷兰、比利时、卢森堡和法国北部所有的机场、指挥所、军用仓库和最重要的工业中心。德国的空降部队迅速着陆，占领机场、桥梁和重要战略据点。德国的陆军所有部队潮水般地向北海至马奇诺防线发动了全面攻势。

　　德军发动进攻后，进展迅速，5月15日夜即交战5天之后，甘末林向法国政府首脑报告说敌人已突破防御，并以大量兵力开进突破口。他还说他没有预备队，对巴黎的安全"不再承担任何责任"。

　　这天清晨7点半左右，丘吉尔被一阵急促的电话铃声惊醒。他迷迷糊糊地抓起话筒，里面传来了法国总理雷诺悲哀的声音："我们被打败了！"

　　丘吉尔听了以后，大吃一惊，出神地愣了一会儿，没有立即回答雷诺。

　　雷诺以为丘吉尔没有听懂，又继续用英语重复道："首相先生，我们被打败了，我们这一仗打输了。"

　　"不会败得这么快吧？"丘吉尔说道。因为他清楚地知道，德军在西线的进攻5月10日才开始。

　　"在色当附近，我们的战线被突破了，他们的坦克和装甲车大批地涌了进来。"雷诺继续说道。

可丘吉尔还是不相信。战争才刚刚打了几天，难道号称拥有欧洲最强大的陆军的法国这么快就被轻而易举地打败了？不但第一次世界大战的经验告诉他，就是当时的福煦元帅也曾亲口告诉过他，敌人在5天或6天的进攻之后，就不得不停下来等待补给，这样就给英、法反攻创造了机会。这种情形，在过去确实是可以常常看到的，在丘吉尔看来，也是目前应该看到的。

可是，雷诺又重复说了一遍："我们被打败了，这一仗我们打输了。"

"如果您愿意的话，我愿意到法国去一趟。"丘吉尔想弄清楚到底是怎么一回事，决定到法国去一趟，顺便征求雷诺的意见。

早在战争爆发之前，英、法两国就开始了军事方面的合作。战争爆发后，两国于1939年9月12日召开了英法盟国最高军事会议，不久又设立了一个协调委员会，全面协调两国的军

∧ 德国入侵法国后，丘吉尔访法寻求对策。

∧ 1940年5月，丘吉尔访法时与法国总理雷诺（前右）等人共商抵御德国侵略对策。

事行动。两国签订的"雷诺－西蒙"协定规定：战争费用由法国负担1/3，英国负担2/3。1939年10月，英国又向法国派出了一支远征军，受法军司令、英法联军总司令甘末林将军统一指挥，同时法国海军则接受英国海军部的统一指挥。

德军在西线发动闪电战后，进展迅速。德军突破色当防线后，更是长驱直入，北面英法盟军的后路有被切断的危险。5月15日清晨6时，法国国防部长达拉第给总理雷诺打电话："我的军队正在瓦解，防线正在崩溃，这一仗我们输定了。"随后，雷诺便要通了丘吉尔的电话。

作好了一切国内的准备工作以后，丘吉尔便于5月16日下午3点，乘英国政府的"红鹤"式飞机飞往巴黎。同行的有总参谋长迪尔将军，另外还有伊斯梅。

丘吉尔一行一下飞机，立刻看到局势比他们想象的要坏得多。迎接他们的官员说，预料最多不过几天德军就会进入巴黎。

丘吉尔在英国驻法大使馆简单地听取了有关当前局势的报告以后，于下午5点半换车到达法国外交部。总理雷诺、国防部长兼陆军部长达拉第,以及英法联军总司令甘末林将军已先期到达那里。每个人脸上都是痛不欲生的沮丧神情。在甘末林面前,在一个学生用的画架上挂着一幅军用地图,约有两码见方,有一条黑色墨水线标出盟军战线。在这条线上的色当那里画了一块很小但是很不祥的凸出部。

甘末林★司令简单地说了一下事情的经过:在色当以北和以南,在大约30千米的一段战线上,德军突破了。迎击的法军已经被消灭或被击溃。一大批装甲车辆正以前所未闻的速度奔向亚眠和阿拉斯,目的显然是要在阿布维尔或其附近一带推进到海边,或者也有可能是指向巴黎。在装甲部队后面有8个或10个全部摩托化的德国师正在挺进,分成左右两翼,进击两头被切断的法军。甘末林讲完后,房间里是一阵难堪的沉默。

"战略后备队在什么地方?"最后丘吉尔打破了沉默问道,随后又用法语重复提问这个问题。

甘末林将军向丘吉尔转过脸来,摇了摇头,耸了一下肩膀说道:"一个也没有。"

丘吉尔听后,简直惊呆了。他在后来的回忆录中坦白地说,他从来没有遇到过这种事,"一个必须防御长达800千米并正在进行着激烈战斗的战线的指挥官竟然没有给自己准备大量的机动力量……我承认这是我一生中碰到的最使我吃惊的事情之一"。

丘吉尔来到窗前。窗外,在外交部的花园里,几大堆火冒起滚滚黑烟。丘吉尔隔窗望见一些法国官员们正用小车推着档案向火堆走去。丘吉尔立刻意识到,法国政府已经准备撤出巴黎了。

在受到突然震动的情况下,丘吉尔不可能了解清楚他曾寄托巨大信赖的法国军队遭受的灾难的程度。丘吉尔提出了某些不高明的军事建议——法国人在这个重大的关头所最不需要的建议。

丘吉尔坚决反对把在北面的此时其南翼已面临着包围危险的盟军往后撤退。他建议这些部队要对德军的侧翼进行强有力的反攻。一直保持沉默,像一个受了处罚的小学生一样坐在一个角落里的达拉第现在开口了。他的脸涨得通红而且歪扭着。

"法国军队没有留下什么力量来掩护巴黎。我们必须把北面的部队撤下来。"达拉第转向丘吉尔说道。

"恰恰相反，"丘吉尔说，"他们应当在原地进行战斗。"

"要做到这一点，"达拉第回答说，"我们必须有一定的后备力量，而我们却什么也没有。"

但丘吉尔不相信德国装甲部队的迅速推进是一种严重的威胁。

"坦克是要有步兵支援的。"丘吉尔继续争辩说，"否则他只是一支有局限性的力量。他们不能供给自己的需求。他们必须添加燃料，重新进行补给。我不愿把德国坦克的这一虚张声势的突然袭击看作是真正的入侵。"

讨论脱离了现实。甘末林将军没有脚踏实地地讨论问题，他忽然插嘴说他希望下令"明天由吉罗将军和第九军团进行反攻"，来挡住德军的进犯。丘吉尔不知道吉罗那天接管的第九军团已不复存在了。

甘末林在雷诺和达拉第强有力的支持下，要求英国投入更多的飞机——至少10个中队的战斗机。他们说，这是阻止住德国坦克的唯一希望。丘吉尔徒然地力图表明战斗机不能阻止坦克。

"阻止坦克进攻是炮兵的任务。"丘吉尔争辩说。

丘吉尔似乎觉得很奇怪，控制着欧洲最多的炮兵的法军最高统帅竟然不懂这一点。除了他们的现代化火炮之外，法国还拥有第一次世界大战留下来的几乎是取之不竭的75毫米口径的火炮。这些火炮可以当作出色的反坦克炮使用。

已经下令派遣4个新的战斗机中队开赴法国的丘吉尔，在这一天结束的时候终于答应要求国内再派6个中队到法国来。这样一来，就只剩下25个飞行中队保卫英伦三岛了。在丘吉尔看来，随着时间的推移，需要保卫英伦三岛是越来越明显的了。

大约在深夜11点，丘吉尔接到了伦敦的回电。战时内阁同意了丘吉尔的派3个飞行中队保护法国的请求。

丘吉尔立即乘车到议会后面的雷诺官邸，把这一消息告知雷诺总理。他发现官邸里有些黑沉沉的。过了一会儿，雷诺穿着睡衣从卧室里走出来。丘吉尔把好消息告诉了他，劝他派人去请达拉第来，他认为达拉第的精神也需要振作起来。这位焦头烂额的国防部长按时赶到。达拉第一直一言未发。他从椅子上慢慢站起来，同丘吉尔紧紧握手。丘吉尔回到大使馆时，已是第二天凌晨2点多了。

第二天早晨，丘吉尔乘飞机回国，结束了他就任首相后的第一次法国之行。

与此同时，德国法西斯军队继续在各条战线上扩大侵略战果。博克集团军群加强了对正向斯凯尔特河退却的比、英、法军队的压力。5月17日，德国法西斯军队占领了布鲁塞尔。

　　在被突破的地域，法军第9集团军向西溃退。虽有个别部队进行抵抗，但已无法扭转局势。5月18日傍晚，该集团军全军覆没，司令被俘。在圣康坦附近，德军击溃了法国最后几支掩护部队。再往西，除若干后勤部队和地方警务部队外已无盟国的部队。德国法西斯军队快速集中冲向英吉利海峡。

　　希特勒的将军们没有想到第一次世界大战的战胜者法国军队竟这样不经打。德国总参谋部推测敌方战略预备队集结在法国内地的安纳河和索姆河对岸，他们可能向北方实施突击。5月18日，德国陆军参谋总长哈尔德在日记中写道："不知为什么，元首对南翼忧心如焚。他暴跳如雷，狂叫这可能毁灭整个战役，使他面临失败的危险。"

　　前线失败的消息使法国统治集团惊惶失措。法国国内的法西斯分子和失败主义者则大肆活动，竭力怂恿政府投降。

　　法国统治集团中有一部分人已准备同德国缔结协定，虽然德国法西斯军队在战役初期所取得的胜利不足以决定法军必然失败。但形势危急！

　　雷诺于5月16日把法国驻西班牙大使、83岁的贝当元帅召回巴黎，又从贝鲁特召回列万特地区法军总司令、73岁的魏刚将军。这两个军事家在一战时曾经功勋卓著，这时却倒向了投降派一边。贝当多年来还一直同法国的法西斯分子相勾结，法西斯分子也有意把他捧上独裁者的宝座。

　　1940年5月18日，雷诺政府改组。贝当被任命为副总理，雷诺自任国防部长，达拉第任外交部长。主张同德国交战的芒代尔任内政部长。对贝当的任命加强了失败主义者的地位，而芒代尔的入阁和雷诺本人的声明则给人一种错觉，似乎法国当局会把对德战争进行到底。

　　5月19日，雷诺下令解除甘末林的指挥职务。魏刚将军被委任为海陆空三军总司令。

　　德国最高统帅部加强了进攻集团军的侧翼。在主要突击方向上，投入精锐兵力，还从"B"和"C"集团军群调来一批兵团。伦德施泰特集团军群增至71个师。5月18日，在伦德施泰特的军队内成立了霍特将军的坦克集群。该坦克群奉命进攻阿拉斯。克莱斯特的坦克集群在空军支援下把攻势指向阿布维尔。

　　5月20日，德军坦克师在占领亚眠和阿布维尔后向前推进至英吉利海峡沿岸。在比利时的法、比、英军队集团同在索姆河以南的法军的联系被切断。克莱斯特坦克集群折向北面和东北面，向布伦、加莱、圣奥梅尔方向实施突击。

　　当德国法西斯坦克前进至英吉利海峡沿岸一线，意味着法国北部的盟军已被截为两半。5月20日，希特勒向德军提出新任务：歼灭已陷于孤立的法、英、比军队，准备向法国中部进攻。

> 接替甘末林出任法国三军总司令的魏刚。

正当盟军处于危急关头时，恰巧法国军队总司令易人，造成对军队的战役指挥一时中断。新任总司令魏刚想亲自了解前线情况，因此没有做出什么决定。

盟军唯一能做到的，是5月21日在阿腊斯附近以有限的兵力对敌实施反突击。2个英军师和1个装甲坦克旅迫使德国向南后撤了几千米。德军指挥部担心这是大规模反攻的开始，就急忙调遣援军。但这种担心是多余的。5月21日深夜当法军2个师在阿腊斯地域转入进攻时，英国指挥部却命令自己的军队停止前进，过了一昼夜，他们就离开了阿腊斯。第1集团军群司令布朗夏尔只好把自己的军队撤至杜埃、拉巴塞、贝顿三运河地区。

被紧逼到海边的盟军企图同英军会合的第一次也是最后一次尝试，就这样结束了。

5月23日，古德里安坦克军进抵距敦刻尔克约10千米的阿运河地区，封锁了布伦和加莱。在古德里安部队左翼，赖因哈特坦克军已到达从圣奥梅尔至厄尔的运河一线。敦刻尔克面临被德国法西斯军队占领的直接威胁。这个最大的港口一旦陷落，被封锁的军队就将失去唯一的补给线和撤退的可能性。在运河一线抵抗德军坦克集团的只有法、英的一些零星兵力——没有炮兵的6个步兵营。

5月24日，"A"集团军群司令伦德施泰特经当日抵达其司令部的希特勒的同意，命令坦克部队暂时停留在格拉夫林、圣奥梅尔、贝顿地区。这个"停止前进的命令"对于法国北部的战斗有很大影响，坦克的停留延缓了德军进攻的速度。盟军指挥部急调援军到受威胁地段。尽管布伦和加来被围的守备部队英勇抗击，但5月25日和26日法西斯军队还是相继占领了布伦和加来。

5月24日在被紧逼到海边的盟军集团的正面东部地段，德国法西斯"B"集团军群的军队向库尔特雷地域的比军的右翼实施突击。阿运河地区和库尔特雷被德军突破，使英军司令部惶恐不安。5月25日布朗夏尔抵达戈特指挥所，要求戈特和迪尔相信他能封闭库尔特雷的突破口。这两位英国将军对他的诺言持怀疑态度。戈特终于下令退却。实施魏刚计划的希望落空了。布朗夏尔将军签署了渡过利斯河向敦刻尔克总退却的训令。

为了鼓舞斗志，丘吉尔向政府官员发布了如下的通令：

"在这黑暗的日子里，如果政府中所有的同僚以及重要官员能在他们的周围保持高昂的士气，首相将不胜感激；这不是说要缩小事态的严重性，而是要我们对我们的能力表示信心，我们有坚定不移的决心继续作战，直至把敌人企图统治整个欧洲的野心彻底粉碎为止。不容许法国有单独媾和的想法。可是，无论大陆上发生任何事情，我们也不能对我们应尽的职责表示怀疑，我们一定要竭尽全力保卫本岛，保卫帝国和我们的事业。"

5月26日下午6点57分，英国海军部一声令下，"发电机计划"便开始实行，第一批军队就在那天夜里运回国内。

5月27日，英国采取紧急措施，搜寻更多的小型船只，以"应付特殊的需要"。显而易见，除了较大的船只从敦刻尔克港装载士兵外，还需要大量的小型船只，以备在海滩应用。除了从特丁顿刻布赖特灵锡之间的各个船坞中找到的一共40只可用的汽艇外，伦敦各码头定期航班上的救生艇，只要是可以在沿海滩使用的运输工具，都一律征集备用。27日夜间所有的小型船只像潮水似地涌向大海。先到英国的海峡港口，再从那里开往敦刻尔克，到达盟军身边。

凡是有船的人，无论是汽船，还是帆船，都开往敦刻尔克。许多人纷纷自愿前来积极支援。丘吉尔和海军部原认为最多只有两天时间救出大约45000人，但第一天5月27日就救出了7669人，第二天救出17801人，第三天救出47310人，第四天5月30日，救出53823人，四天中共计救出126603

∧ 1940 年 5 月 31 日，英国远征军正在敦克尔刻登船。

˃ 在敦刻尔克运载英法联军官兵的船只。

WINSTON L.S.CHURCHILL

人。这大大超过了丘吉尔和海军部原来希望救出的人数。

但是，这四天中撤退的 12 万多人中，英军有 12 万人，法国只有 6000 人。丘吉尔立即向负责撤退工作的英军将领强调，要撤出更多的法国部队，否则将对英法关系产生无法弥补的损害。

为了避免误会，商讨下一步的对策，丘吉尔在 5 月 31 日再一次飞往巴黎，参加盟国最高军事会议的一次例会。

会上，丘吉尔详细解释了为什么在敦刻尔克撤退中，法军未能按与英军大体相当的比例撤退，并谈到英国装备遭到的惨重损失。法方对此表示理解。雷诺还对英国海军和空军深深赞许，并对丘吉尔表示谢意。

同时，达尔朗海军上将草拟了一份给在敦刻尔克的海军上将阿布里亚尔的电报：

1.你指挥的几个师和英军司令指挥的几个师应在敦刻尔克周围据守一个桥头阵地。

2.当你确定认为桥头阵地外没有军队能够向登船地点前进时，防守桥头阵地的队伍应立即撤退并登船，让英国军队先上船。

丘吉尔立即插话说，英军决不先上船，英军和法军应按同等数字撤退——"挽臂而行"。英军要担任后卫。最后，英法两国人员都同意了这一点。

正式会谈结束以后，丘吉尔离开会议桌，却发现在重要人物中有几位在凸窗那边以异样的神情在一起谈论，其中为首的是贝当元帅。斯皮尔斯跟丘吉尔在一起，帮助丘吉尔用法语谈话，并发表他自己的意见。那位年轻的法国人、德马尔热里上尉，说要在非洲打到

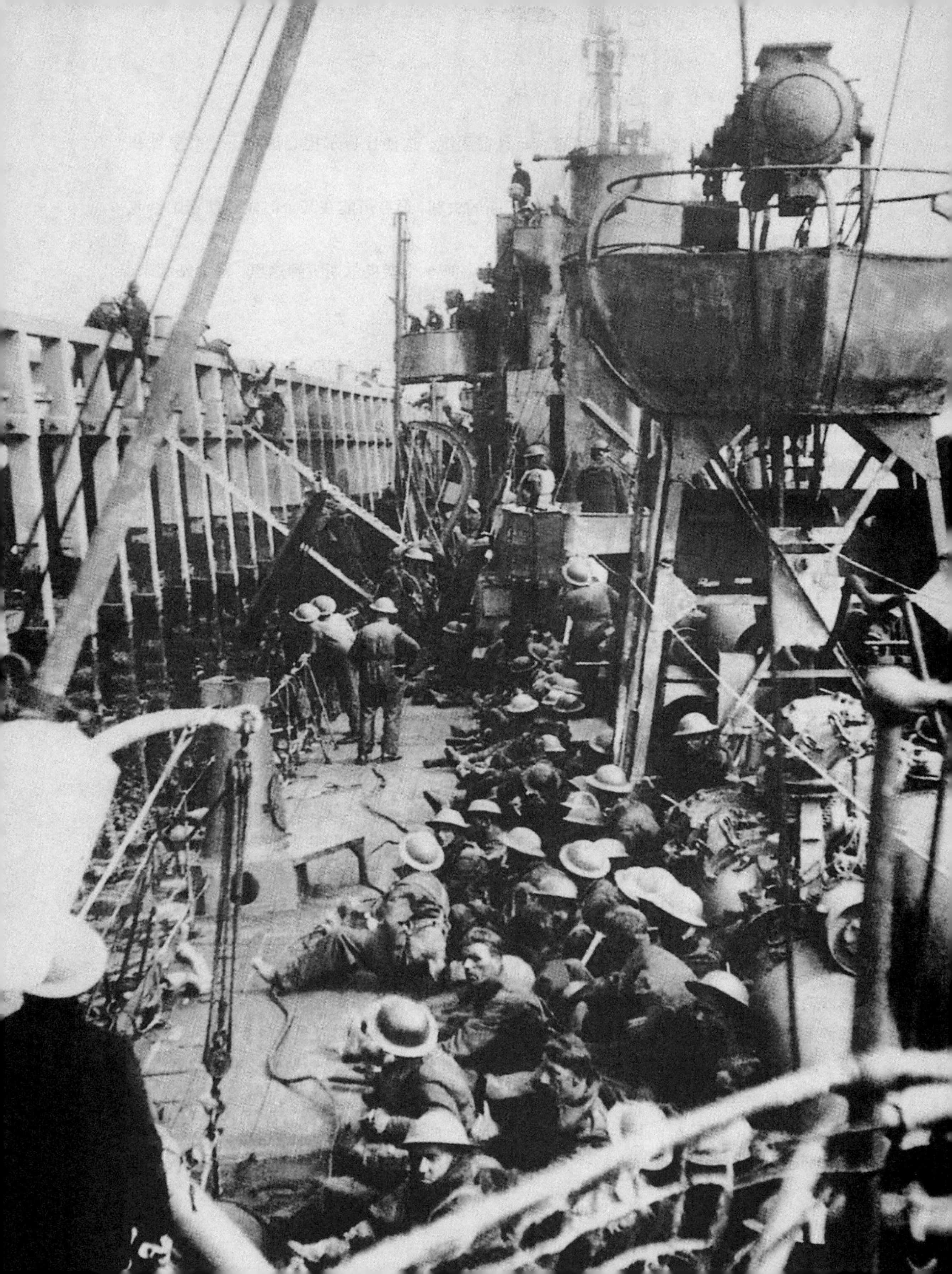

底。可是贝当元帅的态度显得不置可否，而且很阴沉。这使丘吉尔担心他是不是会单独和德国人媾和。

另一位法国人很婉转地说，军事上继续不断的失利，很有可能在某个时候迫使法国修改它的外交政策。

"元帅先生，我想你明白，那不就是意味着封锁吗？"斯皮尔斯听到这里，马上站起来，冲着贝当元帅用很地道的法语说道。

"那也许是不可避免的。"另一个人接着说道。

"那不仅意味着封锁，而是轰炸德国人占领的所有港口。"斯皮尔斯又冲着贝当的面说道。

丘吉尔听了这些话，心里非常高兴。

在最后阶段，撤退工作便进行得顺利了。6月2日拂晓，约有4000名英军配备着7门高射炮和12门反坦克炮与相当数量的法军坚守缩小了的敦刻尔克外围阵地。因为德军猛烈的袭击，撤退工作只能在黑夜进行，海军上将拉姆齐决定把一切可以利用的船只在当夜一起调到敦刻尔克港。除拖船和小艇外，包括11艘驱逐舰和14艘扫雷艇在内的44艘船只于当晚从英国出发。40艘法国和比利时船只也参加行动。在午夜以前，英国的后卫队就上船了。

然而，敦刻尔克的战斗故事并没有到此结束。丘吉尔和海军部打算那天夜里撤退更多的法军，其人数要大大超过他们自己提出的要求。可结果是，船只在拂晓前撤退时，还有大量法军留在岸上，其中有许多还在与敌人交火。因此必须再作一次努力。尽管船员这些天来不断工作，没有休息，已经弄得精疲力竭，但他们还是响应了号召。6月4日，有26175名法国士兵在英国登陆，可不幸的是，仍有几千人留在那里没有撤走，他们在愈来愈小的桥头阵地中一直战斗到4日早晨，这时敌人已进入该城外围，他们的力量已经用尽了。他们要在俘房营里度过今后的岁月。

最后，在6月4日下午2点23分，海军部在法国同意之下宣布"发电机"作战计划★现已胜利完成。总共撤退了33万多人，其中有215000名英国人，123000名法国人和比利时人。其中有50000人是由法国国海军解救的。但远征军却丧失了全部的重型武器。

在援救敦刻尔克的日日夜夜里，丘吉尔一直全神贯注地注意并指挥这一震惊世界的英勇行动。丘吉尔有一次在下院说："应当对沉重的坏消息有所准备。我只补充这么一点，在这次战争中，无论发生什么事情，都不能使我们放弃我们要誓死保卫世界正义事业的职责，也不能摧毁我们有力量勇往直前的信心，正如在我们历史上的许多关键时刻一样，我们有力量冲破重重困难，直到最后打败我们的敌人。"在一次有25人参加的内阁大臣会议上，丘吉尔阐述了事态的过程，并且坦率地说明了他们当时所处的处境，以及一切成败难卜的事情。

丘吉尔最后坚定地说道："当然，无论在敦刻尔克发生了什么事情，我们也要战斗下去。"丘吉尔说到这儿，许多人一下子从座位上跳起来，一面喊叫一面拍他的背。丘吉尔确信，每个大臣都已下定决心，宁愿马上牺牲生命、家庭和财产，也不愿屈膝投降。他们的意见代表了下院，而且可以说是代表了全体人民。丘吉尔后来回忆说："在这以后的几天和几个月中，我每遇适当的场合便表述他们的心情。我是能够表述他们的心情的，因为他们的心情也正是我的心情。一股不可抗拒的熊熊烈火燃遍了我们这个岛屿的每个角落。"

希特勒在敦刻尔克围歼英国远征军的希望最终没有得逞。

丘吉尔说："敦刻尔克海滩的战斗经过将彪炳在我们所有的史册中。"

但是，丘吉尔也清楚地意识到，如果对这次大撤退缺乏正确的认识，就会影响英国人民的士气和抵抗纳粹德国的信心。丘吉尔认为，向自己的人民和全世界阐明，英国继续战斗的决心有可靠的依据而不是一种绝望的挣扎，是能够也是有必要的。

法国的战局继续让丘吉尔感到不安，他决心援助法国。事实上，他早就意识到英法之间唇齿相依的关系，决心对法国承担义不容辞的援助义务。1940 年 5 月 16 日，他给战时内阁的一封信中说："如果拒绝他们的要求，并因此导致他们垮台，将成为不光彩的事。"敦刻尔克撤退完毕之前，他已下令从其他英国部队重新组建英国远征军，尽快开往法国。按照以前的命令，第 52 苏格兰低地师也应在 6 月 7 日开赴法国。这年初集结在英国的装备精良的加拿大集团军主力师，在自治领政府的完全同意下，派往布雷斯特。从挪威撤退的两个法国轻装备师，连同从敦刻尔克撤出的一切法国部队和人员，也都已送回法国。

6 月 5 日，法国战争的最后阶段开始了。法国战线共有第 2、第 3 和第 4 三个集团军群。第 2 集团军群防御莱茵河防线和马奇诺防线；第 3 集团军群则负责从埃纳河到松姆河河口的战线；第 4 集团军群据守埃纳河沿岸。第 3 集团军群由第 6、第 7 和第 10 集团军组成，所有在法国的英国部队编为第 10 集团军。在这个时候，拥有将近 150 万人即大约 65 个师的这一辽阔的战线，现在即将受到 124 个德国师的攻击。这 124 个德国师也编为 3 个集团军群，即博克

★ "发电机"作战计划

第二次世界大战期间英国最高军事当局制定的一项撤退行动的秘密代号。计划主要内容是在法国敦刻尔克进行大规模军事撤退。1940 年 5 月 26 日 18 时 57 分，英国海军部向英国皇家海军正式下达了执行"发电机"计划的命令。当晚至 6 月 4 日，盟军从法国共撤出 33.8 万余人到达英国，除法国、比利时 12 万余人以外，大部分为英国官兵。6 月 4 日下午 14 时 23 分，英国海军部宣布"发电机"计划业已完成。

∧ 丘吉尔在下院发表演讲，表达坚持战斗，夺取胜利的决心。

指挥的沿海战区；伦德施泰特指挥的中央战区；勒布指挥的东方战区。这些战区的德军分别在6月5日、6月9日和6月15日向盟军发动进攻。在6月5日夜间，盟军得悉德军已在当天早晨从亚眠到拉昂再到苏瓦格公路30多千米长的战线上发动了攻势。这是规模最大的会战。

在敦刻尔克战役中，德国装甲部队逡巡不前、按兵不动，以便把力量留在法国战争的最后阶段使用。所有这些装甲部队现在都已全部出动，向巴黎与海岸之间脆弱无力、临时

> 时任德军第7装甲师师长的隆美尔（左）与被俘的英法联军官兵。

布置起来的、摇摇欲坠的法军阵线猛扑。霍特坦克军队从阿布维尔附近的基地出动，向鲁昂方向实施突击。克莱斯特坦克集群从第6集团军地带的亚眠和佩龙讷附近的基地发动进攻，目标是突破法国防御并向博韦和桑利斯推进。德国法西斯军队遭到英勇沉着的法国步兵和炮兵的顽强抵抗。进攻的第一天，克莱斯特坦克集群未能突破弗雷尔将军的法国第7集团军的防御。德国从阿布维尔地域的基地发起的进攻则比较顺利。霍特各师一昼夜推进了将近10千米，6月6日就突破阿尔特马耶将军的法国第10集团军的防御。德国击退英国装甲第1师的反突击后，把阿尔特马耶的集团军分割成两半，并把它的左翼紧逼到海边。

6月7日德军再度发动攻势，两支装甲部队向鲁昂推进。左侧的法国第9军，包括苏格兰高地师、两个法国步兵师和两个骑兵师，或者说所有法军的剩余部队，和第10集团军阵线上的其他部队隔开了。由30辆英国坦克支援的"波曼部队"当时企图保护鲁昂。6月8日该部队被赶回塞纳河，当晚德军进入鲁昂城。英国的第51师和法国的第9军的大部分被切断于鲁昂——迪埃普三面受敌的地区。

丘吉尔极度关心第51师，怕它被逐回勒阿弗尔半岛，从而与主力部队隔断，该师司令官福琼少将事前曾奉命于必要时间向鲁昂方面退却。然而已经瓦解的法军司令部却禁止采取这种行动。丘吉尔曾多次向法军司令部陈述自己的意见，但都无济于事。法军司令部顽固地拒绝正视面前的事实，以致使法军第9军和英军第51师全遭毁灭。6月9日，当鲁昂已陷入德军之手的时候，英国部队才到达位于其北部约17千米的迪埃普。那时候才接到向勒阿弗尔撤退的命令。盟军曾派一支部队掩护这一行动，但是在主力部队行动之前，德军已经穿插进来了。德军从东面进攻，抵达海岸，第51师的大部分和许多法国军队被切断。这显然是一个很严重的措施失当的事例，因为在三天以前就可看出这一危险。

在6月10日，经过激战之后，该师与法国第9军一起退到圣伐勒里的外围，希望从海上撤退。这时候英国在勒阿弗尔半岛的所有的其他部队已经迅速而且安全地上了船。11日至12日夜间，大雾弥漫，船只不能从圣伐勒里撤退军队。12日晨，德军抵达南面的海岸，海滩直接处于德军炮火之下。城里出现了白旗。法国第9军在上午8时投降，苏格兰高地师的残部也被迫在上午10点30分投降。仅有英国官兵1350人和法军930人逃脱了；8000名英军和4000名法军落入了隆美尔将军指挥的第7坦克师之手。丘吉尔对此非常恼恨法国人没有及时让英军第51师退往鲁昂，而让他一再等待，直到他既不能到达勒阿弗尔又不能向南撤退，最后被迫同他们自己的军队一起投降。

丘吉尔对第51师的覆亡极度痛心。他心情沉重。

>> 唇亡齿寒

德国在西线的一系列胜利，使意大利的亲德势力蠢蠢欲动，积极鼓动意大利参战。

英国是法国的盟国，丘吉尔觉得自己作为英国的首相，有责任尽自己最大的努力，使意大利置身事外，虽然他对此并不抱有太大的幻想。

早在丘吉尔出任政府首脑6天以后，丘吉尔就根据内阁的愿望，给墨索里尼写了一封呼吁信，希望意大利不要参战。

但是，墨索里尼的回信是冷淡的。

从这个时候起，丘吉尔就和战时内阁对于墨索里尼打算在对他最有利的时刻参战，已毫不怀疑了。实际上，当法国军队的失败已经很明显的时候，墨索里尼就跟着下决心了。

丘吉尔对墨索里尼的可能参战，作了一系列准备。1940年5月30日，丘吉尔致信海军大臣，询问一旦意大利参战，英军将采取哪些措施去夺取它所有的船只？在英国港口有多少意大利船只？在海上的和外国港口的意大利船只该怎么办？并让海军大臣立即把此信转达有关部门。

> 出席战时会议的法国国防部副部长戴高乐将军。

　　墨索里尼宣战的迹象越来越明显了。6月6日，丘吉尔再次致信空军大臣和空军参谋长说，战争一旦爆发或收到傲慢无礼的最后通牒时，英国应立即攻击意大利。丘吉尔让他们把开往法国南部机场后勤部队的正确位置告诉他。

　　鉴于墨索里尼跃跃欲试，丘吉尔和雷诺也曾请美国总统罗斯福出面，帮助制止意大利对法国宣战。

　　早在1940年4月底，罗斯福就给墨索里尼写了一封密函，暗示如果意大利参加，美国将出面干涉。5月中旬，罗斯福又再次向墨索里尼发出呼吁，软硬兼施。一方面说："伟大的意大利人民把你称为他们的领袖，你有能力防止战火蔓延，使它不殃及地中海地区的2亿生灵。"另一方面，罗斯福又不无威胁地说："万一战火烧遍全球，就将失去各国首脑的控制，任何人……都无法向自己或人民预言其后果。"

　　然而，墨索里尼却不吃这一套。他回答说："意大利到现在已同德国结盟，并将继续保持结盟，在欧洲的命运处于危难之际，意大利不能袖手旁观。"

　　5月底，罗斯福再一次警告墨索里尼说，意大利的干预可能迫使美洲国家参战，美国必然会重新加强武装，并加倍向英法提供军用物资。

　　然而墨索里尼却死活不听，一意孤行。

　　6月20日，墨索里尼向英法宣战的消息传到美国，罗斯福怒不可遏。当天晚上，他在弗吉尼亚大学发表演说。

罗斯福发表演讲时，丘吉尔和一部分军官在海军部作战室里进行了收听，当他们听到有匕首的那句话时，作战室里发出了一阵满意的叫声。这是一篇很漂亮的演说，它充满了感情，并给英国带来了希望的讯息。虽已是第二天凌晨，丘吉尔仍克制不住内心的激动，连夜给罗斯福写了一封信，表示他对总统的谢意。

1940年6月10日，意大利对法国宣战，从背后向法国捅了一刀，使法国腹背受敌，更是难以招架。

法国政府撤出了巴黎，宣布巴黎为不设防的城市，法军总司令部迁到了奥尔良东南的布里亚尔。法国到处都流传着即将同德国签订停战协定的谣言。失败主义情绪正在法国政府和军队中迅速蔓延。

6月11日上午11点前后，丘吉尔接到雷诺的一封电报。前几天丘吉尔曾催促雷诺举行最高军事会议，但现在再也不能在巴黎开会了。雷诺告诉丘吉尔，他能在奥尔良附近的布里亚尔接待他。政府已从巴黎迁到图尔。雷诺并为丘吉尔指定了应当降落的飞机场。丘吉尔欣然接受，于是下令午饭后"红鹤"式飞机在亨顿机场做好准备，在上午的内阁会议上取得了内阁的同意后，丘吉尔便于下午2点启程赴法。

几小时以后，丘吉尔一行人在一个小机场降落。法国人在场的不多，迎接他的只有一位上校。丘吉尔在下飞机时，故意露出一副笑容，显得很有信心的样子。但迎接他的那位上校却面色阴沉，颇为冷淡。丘吉尔立刻意识到，从一周以前他访问巴黎之后，情况已经大大地恶化了。

稍事休息后，丘吉尔一行人被送到一座别墅，在那里会见了雷诺总理、贝当元帅、魏刚将军、空军上将维耶曼，还有其他一些人，其中包括级别较低的戴高乐将军，他刚被任命为法国国防部副部长。

会谈中，丘吉尔力劝法国政府保卫巴黎，认为在大城市内进行逐房抵抗对入侵的军队有巨大的销蚀作用。

然而贝当元帅很平静地以庄严的态度回答说，他现在连一个师也没有了。

魏刚★要求英国大力援助法国。他要求各方面的增援，尤其是英国所有的战斗机队都应当立即投入战斗。

"现在是决定性时刻。因此，把任何一个空军中队留在英国都是错误的。"他说道。

丘吉尔立即进行反驳："现在还不是决定性时刻。那个时刻将要到来，那就是希特勒调动他的空军向大不列颠大举进攻的时候。如果我们能够保持制空权，如果我们能够保持海上交通畅通无阻，我们将替你们赢回一切。"为了保卫大不列颠和英吉利海峡，丘吉尔打算不惜任何代价要保留25个战斗机中队，无论发生什么事情也决不放弃。

丘吉尔又极力主张他的游击计划。他说："如果所有的法国军队，每一个师、每一个旅，在他们的战线上都不遗余力地作战，就可以使敌军的全部活动陷入停顿。"

但是法国人却告诉他，公路上的状况十分可怕，难民拥挤，遭到德军机关枪的扫射，大量居民成批地逃窜，还有政府机构和军事机关在继续崩溃。

"如果这样继续下去的话，法国或许将不得不要求停战。"魏刚无法掩饰住自己对未来的悲观情绪，不禁信口说道。

"那是政治问题！"雷诺立即喝止他。显然，魏刚涉及英法两国关系中的一个敏感问题。

丘吉尔对魏刚的话并没有太多的吃惊。他知道，法国迟早有一天会和德国签订停战条约的，问题是如何让法国能够再多抵抗一些时间。

"如果法国认为在苦难中最好的办法是让它的陆军投降，那就不必为了我们而有所犹豫。因为不管你们怎么样，我们将永远、永远、永远地打下去。"丘吉尔继续说道，"我认为，法军不管在任何地方继续打下去都能消耗或牵制德军100个师。"

"即使法国能够牵制住100个德国师，他们也可拿出另外的100个师来进攻和征服你们。到那时，你们又怎么办呢？"魏刚将军问道。

"我不是一位军事专家，但是我的技术顾问们认为，应付德军入侵大不列颠的最好的办法，就是在半路上尽量淹死他们。对余下的人，他们一爬上岸，就敲他们的脑袋。"丘吉尔答道。

★魏刚将军

法国陆军上将。生于比利时。1887年毕业于圣西尔军校。1920年任驻波兰军事代表团团长，帮助波兰政府进行俄波战争。1930年起先后任陆军总参谋长、最高军事委员会副主席兼陆军总监。"二战"爆发后任远东战区法军总司令。1940年5月德国入侵法国后任陆军总司令。法国败降后先后任维希政府国防部长、驻北非全权代表。后被解职。1942年11月盟军在北非登陆后被德国逮捕，囚禁于德国。1945年5月被盟军释放回国，不久被法国政府逮捕。1948年获释。

"无论如何，我必须承认，你们有一道很好的反坦克障碍。"魏刚将军苦笑着回答道。他所说的反坦克障碍，指的是英吉利海峡。

　　这次会谈除有些使人感到苦恼外，丘吉尔还多了一层内疚。他觉得有4800万人口的英国在对德国的地面作战中未能作出更大的贡献，并且让9/10的人被屠杀和95%的损失都落在法国身上。

　　晚上10点左右，法方安排了一次夜餐。丘吉尔坐在雷诺的右边，戴高乐将军坐在丘吉尔的右边。气氛仍然是亲切而友好的。

　　当丘吉尔一行人离开餐桌，坐下喝咖啡和白兰地时，雷诺便告诉丘吉尔说，贝当元帅已通知他，法国必须寻求停战，贝当已写好有关文件要他过目。雷诺说："他还没有将这个文件交给我，他还不好意思这么做。"丘吉尔认为，当雷诺心里认为一切都完了，法国应当投降时，却支持（即便是暗中支持）魏刚要求英国调派最后的25个战斗机中队，对此，雷诺也应当感到羞耻。当天晚上，丘吉尔在几千米外的军车上睡觉时，心里感到很不愉快。

　　在法国之行结束时，丘吉尔极其郑重地表示了他的希望：假使情况有任何变化，法国政府应立即通知英国政府，以便他们在第二阶段行动的最后决定之前派人前来法国，在任何方便的地点与他们会晤。

　　尔后，丘吉尔一行人辞别了贝当、魏刚和法国最高统帅部的人员。末了，丘吉尔把海军上将达尔朗请到一旁。

　　"达尔朗，你千万别让他们拿到法国的舰队啊。"丘吉尔语重心长地告诉达尔朗。说的"他们"，不用说指的是德国人。

　　"您放心好了，我决不会那样做的。"达尔朗庄严地向丘吉尔保证地说道。

　　意大利于1940年6月10日对英法宣战后，便立即进攻阿尔卑斯阵地的法国军队。大不列颠也立即对意大利宣战。被阻拦在直布罗陀的5艘意大利舰只被夺取了，海军奉命截夺海上所有的意大利船只，并将他们带到英国控制的港口。

∧　法国战时内阁的主要成员在一起探讨法国前途。右一为贝当元帅，右二为雷诺总理，左一为魏刚将军。

12日夜晚，英军的轰炸机从英国的基地起飞，经过长距离飞行之后，在都灵和米兰投下了他们的第一批炸弹。

但这一切于事无补，德军经过马奇诺防线后，法国的败局已经确定无疑了。这样，法国寻求停战谈判也在所难免。

早在几天前，法国政府中就有人主张停战了。在6月12日下午的法国内阁会议上，魏刚和贝当就主张立即请求停战。雷诺则主张在北非继续战斗。还有几个人犹豫不决。雷诺最后建议，请丘吉尔第二天再来法国一趟，听听他的意见。大家都同意了。

原来，英法盟国最高委员会曾于1940年3月28日达成协议：在未经双方同意的情况下，英法都不得与敌国单独进行谈判、停战或媾和。

6月13日，丘吉尔应邀携爱德华·哈利法克斯和伊斯梅将军来到法国。马克斯·比弗布鲁克勋爵也自愿一同前来。飞机在飞到图尔上空时，发现图尔机场弹坑累累。丘吉尔的飞机和所有的护航机安全着陆后，却发现机场上没有人欢迎他们。他们自己从机场卫戍司令处借了一部军用汽车，然后驱车进城，开往市政府，据说法国政府的总部就设在那里。可他们到达后，那儿竟然没有一个重要人物。

这时已快下午2点了，丘吉尔一行人早已饥肠辘辘，可法方竟没有人为他们安排午餐。他们只好自己想办法解决吃饭问题。堂堂英国首相竟被这样招待，可见战争是多么的残酷。他们开车穿过难民拥挤的街道，找到一家咖啡馆，但已经关了门。经过一番解释，店主才开门，给他们弄了一顿午饭。

饭后，丘吉尔回到市政府，不久，雷诺也来到了。雷诺告诉丘吉尔，军方的意见是应当趁法国还有足够的军队能维持到和平来临的时候，要求停战。并接着说，内阁会议曾在前一天指示他问一问：如果发生最坏的情况，英国将采取什么态度。雷诺自己深深知道这一庄严的誓约：任何盟国之一都不能单独媾和。

魏刚将军和其他一些人则说：法国已经为共同的事业牺牲了一切。法国已成功地大大地削弱了我们的共同敌人。在这种情况下，如果英国不承认法国在力量上已无法继续作战。如果英国还希望法国打下去，从而使法国人民任凭德国的摆布，必将陷入堕落和恶化的境地，那将是使人感到震惊的。

丘吉尔说："大不列颠认识到法国已经遭受和正在遭受的牺牲是多么大。现在该轮到英国来作出牺牲了，英国对此已有所准备……英国人只有一个念头：打赢战争，消灭希特勒主义……我确信，英国人民有能力忍受一切，坚持下去，反击敌人，取得最后胜利。因此，我希望法国从巴黎以南一直到地中海继续战斗下去，如果必要的话，就从北非进行战斗……无论情况如何，英国都要继续战斗。英国并没有、也不会改变它的决心：决不讲和，决不投降。对我们来说，不战胜毋宁死。"

雷诺说："法国已经无能为力了，法国已经再拿不出什么东西来贡献给共同的事业了，因

< 初见戴高乐，给丘吉尔留下了深刻印象。

此它有权单独媾和。我不知道贵国政府是否能够承认这一点？"

丘吉尔对法国有着一种与生俱来的好感，雷诺的话让他感到痛心。他说："在提出决定性的问题之前，我们必须先听听罗斯福的意见。在任何情况下，我们都不应该把时间和精力浪费在非难和互相指责上。但这并不是说，英国就同意与最近签订的协定相违背的行为。"之后，他又庄严地说道："如果英国打赢了这场战争，法国就会恢复它的尊严和伟大。"事实上，丘吉尔后来为恢复法国的大国地位也作了不懈的努力。

雷诺同意丘吉尔向罗斯福总统发出新的呼吁，并答应丘吉尔，法国要坚持到丘吉尔的最后的呼吁的结果为止。

谈完话的时候，雷诺把丘吉尔一行人带到隔壁的房间里。众院议长赫里欧先生和参院议长让纳内先生都坐在屋里。这两位法国爱国者都非常激动地说，一定要誓死战斗。

当丘吉尔顺着挤满人群的过道走进庭院的时候，看见戴高乐将军毫无表情地呆立在门口。丘吉尔向他用法语低声致意，叫他"应运而生的人"。他凭直觉、凭经验意识到，戴高乐堪当重任，当别人惊慌失措时，唯独戴高乐不动声色、沉着冷静、临危不惧、处变不惊。

丘吉尔一行人当天下午飞回英国，在晚上向战时内阁作了汇报。不久，罗斯福针对雷诺6月10日信件回电了，内容令人鼓舞。可是第二天，罗斯福又追来了一封电报，说他不同意公开发表他头一天致雷诺的电报。

6月15日晚，雷诺正式向英国提出，要求解除法国在英法协定中承担的义务，并暗示，如果遭到英国拒绝，他就辞职。

此时，法国退出战争已是大势所趋。现在，丘吉尔最担心的是法国海军舰队落入德国手中。如果那样的话，英国海军在对德国海军的战斗中，就会丧失优势。虽然在6月11日，法国舰队司令达尔朗海军上将对他做出过庄严地承诺，但丘吉尔仍然不放心。

6月16日，英国战时内阁做出决定，在法国舰队快速驶往各港口的条件下，英国同意法国寻求停战。

法国政府内部，雷诺总理虽然倾向于把政府迁往北非，继续战斗，但他的地位已很脆弱。以贝当元帅、魏刚将军为首的主降派，已占上风。6月16日，雷诺被迫辞职，贝当受命组成新政府。

6月17日，贝当通过广播号召全国军民"停止战斗"。这一号召使还在继续战斗的军队士气沮丧。

但是，法国投降后，戴高乐将军利用英国广播公司的电台，发表了《告法国人民书》，号召法国人民投身到抵抗法西斯侵略者的斗争中去，他说："不管发生什么事情，法国抵抗运动的烈火决不能，也绝不会熄灭。"

从此，戴高乐将军举起了"自由法国运动"这面抵抗法西斯斗争的光辉旗帜。当时，他的事业异常艰难。他对第一批响应者说："我既没有资金，也没有军队，我不知道我的家人在哪里。我们是白手起家。"当时在他的总部里面，仅有几张桌椅。

∨ 1940 年 6 月 17 日，新任法国总理的贝当通过广播号召全国军民"停止战斗"。
> 戴高乐通过英国广播公司电台，号召法国人民抵抗入侵的德国法西斯。

他得到了丘吉尔的大力支持。没有丘吉尔的支持，戴高乐的努力也许是枉费心机。戴高乐自己后来也承认："如果没有他的帮助，我又能干什么呢？是他立即向我伸出了救援之手。"

丘吉尔后来也一直为看准了戴高乐、帮助了戴高乐而感到欣慰和自豪。

接近6月底，丘吉尔和战时内阁唯恐根据停战协定，法国舰队将会在全副武装的状态下落入德国人手中，并被用来攻击已被包围的大不列颠。当时，法国舰队完全控制在其海军司令达尔朗上将手中。法国海军经过他的10年的专门管理之后，其效能之好，胜过法国大革命以来的任何时期。这使他本人在法国海军中享有绝对权威，法国海军舰队的任何舰艇，对他无不唯命是从。如果把他争取过来了，法国海军舰队就会站在反轴心国家一边。

但是，达尔朗在政治上野心勃勃，自私自利。对外他既仇视德国人，也痛恨英国人。

在法国投降的前夕，丘吉尔曾做过达尔朗的工作，劝他不要让舰队落入德国人的手中。达尔朗曾信誓旦旦地答道："绝不会那样，那是违背我们海军的传统和荣誉的。"

6月17日上午，雷诺内阁倒台以后，达尔朗曾对乔治将军宣称，他决心发布一项命令，命令所有的法国舰只开往英国、美国或法国殖民地的港口。

但第二天下午，他就改变了主意。

丘吉尔感到了法国舰队的巨大威胁。为此，他决定，要不惜任何代价，采取一切必要的措施，绝对不能让法国舰队落入德国人手中。他懂得马基雅维利的政治原则：为了目的，可以不择手段。因而丘吉尔毅然地采取他所称之为"令人憎恶的政策，我所参与过的决策中最违背天性，最使人痛苦的一个决策"。

这项决策是在6月27日由战时内阁做出的。据丘吉尔说，决策一经做出，内阁就毫不踌躇，但执行决策的海军舰队司令们却犹豫不决。这项决策规定：必须夺取、控制所有的英国人能接近的法国舰队，或有效地使之失去作用，或予以摧毁。这项决策的密码代号叫作"弩炮"，作战计划定于7月3日执行完成。

7月初，法国海军的大型战舰大部分都在英国的控制之下。停泊在英国本土的普利茅斯和朴茨茅斯港的有2艘法国战列舰、4艘轻巡洋舰、8艘驱逐舰，还包括世界上最大的"苏尔古夫号"在内的几艘潜水艇以及200艘小型舰艇。这些舰大部分都是在德国军队沿着海峡的追赶下穿过布列塔尼来到英格兰避难的。

在埃及亚历山大港的英国海军基地驻有一支法国海军中队，由1艘战列舰、4艘巡洋舰（其中有3艘装有203毫米口径火炮的新式巡洋舰）、3艘驱逐舰、1艘潜水艇和一些小型舰船所组成。

法国海军的精锐力量则在阿尔及利亚，靠近直布罗陀。强大的大西洋舰队已经从布列塔尼的基地迁移到奥兰及其毗邻的米尔斯克比尔海军基地。这支舰队包括2艘战列舰、2艘现代化的战列巡洋舰，即"敦刻尔克"号和"斯特拉斯堡"号。这两艘战列巡洋舰比德国的"沙恩霍思特"号和"格兰森诺"号优越得多,建造的目的就是要超过它们;还有4艘轻巡洋舰,几艘驱逐舰,以及一些小型舰只。在附近的奥兰则驻有7艘巡洋舰,其中有4艘装有203毫米口径的大炮。

如果英国人能够夺取这些舰只或使之丧失战斗力,便能继续使他们在地中海和大西洋的生命线畅行无阻,并且能够保卫他们的国家,抵挡住德国和意大利的软弱的海军力量。可是,如果法国舰队加入到轴心国家的舰队,那么,不列颠生存的前景就比较渺茫。丘吉尔说:"这是一桩有关国家的命运和我们事业的延续的大事。"7月1日凌晨2点25分,在他的敦促之下,海军部发出了斩钉截铁地命令:"做好7月3日执行'弩炮'计划的准备。"

在亚历山大港,英国海军上将安德鲁·坎宁安爵士同法国舰队司令勒内·戈德弗鲁瓦海军上将关系良好。他反对在他的港口执行这项计划。

萨默维尔和霍兰德上校以及其他军官进行磋商。他们全都反对这项行动计划,相信法国海军不会把舰只交给德国人。

但是,丘吉尔对此却坚定不移。他说,他深信,"对于大不列颠的生存来说,再没有比这更加重要的行动了"。在丘吉尔的训令下,海军部对萨默维尔做出了直截了当的答复:"英王陛下政府主意已决,如果你们提出的各项办法,法国人都不接受,便断然击沉其舰队。"

7月3日凌晨,这项任务根据需要被毫不留情地执行了,而且长达数小时。在不列颠本土的普利茅斯和朴茨茅斯的海军基地,这项计划进行得很快并且很顺利,但是法国人抱怨他们的盟友真是太残暴了。在普利茅斯,指挥一支法国海军中队的海军上将凯奥尔曾经对传说中的计划嗤之以鼻,并在7月1日曾经命令他的全体船员做好准备,万一"外国军队"要来截取舰只,便把舰只立即驶走。他给部下解释说:"英国不再是我们的盟友,它只是我们从前的盟友。"

可是,出乎法国水兵们意料的是,拂晓之前,全副武装的英国巡逻兵于凌晨3点45分登上了法国舰只,击溃了正在站岗的法国士兵,截获了船只,并且命令睡眼惺惺的水兵们上岸。只是在巨型潜艇"苏尔古夫"号上发生了一场混战,混战中有1名英国人和1名法国水兵被打死,3名英国人受伤。

在不到1个小时的时间里,停泊在不列颠群岛的法国舰只都被英国海军牢牢地控制起来,待到这一天结束时,全体法国船员都上了岸,他们被暂时拘留起来,接着又让他们选择是加入戴高乐将军领导的自由法国军队还是等待被遣送回国。尽管戴高乐让他的海军司令缪斯利埃发来了一份号召书,但只有900名水手响应号召,余下的19000名官兵都选择了被遣送回德国占领下的法国。同法国的陆军士兵和平民一样,法国的水兵也不愿继续作战了。

在亚历山大港,由于英国舰队司令坎宁安和法国舰队司令戈德弗鲁瓦彼此之间的相互尊敬加上他们对待事物的冷静态度，终于避免了一场屠杀。

坎宁安只是要求法国舰只放出舰上的燃油以使他们无法逃走，还要求卸掉各门大炮装置上的主要部件，以使他们无法射击。他答应把全体船员遣送回法国。经过整整一昼夜的商谈，直到翌日早晨，戈德弗鲁瓦表示同意。他后来说："坎宁安舰队司令的举止表现完全像个绅士。我认为他对被迫扮演的可恶角色不存在幻想，他正经历着他海军生涯中最为恶劣的时刻。"

但是在地中海西部奥兰附近的米尔斯克比尔军港，却发生了最严重的流血冲突。不同于亚历山大港，这里是法国海军的基地。7月3日上午9点左右，当舰队司令萨默维尔率领强大的"H舰队"在海平线上移动时，法国舰队司令让苏尔决定进行必要的自卫，但是他起初无法相信一支英国海军中队竟会采取敌对行动。

下午5时54分，停泊在海岸外的英国舰队在驱逐舰释放的烟幕的掩护下，使用大口径的大炮向孤立无援的法国战列舰开了火。从"皇家方舟"号航空母舰★上起飞的飞机飞到空中向海面上的舰只投掷炸弹。一刻钟之内，这场双方力量不相等的交战便结束了。法国战列舰"布列塔尼"号被炸毁沉没。法国的战列舰"普罗旺斯"号和战列巡洋舰"敦刻尔克"号受到重创搁浅了。法国的战列巡洋舰"斯特拉斯堡"号逃走了，虽然它中弹多处而且后来又遭到英国飞机和驱逐舰的几次攻击，但终于颠簸着逃到了土伦。

英国舰只受到的损失是微不足道的，几乎没有多少人丧生。法国损失了3艘主力舰和许多小舰艇。大约1297名法国水兵被打死，341名水兵受伤。仅在这样一个夏日里，英国人就接收或摧毁了法国舰队的大部分舰艇。法国舰队是绝对不能被德国利用来打英国的。

次日，即7月4日，丘吉尔怀着"深切的悲痛心情"在众议院详细报告了这场悲剧的经过情形，并为这次采取的行动进行辩解。其理由是，这次行动对于不列颠的生存来说是十分必要的。在场听讲的议员都一片肃静。当他结束讲话时，议员们都站了起来，一片欢呼。这样一次对老盟友进行

∧ 英国舰队奉命在奥兰向法国舰队发起了攻击。

★"皇家方舟"号航空母舰
英国制造。1937年4月13日建成下水。该舰标准排水量22000吨，舰长234.8米，宽28.9米，吃水7米。推进装置为蒸汽轮机，输出功率为102000马力，最大航速30.8海里，舰员为1575名。舰载武器装备有双联装114毫米炮8座，8联装小口径炮6座。该舰可载作战飞机72架。第二次世界大战时期，"皇家方舟"号曾参加围歼德国"俾斯麦"号战列舰的作战，在一系列战斗中取得辉煌战果。

攻击的行动是令人痛心的，它好像是朝着英国人民的一只胳臂开了一枪。但奥兰事件产生的影响却是巨大的。

奥兰事件发生后，法国维希贝当政府下令以空军对直布罗陀进行报复，从非洲基地起飞的飞机对该港投掷了几颗炸弹。7月5日，贝当政府正式和大不列颠断绝了关系。不过，丘吉尔对此并不在乎，他倒是担心戴高乐会做出强烈的反应。

戴高乐最初获悉奥兰事件的消息时，怒不可遏，破口大骂"英国佬"。作为一个爱国的法国人，尤其是一个法国军人，他的民族自尊心受到了巨大的伤害。不过他事后冷静地仔细想想，觉得丘吉尔也是出于无奈。

几天后，戴高乐发表广播讲话，号召法国人民向前看。他说，对于奥兰事件，任何一个法国人都会感到悲痛与愤怒，但应该从国家最终获得解放的角度考虑这个问题。他呼吁英法两国人民加强团结，并肩战斗。

戴高乐的宽阔胸怀和远见卓识，让丘吉尔深受感动，也使他更坚定了支持戴高乐的决心。

>> 空中苦战

法国沦陷后，英国陷入了孤立无援的境地。

英国的各自治领地，印度或各殖民地都不能给予英国有力的支援或及时的供应。得胜的德国军队，装备十分完善，后方还有许多缴获的武器和兵工厂，军队正在大批集结，准备对英国作最后的一击。拥有强大军队的意大利也已经向英国宣战，一心要在地中海和埃及把英国打垮。在远东，日本也在虎视眈眈地注视着，并且直截了当地要求英国封锁滇缅公路，断绝对中国的物资供应。苏联和纳粹德国签有互不侵犯条约。西班牙已经占领了丹吉尔国际共管区，可能随时与英国为敌，并且要求取得直布罗陀，或者请德军协助它进攻直布罗陀，或者架设大炮封锁直布罗陀海峡的通道。在贝当和波尔多统治下的法国政府迁至维希。随时可能被迫向英国宣战。土伦残存的法国舰队看起来也行将落入德国人之手。

总之，处处都有英国的敌人，英国处在半包围之中。

可丘吉尔坚信，英国人民有一种乐观而又沉着的气质，这种气质可挽回颓局。英国先前的那些政客们，在战前的岁月里曾陷入极端和平主义而又缺乏远见，他们沉迷于政党论争的角逐；他们疏于防备，却又漫不经心地涉足于欧洲事务的中心。英国人民并不感到沮丧，他们藐视那些欧洲的征服者，他们宁愿血染他们的英国本土，也绝不愿意投降。

英国作为一个岛国，有其独特的军事技术上的有利条件，了解这一点的英国人不多，外国人则就更少了。甚至在战前那些举棋不定的年代里，怎样在海防以及后来在空防上保持重要设施这一点，也不是人们普遍认识得到的。不列颠人在英格兰土地上看到敌人的事，已经

< 德国空军司令戈林一手策划并指挥了对英国的空袭行动。

是将近1000年以前的事了。在这抗战的高潮，每一个人都表现得很沉着，宁愿豁出自己的生命去决一死战。这就是丘吉尔和战时内阁以及英国人民的心情，全世界，无论是英国的朋友，还是英国的敌人，都逐渐认识到了这一点。

德国最高统帅部也未曾低估英国的实力。

他们发布了关于准备对英国实施登陆战役的第16号训令，战役的代号定为"海狮"。

1940年7月10日，德国空军对英国进行第一次猛烈的袭击。被称为"不列颠之战"的大空战正式开始。

在德国的攻势中，有三个彼此衔接而又互相重叠的阶段。第一阶段从7月10日到8月18日，是对英吉利海峡的英国护航队和位于多佛尔到普利茅斯之间的英国南部港口进行骚扰，借以考验英国空军的力量，引它出战，把它消耗光。这样还可以使那些被划作即将入侵目标的沿海城镇受到破坏。

第二阶段从8月24日到9月27日，是想消灭英国皇家空军及其设施，从而打通一条通向伦敦的道路，对首都进行猛烈的、连续不断的轰炸。这样还可以切断首都与遭受威胁的沿海地区的联系。德国空军司令戈林认为，这样做还可以收到更大的效果，那就是使世界上这个最大的城市陷入混乱和瘫痪，使英国政府和人民产生畏惧心理，从而屈服于德国。

但是随着事态的发展，德军发现英国皇家空军并没有被消灭，而且，为了毁灭伦敦，"海狮"作战计划也没有被贯彻执行。接着，当德军由于缺少最重要的条件——制空权——而无限期地推迟入侵的时候，便开始了第三阶段。

戈林和德国将领想在白天空战中获得胜利的希望破灭了，英国皇家空军仍然精神抖擞，使他们感到头痛。戈林无可奈何，于是在10月对伦敦和各工业生产中心不分南北东西地狂轰滥炸。

更激烈的空战开始了。机库起火燃烧，公路上布满了弹坑。在800千米海岸线的上空，飞机铺天盖地而来，每一片天空都有战斗机在格斗。飞机尾迹明显可见，目击者还能看到从被炸毁的飞机上冒出的滚滚浓烟。数百架飞机在空中格斗，喧嚣声震耳欲聋——螺旋桨和引擎的尖叫声，机枪扫射的嗒嗒声，还有飞机爆炸发出的霹雳声。

8月15日的空战，是这一时期中的最大的一次空战。在长达500千米的战线上，进行了五次大的战斗。英国所有的22个战斗机中队全都投入了战斗，许多中队一天出动两次，有的还出动三次。空战的结果，连同在北方的损失在内，德国一共损失了76架，英国损失了36架。这对德国空军来说是一次明显的惨败。

在这一时期，就英国空军的整个力量来说，消耗是很大的。这两个星期中的损失是：103名飞行员被打死，128名受重伤，466架"喷火"式和"旋风"式战斗机被击毁或受重伤。在总数约1000人的飞行员中，损失了将近四分之一。空军司令部只好从训练单位抽调260人来补充空额。这些人都是新手，虽热情很高，但缺乏经验，其中有很多人还没有学完全部的飞行课程。

如果德国空军坚持对其邻近英国战区机场进行猛烈袭击并破坏它们的作战指挥室或电话联络的话，整个错综复杂的英国空军司令部组织就可能被瓦解。这不仅意味着伦敦将遭受摧残，而且意味着英国将失去这一关键地区的全部制空权。因此，当空军司令部在9月7日觉察到德国的空袭已移向伦敦，断定敌人已改变了计划的时候，才大大地松了一口气。9月7日以后，在接连10天的夜间空袭中，伦敦的码头和铁路枢纽被炸，许多居民被炸死或炸伤，但实际上却使英国获得了一个喘息的机会，也正是英国迫切需要的一个机会。

在这个时期，丘吉尔通常每星期抽出两个下午到遭受空袭的肯特或苏塞克斯地区去，以便亲眼看看到底发生了什么情况。

9月15日，又是一个空战高潮。德国空军继14日的两次猛烈空袭后，集中最大力量对伦敦再次进行白天空袭。这一天，丘吉尔驱车前往阿克斯布里奇，到空军大队指挥部去。他想亲眼看看指挥空战的情况。

丘吉尔和妻子被带到距地面深达50尺的防空指挥室去，这里有地下指挥中心和电话系统，"旋风"式和"喷火"式战斗机的一切优越性全靠这种系统来发挥。当丘吉尔夫妇走下楼去时，碰到了空军少将帕克，他指挥这个战斗机大队已有3个月了。他对丘吉尔说："我不知道今天会发生什么情况，目前还平静无事。"

然而一刻钟以后，空袭坐标员开始来回走动。据报告，40多架敌机正从迪埃普地区的德国机场飞来。当各个中队完成"立即起飞"的准备时，墙上的指示牌底层的那一排灯泡也随之亮了。天空上开始布满双方的飞机。很显然，10分钟以后，就要进行一场激烈的战斗了。

信号接连传来，"40多架""60多架"，甚至有一次是"80多架"。在丘吉尔下边的那张

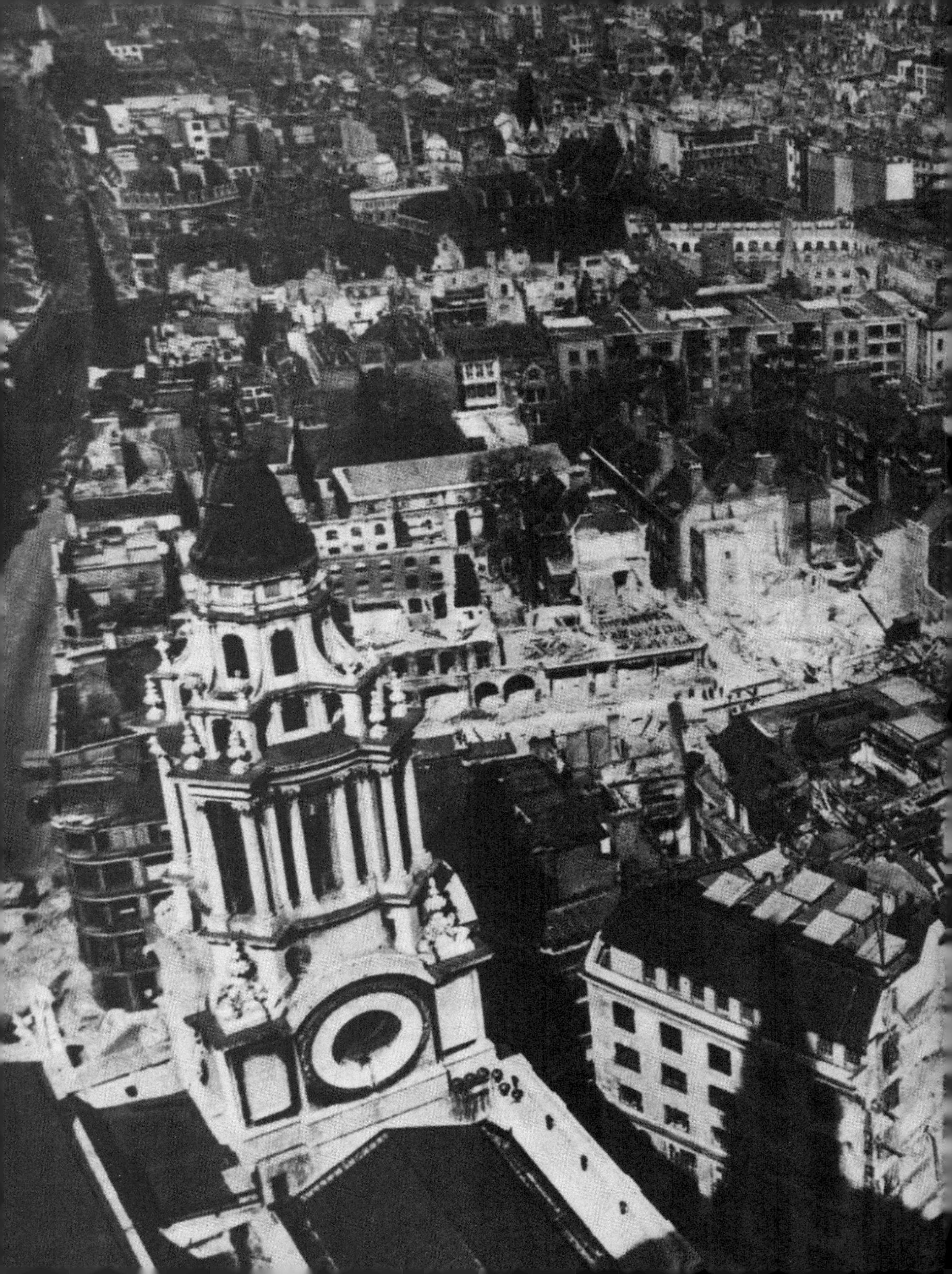

∧ 1940年10月，伦敦遭受德军空袭后的景象。

桌子上，每分钟都有按着不同的飞来的路线推动坐标，标明所有的分批入侵的敌机的行动。在对面的黑板上，一个接一个亮起来的灯光，表明英国的战斗机中队已经起飞升空，直到最后只留下四五个中队处于"准备完毕"的状态。

激烈的空战打了一个多小时后，德国空军有充分的力量再派出几批飞机进攻，而英国的战斗机中队，由于全力抢占高空，因此在 70 分钟或 80 分钟后必须加油，或在作战 5 分钟后降落，补充弹药。

不久，红灯表明英国空军这个大队的战斗机中队都已投入战斗。留作后备的中队，一个

∧ 英国皇家空军的作战指挥中心。

也没有了。这时，帕克打电话给驻在斯坦莫尔的道丁，要求从第 12 战斗机中队抽调三个中队归他指挥，以防万一当他自己的战斗机中队正在补充弹药或加油时，敌人再来一次大袭击。他的要求照办了。当时特别需要这三个中队来保护伦敦的战斗机机场，因为第 11 大队已经尽了他们的努力。

三个增援的战斗机中队很快参加了战斗。这时，丘吉尔觉察到司令官有点焦灼不安。丘吉尔一直都是在默默地观看，他觉得事情有点不对劲。

"我们还有什么其他的后备队吗？"丘吉尔忍不住问道。

"一个也没有。"帕克空军少将沉重地回答道。

丘吉尔不禁想道：如果我们加油的飞机在地上受到 80 多架敌机的袭击的话，我们的损失将会是多么惨重啊。

幸而敌机并没有来。后来发现敌机飞回去了。下边桌子上移动着的坐标表明德国轰炸机和战斗机不断地向东移动。没有出现新的袭击。又过了 10 分钟，战斗结束了。丘吉尔重新登上通向地面的楼梯。他们刚一出去，"解除警报"的信号便响了。

"首相，我们感到高兴的是，您亲自看到了这次空战。"帕克说道，"今天使用的力量远

远超过了我们的限度。"

丘吉尔问他们是否已经接到关于战果的报告，但到晚上才出现结果。据英方统计，德国空军损失了183架，而英国自己损失的还不到80架。敌机的损失显然被夸大了，因为里面有重复计算，真实的数字是敌机损失了仅56架。

根据这些情况，9月11日，丘吉尔发表了一篇广播演说，号召人民同仇敌忾，继续抵抗法西斯的侵略。

∧ 英国民间志愿者组成的内陆监视哨以及海岸线上的雷达监视设施构成了严密有效的防空体系。

从7月10日开战以来到10月，英国空军损失了915架飞机，而德国空军损失了1733架飞机。德国没有取得英吉利海峡的至关重要的制空权。9月17日，希特勒决定无限期地推迟"海狮"作战计划。直到10月12日才正式宣布把入侵推迟到第二年春天。1941年7月，希特勒再度把它推迟到1942年春，"到那时对俄国的战争就将结束了"。这是一个徒然的但是很美妙的幻想。1942年2月13日，雷德尔海军上将为"海狮"作战计划最后一次面见希特勒，并且说服他同意将整个计划完全"搁起来"。"海狮"作战计划就这样结束了。

"海狮"作战计划虽然被取消了，可是伦敦上空的战斗仍在继续。

将近8月底的时候，德国空军对伦敦进行了轰炸。英国战时内阁极力主张还击，向敌人挑战，丘吉尔赞同了他们的主张，于是英国空军对柏林进行了一次报复性的袭击，但规模要比德国空军轰炸伦敦小得多。

从9月7日到11月3日，平均每天晚上有200架德国轰炸机袭击伦敦，而安装在伦敦的高射炮只有92门。当时认为最好是让第11大队指挥的夜间战斗机在空中自由活动。在夜间战斗机中，有6个中队是"伯明翰"式和"无畏"式战斗机。夜间战斗那时还处在幼稚阶段，使德国空军遭受的损失很少。

英国的高射炮兵因为本身的技术低，一连三夜都没有开炮。但鉴于英国夜间战斗机存在的弱点和一些未能解决的问题，决定准许高射手随意使用他们最好的技术，放手射击他们看不见的目标。

指挥防空炮队的派尔将军，把高射炮从各地的城市撤回来，使伦敦的高射炮数目在48小时内增加了一倍多。高射炮大显身手的时机来到了。

∨ 丘吉尔正在视察空袭过后的城市。

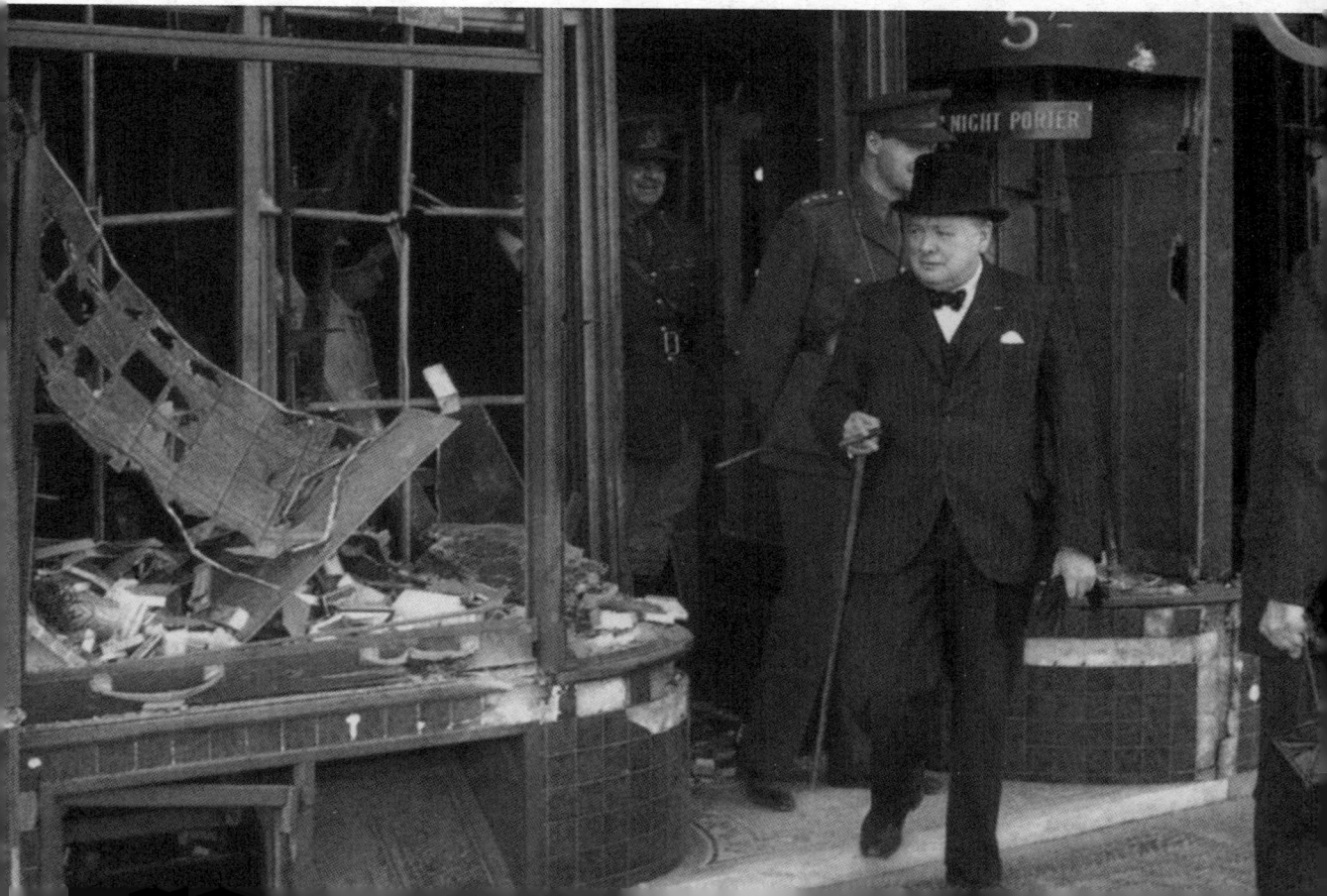

伦敦居民待在他们家里或简陋的防空洞里忍受着似乎未受任何抵抗的空袭已有三夜了。突然，在 9 月 10 日，伴随着强烈的探照灯光，整个防空火力网打开了。这轰隆隆的炮火给予敌人的损害并不大，但它却使伦敦的居民们大为满意。

轰炸刚刚开始的时候，人们在思想上没有把它当成一回事。在伦敦西区，每个人都照常工作、娱乐、吃饭和睡觉。剧场里经常客满，熄灭了灯光的街道到处是三三两两的人群。同巴黎的失败主义分子在他们 5 月间一遭到严重的空袭就喊叫连天的情况相比，伦敦人的这些反应可以说是健康的。

在白厅周围的那些政府建筑物，一再被击中。因此在 9 月后的两星期里，丘吉尔的内阁办公室搬到斯多利门附近、遥对詹姆斯公园的比较新式和坚固的政府办公大楼。丘吉尔他们都把它叫作"新楼"。

在以后的几个月里，夜间内阁会议是在"新楼"地下室里的作战指挥室举行的。

有一天午餐后，财政大臣金斯利·伍德到唐宁街 10 号来找丘吉尔洽谈公事，忽然听见泰晤士河对岸的伦敦南区发出一声巨大的爆炸声。丘吉尔便带着伍德去看出了什么事。炸弹落在佩克汉姆，是一颗很大的炸弹，也可能是一颗地雷。它彻底炸毁或破坏了近 30 幢 3 层楼的小型住宅，在这个非常贫穷的地区炸出了一片相当大的空地。

丘吉尔赶到时，在瓦砾堆中已经插起了许多小小的英国旗，丘吉尔看后百感交集。当居民认出了丘吉尔的汽车时，他们从四面八方跑来，很快就聚集了 1000 多人。他们的情绪很高昂，围在丘吉尔的周围，一面欢呼，一面用各种形式表示对他的热爱，甚至有人想摸摸他的衣服。

人们可能认为丘吉尔给他们带来了改变他们生活命运的机会。丘吉尔实在忍受不住，流下了眼泪。当时有一位老太太感动地说："你们看，他真的关心我们，他在哭呢！"丘吉尔后来回忆说："这不是悲哀的眼泪，而是赞叹和钦佩的眼泪。"

当丘吉尔他们重上汽车时，这一群面色憔悴的人们表现了一种对德国激愤的心情。他们喊道："我们要还击！""叫他们也尝尝这种滋味。"丘吉尔答应立即实现他们的愿望。于是英国空军对德国城市进行了猛烈地、经常性地轰炸。随着英国空军力量的增长，炸弹越来越大，爆炸力越来越强。他们要让德国人以 10 倍、20 倍来偿还他们欠下的血债。

又有一次，丘吉尔到拉姆斯格特去，遇到了空袭。于是丘吉尔便被带到当地的大隧道里。一刻钟以后，丘吉尔走出隧道，看到一家小饭店被击中。没有人受伤，但是房子被炸成了一片瓦砾，到处是炸碎的锅碗瓢盆和家具。饭店主人和他的妻子以及厨师和女服务员都满面泪痕。

"他们的家在哪里呢？他们靠什么生活呢？"丘吉尔不禁自问。在回去的途中，丘吉尔口述了一封给财政大臣的信，信中确定了一项原则，那就是：凡因敌人轰炸而造成的一切损失，由政府立即全部赔偿。这样，负担便不至于单独落在那些被炸毁了住宅或店铺的人的身上，而是由全国人民平均负担。两星期内，内阁制定了一个战争保险方案，这个方案在处理业务的过程中起了很重要的作用。

9月中旬，德国法西斯制造出一种新的延时炸弹并把它用于对伦敦的袭击。大段大段的铁路线、重要的交通枢纽、通往重要工厂和飞机场的道路和街道不得不多次被中断。必须将这些家伙挖出，并将它们爆破或使之失效，这是一种非常危险的工作。丘吉尔发出一连串的重要指示来推动这项工作。

10月15日夜晚，伦敦受到了该月中最猛烈的袭击，约有480架德国飞机投掷了386吨烈性炸弹，另外还投掷了70000颗烧夷弹。整个伦敦一片火海。在此以前，伦敦居民都尽量隐蔽起来，并尽力改进防护设备。可是现在，人们由到地下室改为到房顶上去了。

在安全大臣的组织下，一个规模巨大的，包括整个伦敦的防火瞭望哨和消防队很快就成立起来了。防火瞭望哨都是志愿人员，妇女们争先恐后地参加。为了教会防火瞭望哨如何处理敌人对他们使用的各种类型的烧夷弹，政府筹办了大量训练班。其中有很多人成了专家，几千颗烧夷弹还没有燃烧，就被他们扑灭了。

11月15日夜晚，月亮特别亮。德国空军趁此机会，对伦敦又进行了一次猛烈的空袭。11月19日至22日，德军接连三次对伯明翰进行了大规模的空袭，造成近800人死亡，2000多人受伤。

事后，丘吉尔驱车到伯明翰视察，发生了一件令他高兴和感动的事情。那时正是吃晚饭的时间，丘吉尔驱车在街上慢慢行驶，这时一位非常漂亮的少女向他坐的汽车跑来，把一盒雪茄扔进汽车里。丘吉尔马上让汽车停了下来。她说道："我这个星期因为生产成绩最好，得到了奖金，我在一个钟头前才听说您要来。"

丘吉尔深受感动，很高兴地以首相身份亲吻了她的额头。不难想象，那盒雪茄会花掉她两三个英镑。

在11月的最后一个星期和12月初，德军空袭的重点转移到英国各港口。布里斯托尔、索斯安普敦，尤其是利物浦，都受到了猛烈的轰炸。原来普利茅斯、谢菲尔德、曼彻斯特、利兹、格拉斯哥以及其他的军火生产中心都无一例外地受到了德军炸弹的严峻考验。但不论敌人袭击什么地方，英国及其首相丘吉尔以及他的人民都坚强地昂着头，宁死不屈。

在英国生死存亡的关键时刻，丘吉尔表现出来的临危不惧、处变不惊、患难与共的气魄，使英国人民坚定了必胜的信心，也使他的个人威望空前提高。1940年8月的一次民意测验表明，他获得的支持率高达88%，远远超过他的前任张伯伦。

与此同时，他积极与罗斯福总统加强联络，要求美国支持英国的抗德斗争。在他们的推动下，美国于1941年通过了《租借法案》。英国获得了有力的支持。

∧ 德军轰炸过后，伦敦消防队员们正在紧急灭火。

< 德军轰炸机飞临伦敦上空实施轰炸。

第三章
斗智斗勇

1874-1965 丘吉尔

隆美尔虽然是丘吉尔战场上的敌人，但丘吉尔却对他很敬重，称他为"一个非常勇敢善战的对手"。

丘吉尔经常直接指挥战斗。他认为，最好的防御就是进攻。

丘吉尔刚刚坐下，就有人递给他一张纸条。他满面春风，向下院宣布："'俾斯麦'号沉没了！"下院听了以后，顿时爆发出一阵热烈的掌声。

∧ 在北非作战的意大利士兵向英军投降。

>> 北非初捷

非洲，尤其是北非，对交战的英国和德国、意大利双方来说，都是非常重要的，因为连接各主要国家和它们的殖民地的交通线多经过这里。

占领设有海、空军基地的北非沿海地区，就能把海、空军的战斗一直扩展至亚平宁半岛、巴尔干和土耳其的地域。同时，北非沿海地区又是一个重要的战役方向，双方的大量陆军在海空军的支援下，可以在那里进行战斗，以夺取通往近东——交战双方互相角逐的中心之一的接受地以及非洲的纵深地区。

埃及起着英、法殖民据点的作用。欧亚两洲之间的主要海陆交通线苏伊士运河，就位于埃及的西奈半岛上。争夺以埃及为中心的北非成了交战双方的当务之急。

6月11日，即意大利对英、法宣战的第二天，英国驻埃及部队接到了从英国英军本部发来的意大利宣战的消息，而此时，驻在北非的意大利军队尚未得知这一消息。英军趁此机会，出其不意地向意大利军队发动袭击，俘虏了一些意军。6月12日夜晚，英军又获得了同样的胜利。

6月14日，英军第11轻骑兵团和第7轻骑兵团以及第60来复枪旅的一个连，攻克了卡普措和马达累纳边境上的碉堡，并且俘虏了220名意军。到了16日，他们又深入袭击，击毁了意军12辆坦克，突袭了托卜鲁克至巴迪亚的公路上的运输队，并且俘虏了一名将军。

经过这几场小规模的战斗，英国军队很快就处于有利的地位，成了沙漠上的主人。他们未遇到敌人的大部队或设防据点以前，如入无人之境，并且在激烈的遭遇战中缴获了许多战利品。

这样，从战争一开始，就朝有利于英国的方向发展。

可是，英军还暂时不能集结一个兵团来进攻意大利军队，以韦维尔为首的英军中东司令部建议，在马特鲁港的要塞阵地附近等待意大利的袭击。丘吉尔认为这是一个唯一可行的办法，于是他提出了英军的两个任务：

第一，尽量集结最大的兵力来对付意大利侵略者。

第二，英军就是要与虚弱的意大利人和严重的空中威胁进行斗争，保证地中海的自由通航，从而使马耳他岛能固若金汤。在丘吉尔眼里，最重要的是要使英国的军用运输船队，特别是运输坦克和大炮的船只，可以取道地中海，而不必绕道好望角。这就要竭力保卫埃及，保卫埃及的苏伊士运河不被敌人占领。

在丘吉尔的心中，还有一个一直萦绕他的大问题，那就是如何切断意大利那条沿海岸线的长长的公路。丘吉尔认为，应派一支轻装而强有力的军队把它切断，尽管英国还没有适当的坦克登陆艇。但丘吉尔天性是不惧怕任何困难的，他认为英国一定能够设计出一种供这一军事行动需要的工具，把这一行动与一场大战役结合起来进行，那就可大大分散敌人的兵力，而这对英军将是十分有利的。

但现在需要考虑的一个问题，是绕航好望角，还是冒险通过地中海。丘吉尔极力主张直接取道地中海。虽然这样要冒一些风险，但这样可以节省一些宝贵的时间，并且还可以节省一些必要的运费，而绕道好望角，就意味着英国的运输舰队要绕过将近整个非洲大陆一圈。丘吉尔做出这样的主张，也和他极富有冒险精神和在任何情况都坚强不屈的性格有关。

但是早在8月3日，意大利的3个步兵营、14个殖民地步兵营、两个山炮大队和配备中型坦克、轻型坦克和装甲车辆的几个支队开进了英属索马里。

8月10日，意军向英军发动了猛攻，英军寡不敌众，作战不利。

12日和13日，意军在强烈的炮击后占领了英军4个据点中的1个据点。15日，英军决定撤退。

但是，英军却没有停止自己的军事行动，他们的下一个目标就是西迪巴拉尼。

12月9日7时，随着一声进攻的号令，揭开了西迪巴拉尼之战的序幕。

接下来的两天中，英军继续进攻。英军第16摩托化步兵旅和与第4印度师换防的澳大利亚第6师，继续追击意大利逃军。布克和西迪巴拉尼周围的全部海滨地区已经落入英国部队之手，并且已将7000名俘虏送到马特鲁港。

丘吉尔在唐宁街的寓所里每隔一小时就能收到从战场上来的消息。12月12日，丘吉

∧ 意军据守的托卜鲁克遭到的英军飞机的猛烈轰炸。

尔向下院报告了战役进展情况，称赞这些军事行动是"在非洲战场上所奠定的胜利，是第一等的胜利"。他还对具体指挥战役的韦维尔将军、亨利·梅特兰·威尔逊爵士以及计划这一行动的参谋人员给予了极高的评价，称他们是"以惊人的毅力和勇敢来完成这一军事行动的部队的最高功臣"。

丘吉尔在高兴之余，没有忘记赶紧用这一次小小的胜利给正在努力援助英国的美国总统罗斯福打气。

同时，他又用同样的措辞致信澳大利亚总理孟席斯先生，借以鼓舞也同样处在艰难困苦中的大英帝国各自治领首脑。

截止12月15日，英国已经肃清了埃及境内的所有敌军。留在芬兰尼加的大部分意军撤退到已被孤立的巴迪亚防御阵地以内。以英国的胜利而告终。

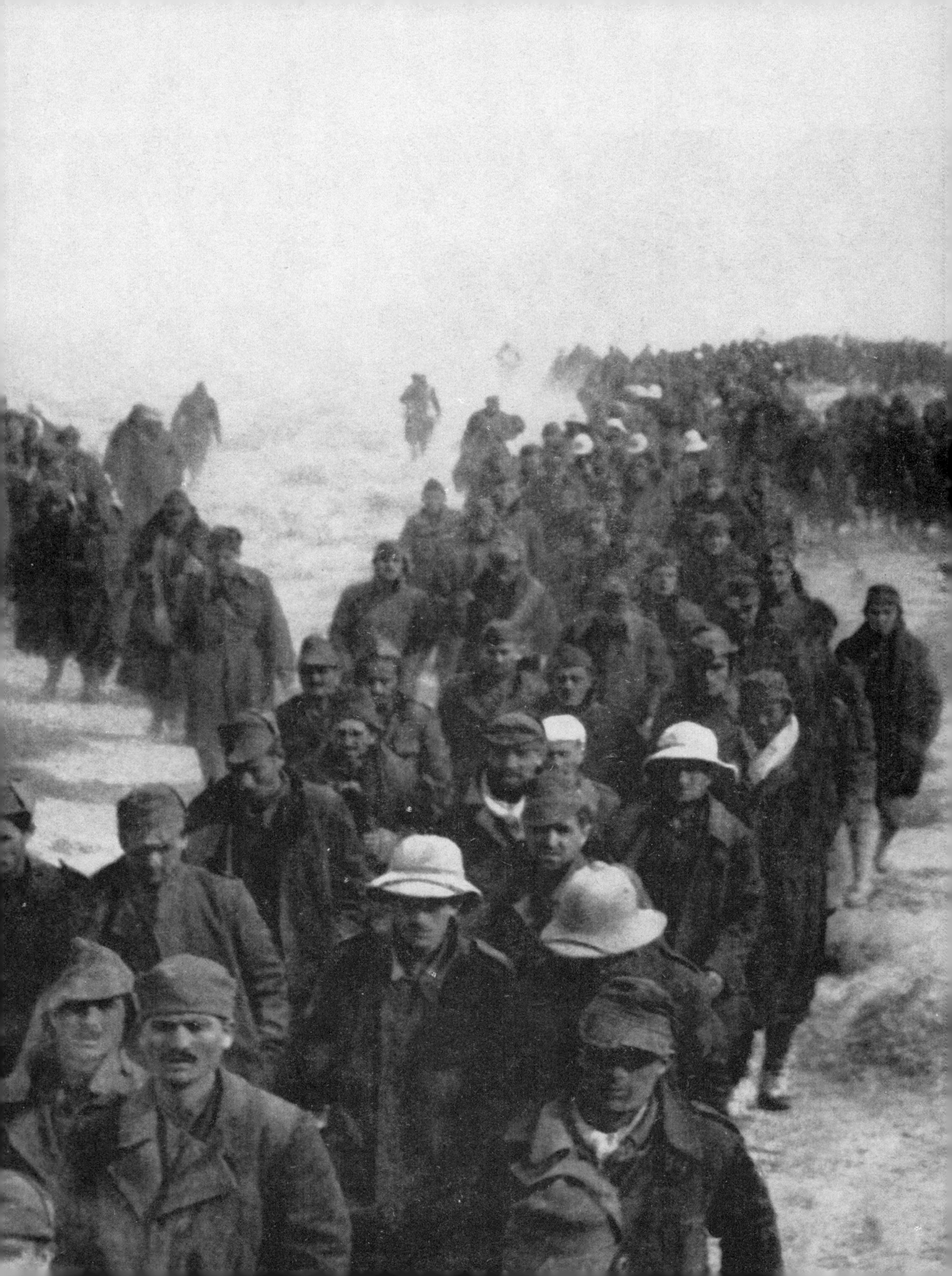

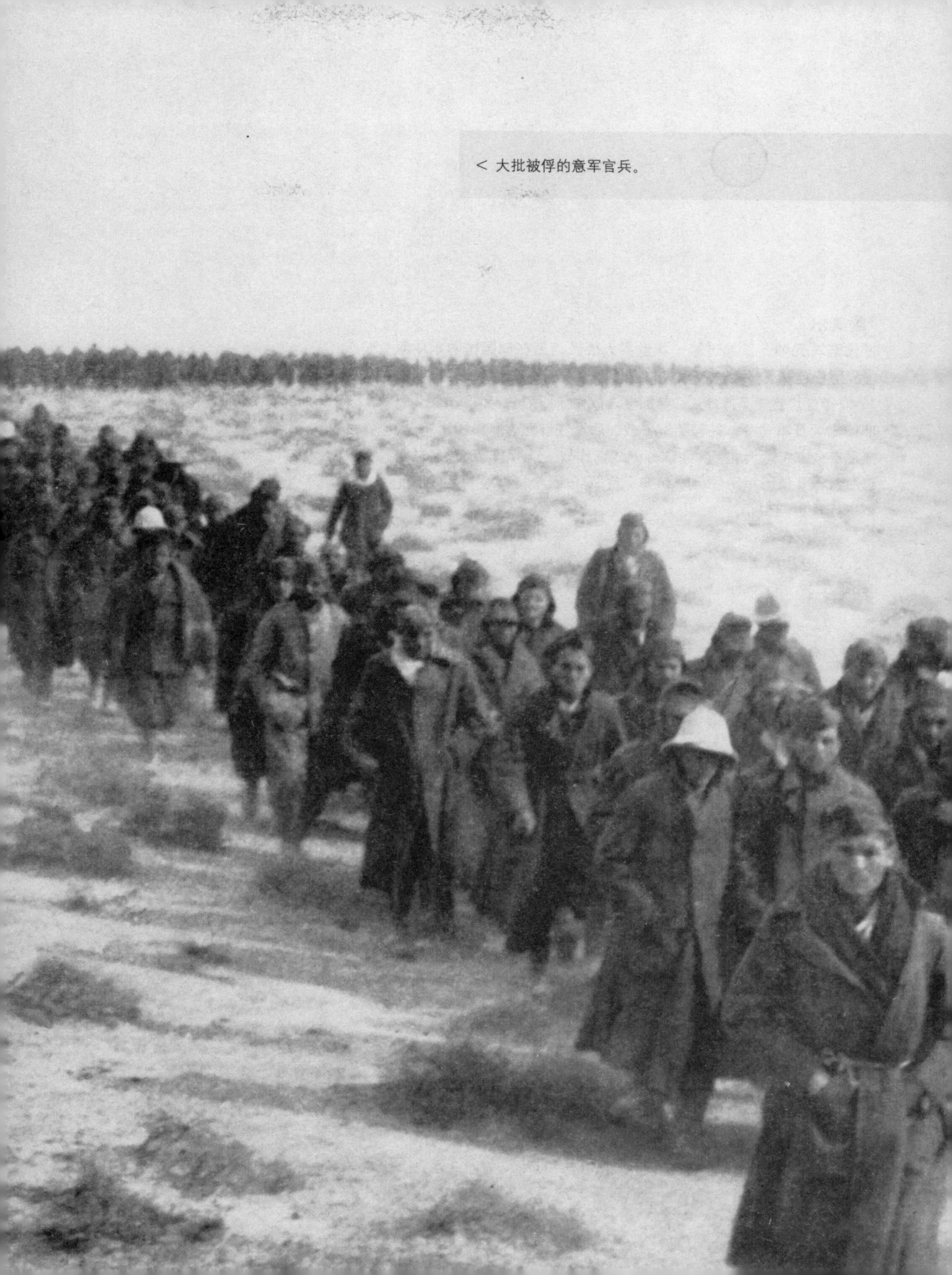

< 大批被俘的意军官兵。

★隆美尔

德国陆军元帅。参加过第一次世界大战。战后在德国国防军中服
役，历任连长、步兵学校教官、营长等。1939年任希特勒卫队长。
1940年任坦克第7师师长，参加侵法战争。1941～1943年任驻北
非德国远征军司令，并与英军作战。后调任驻北非B集团军司令，
先后在北非、意大利、西北欧苏德战场作战。1943年底至1944年
任驻法国B集团军司令。1944年7月20日因希特勒被刺事件而受
到株连，被迫自杀。

总司令韦维尔将军很有意思，他给丘吉尔写了一封信，表明战争的胜利也有一份首相的功劳。

英军接着又对托卜鲁克发动了攻击。先是英国舰队对托卜鲁克进行了猛烈的轰击，接着英国空军又对托卜鲁克的意军机场进行了轰炸，击毁意军飞机达数百架之多。最后，一个澳大利亚旅在强烈的炮火掩护下冲入南面的外围阵地，另外两个旅则进入临时建立的桥头阵地，向左右两翼扩展。

意军的抵抗活动停止了，30000人成了英军的俘虏，另外英军还缴获了700余门大炮。西迪巴拉尼之战最终以英军的胜利而结束。

在西迪巴拉尼酣战的12月23日夜，丘吉尔向意大利人民发表了一篇广播演说，借以煽动意大利人民反墨索里尼的情绪。

>> "沙漠之狐"出洞

意大利军队在北非的失利，引起了希特勒的恐慌。

1941年1月，希特勒决定出兵利比亚以援助意大利军队，由被称之为"沙漠之狐"的隆美尔*指挥。

隆美尔虽在战场上是丘吉尔的敌人，但丘吉尔对隆美尔却很敬重。他称赞隆美尔是英军的"一个非常勇敢善战的对手，而且如果我可以撇开战争造成的破坏来说，他是一位伟大的将领。"

丘吉尔极为担心，对中东英军总司令韦维尔将军说，我们现在碰到的是"沙漠之狐"隆美尔指挥下的德国军队，而不是受墨索里尼控制的格拉齐亚尼指挥的意大利军队，所以你们要格外小心，不要丧失对敌人突然袭击的警惕性。

正如丘吉尔所料，隆美尔没有等到德军全部到齐，果然利用英军换防、轻敌的有利时机和条件，采取了一个极为大胆的进攻行动。而此时，德军第5战车团和意军1个师已经开到前线。

3月15日，隆美尔把德国和意大利的军队组成混合纵队，从塞尔提向穆尔祖赫发起进攻。英军遭受这毫无防备的突然袭击，溃不成军，迅速全线崩溃。德军向南挺进了720千米，缴获了许多战利品。

丘吉尔对北非正在发生的战争极为忧虑。他于3月26日致信韦维尔，说隆美尔指挥的德军的特点是：只要不遇抵抗，就向前推进。

但这些都挽救不了英军失败的命运。隆美尔于3月31日清晨，在英军立足未稳的时候，开始向梅尔沙隘道进攻，双方经过一天的激烈战斗，德军于傍晚占领了该隘道。

英军在沙漠侧翼的溃败，使丘吉尔感到了深深的忧虑。他清楚地意识到，英军已失去攻占罗河岛的可能，而该岛正是英国与希腊之间交通的障碍。而在此时英国在希腊已发动了十分危险的军事行动。

隆美尔的装甲部队气焰嚣张地突然挺进，使英国地中海舰队司令坎宁安海军上将也意识到自己的处境极为不利。

丘吉尔认为，为了打击隆美尔嚣张气焰，有必要给德军一点颜色看看。他建议坎宁安海军上将摧毁的黎波里港，借以保护亚历山大港，阻止德国军队目标的实现。

4月21日黎明，坎宁安率领战列舰"沃斯派特"号、"巴勒姆"号、"英勇"号和巡洋舰"格罗斯特"号以及驱逐舰出现于的黎波里附近海面，炮轰海港达40分钟之久。顿时，港内船只一只只飞上了天，码头和港口设备被炸得一塌糊涂。德军的一座汽油库也被炮弹

< 一艘意大利战列舰被英军击沉。
> 1940 年，英国在地中海布置的航空母舰。

击中，熊熊大火燃烧了起来。油库周围的房屋也跟着起了火，火光照得的黎波里港口一片通红。

这次行动出乎所有人的意料，是一次完全的奇袭。海岸大炮在 20 分钟后还没有发出响声，德国空军也没有任何抵抗。英国舰队安然撤退，一艘也未被击中。

在北非战事中，丘吉尔一直有个心愿，那就是要在隆美尔的势力壮大以前，在凶悍的德军新装甲师全部抵达以前，英军在西部沙漠取得胜利并摧毁隆美尔的军队。

为此，丘吉尔在经过和内阁军界人物磋商后，决定由印度总司令奥金莱克将军接替韦维尔任中东英军总司令，而由韦维尔接替奥金莱克任印度总司令。

地中海交通线对英国及其盟国以及德、意轴心国家来说都特别重要，所以争夺地中海的斗争十分尖锐。

可是，在 1940 年 6 月底局势最紧张的时候，由于难以应付，英国海军部打算放弃东地中海，而把力量集中于直布罗陀。

但丘吉尔坚决反对这一打算。他认为，如果执行这一策略，就等于把马耳他岛白白送给法西斯轴心国家。

由于丘吉尔的反对，海军部决定在整个地中海和轴心国家作战。参谋长委员会在 7 月 3 日的一份关于地中海的文件中强调了中东作为一个战场的重要性。

坎宁安海军上将马上命令他的舰队启碇出海追寻敌人。从航空母舰上起飞的飞机袭击了托扑鲁克，并击沉了意大利的旧巡洋舰"圣乔治"号。

这次海战确定了英国舰队在地中海的优势，而意大利的威望却受到一次沉重的打击。10 天后，澳大利亚的巡洋舰"悉尼"号配合英国的驱逐舰队又击沉了 1 艘意大利巡洋舰。英国舰队在和意大利舰队的初次交锋中就显示出了自己的实力。

但这时，英国本土面临着德国入侵的严重威胁。从 8 月份开始，轴心国家利用潜艇作战，给英国大西洋运输船以重创。在远东，英国还面临着日本的极大威胁。因此，海军部对英国军舰在地中海大冒险的做法极为担忧，主张在亚历山大的坎宁安的东地中海舰队和驻在直布罗陀的萨默维尔海军上将的"H"舰队均采取严格的守势。

但丘吉尔却不这样认为，他认为进攻是最好的防守。他主张通过几支特种运输船队和航行，用策划和惹怒意大利舰队的办法，来同德国舰队进行较量。此外，丘吉尔还希望，在德国还未在地中海出现以前，在马耳他岛上适当地部署守军，并配备飞机和高射炮。

在丘吉尔的要求下，海军部的政策又经过一次极端缜密的研究。在7月15日拍给地中海舰队总司令的电报中，又重申英国要在东地中海保持强大军事力量的意图，东地中海舰队的任务是摧毁在数量上占优势的敌方海军。在西地中海，"H"舰队将控制地中海西端的出口，并对意大利海岸发动攻势。

丘吉尔现在对海军部所采取的主要决策感到满意。丘吉尔认为，结果会使双方一决雌雄。

1940年11月11日，英国舰队成功地完成了兵力任务布置。由航空母舰"光辉"号和4

艘巡洋舰以及 4 艘舰队驱逐舰组成的航空母舰群实施主要突击。

英国海军航空兵分两次行动。第一波次有 6 架俯冲轰炸机和 6 架鱼雷飞机,于 20 时 40 分起飞。

第一波次飞机起飞后一小时,第二波次有 5 架鱼雷飞机和 3 架轰炸机的机群接着出动,又向战列舰进行袭击。

意大利舰队损失惨重。英国空军在进行攻击时,只损失了 2 架鱼雷飞机。

袭击塔兰托海军基地后,英国在地中海确立了大型水面舰艇方面的优势。马耳他的防务,也因萨默维尔上将远道运去高射炮及其他设备而大大加强了。英国在该岛局势的演变中一直占据主要的地位,在对意大利及其驻非洲部队之间的交通线采取攻势行动时,该岛是一个前进的基地。

意大利舰队在地中海的惨败,引起了希特勒的恐慌。1941 年 1 月德国空军进驻西西里岛,于是,地中海局势完全改观。

1 月 10 日,英国海军和德国空军进行了第一次激烈的遭遇战。

德国轰炸机对英国海军开始了猛烈的袭击。敌机集中轰炸由博伊德上校指挥的新航空母舰"光辉"号。"光辉"号依仗自己的装甲甲板,有效地进行了抵御。舰上配备的飞机击毁了多架来袭的敌机,但最终还是未能逃脱被炸的厄运。

丘吉尔虽然远在伦敦,但对地中海发生的战事极为关心。"光辉"号受伤的报告送到丘吉尔手里后,他的关心变成了忧虑。

正当这个时候,丘吉尔从本国情报部门那里了解到,意大利人士气低落,特别在国内,一连串的失利使他们希望能早日结束这可恶的战争。丘吉尔认为,如果在他们的本土上攻打他们,将使他们的士气更加沮丧,从而使意大利的崩溃能够早日实现。因此,丘吉尔马上指示驻直布罗陀的"H"舰队司令萨默维尔海军上将,找机会务必对意大利本土进行一次大规模的袭击。

萨默维尔海军上将接到丘吉尔的电报后,马上和有关人员进行了认真细致的研究。2 月 9 日,萨默维尔对热那亚的港口发动了一次勇敢而成功的袭击。"H"舰队,其中包括"声威"号、"马来亚"号和"谢菲尔德"号,出现于热那亚附近的海面,对该城猛烈轰击达半个小时。同时,从"皇家方舟"号航空母舰上起飞的飞机对里窝那和比萨进行了轰炸,并在斯佩西亚海面伏设了水雷。这次奇袭取得了完全的胜利,几乎未遇到敌人任何抵抗。萨默维尔海军上将的舰只在低云层的掩护下撤退,成功地躲开了在撒丁岛以西进行搜索的敌方舰队的拦截。

1941 年 3 月,德军指挥部在巴尔干完成兵力布置,而英国舰队也开始向希腊运送部队。

巴尔干半岛位于欧洲东南部,是欧、亚、非三大洲的汇合地带,素有"陆桥"之称,战略地位非常重要。它是欧洲通过地中海、红海到印度洋和太平洋的出海门户,连着欧亚两洲的铁路干线从西北方向穿过该半岛。博斯普鲁斯海峡和达达尼尔海峡，又是苏联和其他黑海沿岸国家出海的必经之地。

德国和意大利法西斯把控制巴尔干半岛作为它们和英法争夺地中海、北非和中东的跳板。同时，德国还把巴尔干看成是进攻苏联的战略前进基地。

南斯拉夫是巴尔干半岛最大的国家，有"东南欧仓库"之称。在德国占领整个巴尔干半岛，建立"欧洲新秩序"的计划中，夺取南斯拉夫是重要一环。

希特勒企图利用德国在经济、政治上的巨大影响，以及在军事上的强大压力，达到"和平"占领南斯拉夫的目的。

丘吉尔也加紧活动，积极拉拢南斯拉夫，希望南斯拉夫政府拒绝德国的要求，与英国一起抗击德意法西斯的侵略。丘吉尔代表英国政府向南斯拉夫明确地表示，如果南斯拉夫成为英国的盟国，在日后的和平会议上，可以提出修改南斯拉夫和意大利在伊斯的利亚的边界问题。

但南斯拉夫政府怀疑英国是否能够赢得战争的胜利，因而拒绝了英国的建议，而决定与德国法西斯结盟。

当卖国条约的签署传到贝尔格莱德时，群情激愤，抗议的浪潮在全国各地掀起。

南斯拉夫中资产阶级的亲英派，利用反政府的群众运动，发动不流血的政变，夺取了政权。南斯拉夫新政府在群众运动的推动下，宣布在欧洲战争中保持绝对"中立"，废除前政府同德国建立的同盟关系，表现出明显的亲英倾向。

南斯拉夫政变，标志着希特勒企图和平占领南斯拉夫计划的破产。丘吉尔得到这一消息时，如释重负。丘吉尔曾千方百计要在巴尔干成立一个同盟国战线，并防止巴尔干这些国家逐个地陷入希特勒的魔掌。现在这件事终于有了一个具体的结果。

但是，丘吉尔高兴得太早了。

希特勒在接到南斯拉夫政变、亲德政府被推翻的消息时，立刻暴跳如雷。

他要求他的将领们立即做好入侵南斯拉夫的一切准备，"以便在军事上摧毁南斯拉夫，并使它不复成为一个国家单位"。

1941 年 4 月 6 日凌晨，德国法西斯军队开始对南斯拉夫发动突然袭击。德国轰炸机从占领罗马尼亚的飞机场轮番起飞，对南斯拉夫首都贝尔格莱德进行全面的空袭达三天之久。

4月8日，德国轰炸机停止了轰炸，但贝尔格莱德早已成了一片废墟，17000多居民死于街头或瓦砾堆中。

4月11日，意大利和匈牙利军队开始发动进攻南斯拉夫，其主力部队被迫仓皇南撤。4月13日，德意军队在贝尔格莱德会师。4月15日，南斯拉夫经过12天战斗后停止了抵抗，4月17日签订了无条件投降条约。

南斯拉夫投降，是英国和丘吉尔在巴尔干半岛的又一次失败。

克里特岛位于地中海东南部，是英国的重要军事地点，在地中海沿岸各国和国际事务中，有着极大的战略上的重要性。英国空军从克里特岛基地起飞，可以轰炸罗马尼亚的油田，并把东南欧的海陆分道线置于英国威胁之下。如果德意法西斯占领了克里特岛，既可以夺取苏伊士运河，扩大对近东各国的侵略，也能在地中海东部形成重要的战略优势。

面对德国即将到来的入侵，丘吉尔下达命令说："根据我们获得的情报来看，德国空降部队和轰炸机很快将对克里特岛进行一次猛烈的空降袭击……必须坚守该岛。"

英国虽从5月开始就加紧在克里特岛布防，但由于从希腊及爱琴海的基地起飞的德国飞机对克里特岛实行了有效的自由封锁，袭击来往该岛的一切船只，特别是对唯一设有港口的北岸尤其严密的封锁，英国运往克里特岛的武器及兵力并不是太多。

尽管兵力不如敌人，但丘吉尔和英国军方仍希望迎接德军的挑战，并且憧憬着未来的胜利。

1941年5月20日凌晨4时，德军发动了对克里特岛的进攻。在战争史上，这是第一次使用大规模空降部队的战役。

德军第一个主要攻击目标是马利姆飞机场。德军战斗机、俯冲轰炸机对克里特岛上的马利姆机场周围据点进行了猛烈的轰炸，使英军的大部分高射炮刹那之间便失去了作用。

在轰炸还没有停止以前，德军的滑翔机就开始在马利姆飞机场的西面着陆。德军完全不顾人员伤亡和飞机损失，在马利姆和干尼亚之间的地区100~200米的上空投下大量伞兵，第一天在其附近着陆的德国伞兵就达5000余名。

这一天，当丘吉尔接到德军伞兵纷纷在克里特岛上着落的消息后，打海底电报给韦维尔★说："在此战争转折关头，克里特之胜利至关重要，

∧ 在克里特岛空降的德军伞兵部队。

★韦维尔

英国陆军元帅。生于英格兰。毕业于温切斯特公学、桑德赫斯特皇家陆军军官学校和坎伯利参谋学院。1937年任驻巴勒斯坦及约旦英军司令。1938年任英格兰南部军区司令。1939年任中东英军总司令。1940年12月至此年2月，指挥英军击败入侵北非及东非的意军。后因作战失利于1941年7月调任驻印英军总司令。太平洋战争爆发后任美、英、荷、澳盟军总司令。1943年1月晋升元帅，6月任驻印度总督。

务必尽一切可能争取胜利。"

在空袭马利姆飞机场的同时，德国空军还大举空袭了雷西姆农和伊腊克林两处飞机场，分别在两地投下两个营和4个营。英军英勇反击，使德军伤亡惨重，最后总算保住了两处飞机场。但是，一群群全副武装的德军这时已能自由地出没在各个地区了。

英军统帅部对德国采用大规模空降部队作战缺乏充分估计，直到战斗打响之后，还以为德军主力将从海上登陆。因此，他们继续派重要部队防守北岸，而忽视了马利姆地区的防御。如果英军在20日晚上或21日清晨，抽调部队增援马利姆，进行一次有组织的强烈反击，德国的空降部队必将遭到毁灭性的打击。只可惜的是，英军白白失掉了这个最为有利的反攻的时机。

德军进攻部队抓紧机会，加速空降，不断扩大占领阵地。经过第二天和第三天的激烈战斗，英军从马利姆防区撤退，德军最终控制了马利姆机场。

英军统帅部刚一开始便认为德军主力将会从海上登陆，因此在克里特岛周围布置了强大的海军。

坎宁安海军上将在20日派遣一支轻舰队驶经克里特岛的西北。该舰队包括在金海军少将指挥下的巡洋舰"水上女神"号和"珀斯"号以及驱逐舰"坎大哈"号、"努比亚"号、"金斯顿"号和"朱诺"号。

在海军少将罗林斯指挥下的一支威力强大的舰队，包括战舰"沃斯派特"号和"英勇"号，由8艘驱逐舰掩护，布置在克里特岛的西面，以便监视预料中的意大利舰队的参战。

∧ 德军轰炸机正在攻击英军舰队。

　　由于没有制空权，英国舰队在第二天遭受了德国空军一整天的猛烈空袭。驱逐舰"朱诺"号被击中，起了大火，两分钟后便沉没了，舰上的水兵大部牺牲。巡洋舰"防贾克斯"号和"猎户座"号也受创，但仍能继续参加作战。

　　当天下午，德国第一批海陆进攻部队的运输船冒着决一死战的使命出航了。

　　德国运输船队见到英国舰队，立刻分散开来，英国舰队也立即分散开来，各自追逐自己的猎物，并互相猛烈地开炮。经过两个半小时的激战，英国击沉满载德军的轻帆船不下12艘和轮船3艘。据估计，当夜溺毙的德军达4000人。

　　其后两天，即22日和23日，是英国海军损失惨重的日子。英国海军舰队接连不断遭到德国空军的无情空袭。罗林斯海军少将分舰队中的驱逐舰"猎犬"号被炸沉。金海军少将为了营救幸存者，又使舰队延长了遭受空袭的时间。"格罗斯特"号连中数弹，烈火熊熊，被迫放弃。"斐济"号在撤退途中，也被炸弹击中要害而停航，随后便沉没了，死亡250人。

　　夜间，坎宁安海军上将了解了总的形势以及"格罗斯特"号和"斐济"号的损失情况。由于亚历山大港的信号发布处抄缮工作上的错误，他发现不只是巡洋舰，就是战列舰上的高射炮炮弹也几乎都快要用完了，因此，他在凌晨4点命令全部舰队向东撤退。

　　23日黎明，"凯什"号和"克什米尔"号在绕航克里特岛西面以全速进行撤退时，被一支24架俯冲轰炸机的空中编队追上了。敌机对其进行了猛烈的袭击，炸弹不断在两舰的甲板上爆炸。转瞬之间，两舰被击沉，死亡210人。

在这两天的艰苦战斗中，英国海军舰队损失了2艘巡洋舰、3艘驱逐舰，战列舰"沃斯派特"号也长期不能使用。此外，还有"英勇"号及许多其他舰只受到重创。但克里特岛的海防仍很坚固。英国海军不负众望，在克里特岛战役结束以前，没有一个德国军队是从海上登陆该岛的。

丘吉尔虽远在伦敦，但一直在注视着克里特岛的战事。5月23日，当克里特岛的战事令人极度紧张的时候，丘吉尔致电中东英军总司令韦维尔说：

"克里特岛之战必须打赢。……全世界正注视着你进行的辉煌战斗，大局将以此为转移。"

但在26日深夜，韦维尔接到了克里特岛战地指挥官弗顿伯格发来的严重消息。他说："我很痛心，不得不向你报告，我认为在我指挥下防守苏达湾的部队已经到了人力所能忍受的限度了。无论各位总司令根据军事观点做出什么样的决定，我们这里的阵地是坚守不下去了。"

丘吉尔仍不愿面对这事实。

但是事实毕竟是事实。5月26日是具有决定性意义的一日。由于德国空军可以自由使用飞机场，德国方面的兵力不断增加。英军被迫退至干尼亚附近的部队，在经过6天的艰苦抵抗以后，再也支持不下去了。通往内地的一段战线被德国军队突破，敌人进抵苏达湾。

在雷西姆农，英国部队在通往内地的一段地区完全被包围，并且给养和弹药越来越少，但是却不能把向南岸撤退、突围的命令传给他们。德军逐步合围，30日，残存部队在击毙德军300人后因粮尽而投降，只有140人设法逃出。

面对此种情况，丘吉尔已束手无策，只好同意撤退。

这样，继敦刻尔克和希腊大撤退以后，英国人不得不再受到一次耻辱，从克里特岛撤出它的军队。

从28日开始至31日晚，英国海军舰队冒着极大的牺牲，把16500人安全地运到埃及，其中包括约2000名希腊军人。后来各种突击队冒险又救出1000人左右。

但是还有5000名以上英国的军人被遗留在克里特岛的一些地方，韦维尔将军下令准许他们投降。但是有许多人分散在这个长达80千米的多山的岛上。他们和希腊士兵得到乡村居民的救助。但是居民也因此而受到牵连，他们一经查出，便受到残酷的惩处，往往成批成批地被枪决。

丘吉尔对此种情形感到极为痛心。他于三年后的1944年曾向最高军事会议建议，当地发生的罪行应就地审判，并将刑事被告人送到当地受审。这个原则被接受了，因此有些当时未经偿还的血债在以后的岁月中得到了清偿。

在克里特岛之战中，英军死伤和被俘约13000人。此外，海军的伤亡人数也有近2000人。

这些战斗，虽然英国都失败了，但它们是在希特勒控制着大半个欧洲、并处于上升时期，而英国却在单独作战的情况下发生的。英国政府和人民并没有对抗战失去信心，也并没有对丘吉尔失去信心。

>> 风起大西洋

在希腊、南斯拉夫已经崩溃、北非沙漠地带战争尚未定局、而英国在克里特岛的激烈战斗中正在失利的时候，英、德海军在大西洋上又发生了一件影响极为深远的事件。

法国溃败和德国法西斯海军的兵力移驻大西洋海岸基地，这就为德国水面舰艇的行动创造了有利条件。但此时德国水面舰艇由于受到损失，数量有所减少，因而只是偶尔出海破坏英国和中立国的航运。

1940年10月23日，德国袖珍战列舰"舍列海军上将"号出海，11月重巡洋舰"希佩尔"号出海。1941年1月22日，德国战列舰"沙恩霍斯特"号和"格奈泽瑙"号经修复后驶往北大西洋和中大西洋。在两个月的出击时间内，这些军舰击沉了22艘船只，总吨位为11.6万吨。

由于英国海军的反击，3月22日，这几艘战列舰隐藏到了布勒斯特。

英国一直在担心隐藏在布勒斯特的战列舰随时会再出来侵扰英国的贸易航线，对它们保持着高度的警惕。

到5月中旬，英国海军又增加了新的恐慌。有种种迹象表明，德国新建成的战列舰"俾斯麦"号即将在大西洋投入对英国的战斗。德国所有这些威力强大的快速舰只在大西洋辽阔的海域内配合在一起，将对英国的海军舰队产生极大的威胁。

德国战列舰"俾斯麦"号装有380毫米口径的大炮8门。建造时由于没有受到海洋条约的限制，是海洋上装甲最重的军舰。它的排水量超过英国最新式的战列舰10000吨，而航行速度则相等。

"俾斯麦"号即将出海的消息也搅得丘吉尔寝食不安，彻夜不眠。他指示总司令托维海军上将，要时刻警惕"俾斯麦"号的动静，随时做好迎战的准备，并尽力保护大西洋上的英国和中立国的商船免受其攻击。

5月21日凌晨，新战列舰"俾斯麦"号★和重巡洋舰"欧根亲王"号出海了。德国海军总司令部向这些舰只下达的任务是"攻击大西洋上赤道以北的敌交通线"，"情况允许多长时间"，行动就应"持续多长时间"。此外，德国海军总司令部还指示这两艘舰艇应隐蔽地进入大西洋。但是，"即使进入大西洋的行动被发现，任务仍如战役训令所规定"。

但是纳粹分子并未能隐蔽地进入大西洋。5月20日，这两艘战舰在卡特加特海峡刚一出现，就被英国侦察机发现。5月21日，当它们在强大的护卫舰只的伴随下驶出卡特加特海峡时，又被英国侦察机发现，并

∧ 希特勒视察下水的"俾斯麦"号战列舰。

★ "俾斯麦"号战列舰

德国制造。该舰于 1936 年开工制造，1939 年下水。1940 年交付部队使用。该舰标准排水量 35000 吨，满载排水量 50900 吨，动力装置采用蒸汽轮机，138000 马力，航速每小时 30.1 海里，续航力为 9280 海里。舰员编制 2100 人。舰载武器装备有 380 毫米主炮 8 门、150 毫米火炮 12 门、105 毫米火炮 16 门、37 毫米火炮 16 门、20 毫米火炮 20 门。1941 年 5 月 27 日被英国战舰击沉。

且在当天晚些时候证实"俾斯麦"号战列舰★和"欧根亲王"号都已停泊在卑尔根海峡。

很显然，重要的军事行动已迫在眉睫，于是英国在大西洋的全部指挥机构立刻开始了紧张活动。英国海军部为了集中力量对付德国的袭击舰队，而只好听任运输船队，甚至让运输船队去冒险。

丘吉尔也从托维海军上将发给他的电报中，时刻注意着"俾斯麦"号的动向以及德国舰队的调动。这一天，丘吉尔在收到托维给他的电报后，为了取得美国海军的援助，立即给罗斯福总统发了一封电报。

此时，"俾斯麦"号和"欧根亲王"号早在 24 小时以前就离开了卑尔根，这时正在冰岛的东北，并向丹麦海峡驶去。

23 时傍晚，"萨福克"号和"诺福克"号先后发现两艘军舰从北方驶来，便立刻向海军部发出了信号报告，于是海军部立刻用密码广播一切有关方面。

追击开始了，英国所有的舰队都向敌舰使去。总司令的旗舰向西航行并加快速度，"胡德"号和"威尔士亲王"号也调整了方向，希望能在第二天黎明时分在冰岛的西面截击敌舰。海军部还通知萨默维尔海军上将，让他率领"H"舰队，其中包括"声威"号、"皇家方舟"号和巡洋舰"谢菲尔德"号，点火待发，准备参加战斗。

丘吉尔在这天下午去了契克斯首相在郊外的官邸，在这里和海军部有直通电话联系。海军部向他报告说，预计"俾斯麦"号和"欧根亲王"号将在拂晓通过丹麦海峡，英国所有的舰只都按照总计划在向截击海域移动。这天晚上，丘吉尔为此事焦急不安地等了半宿，直到凌晨3点才去睡觉。

第二天早晨7点，丘吉尔被一阵急促的电话铃声惊醒。丘吉尔拿起听筒，是海军部打来的。

"我们的'胡德'号被炸沉了！"里面传来了海军部工作人员沉痛的声音。

丘吉尔听了浑身一震，眼睛顿时模糊了起来。"胡德"号的船体构造虽然较轻，却装有15寸口径的大炮8门，并且是英国所最珍视的军舰之一。丧失这艘主力舰确实是一件令人非常痛心的事。

"'胡德'号被炸沉了，但是我们一定能打沉'俾斯麦'号！"丘吉尔自言自语地说道。他知道，英国所有的舰只正在从四面八方向"俾斯麦"号逼近，除非它掉头向北驶回本国，否则，丘吉尔相信，英国舰队不久以后一定会击沉它。

这些天以来，丘吉尔被战争问题弄得太疲乏了。很快，丘吉尔又睡着了。

大约在8点的时候，丘吉尔的私人秘书主任马丁穿着睡衣走进了他的房间，他的端正严肃的脸上浮现出紧张的神色。丘吉尔立刻意识到一定有什么不祥之兆。

"我们击中了它没有？"丘吉尔还没有等马丁开口，便问道。

"没有，而且'威尔士亲王'号已经驶出战场了。"马丁说道。

原来那天整个晚上，"诺福克"号和"萨福克"号在雨雾交加之下，不管敌舰如何尽力摆脱它们，还是巧妙地盯住了它，而且它们的信号整夜不停地指出敌舰的确切位置。天色渐亮以后，"胡德"号和"威尔士亲王"号都已赶到视线之内。"胡德"号判明敌舰正在西北17海里的海域。

激烈的炮战开始了。"胡德"号在距离敌舰25000米处开了炮。"俾斯麦"号还击，"胡德"号当即中了一炮。大火从该舰140毫米口径的大炮处以极快的速度蔓延开来，一直烧到舰上的整个中央部分。

英国所有的舰只都立即投入了战斗，"俾斯麦"号也中了弹。当它发射了它的第5次排炮后，"胡德"号发生了一阵猛烈的爆炸，船身一分为二，几分钟以后，它便在烟雾弥漫中沉入了波涛之中。除3人外，船上的1500多名官兵，包括兰斯洛特·霍兰海军中将和拉尔夫·克尔海军上校在内，全部牺牲。

∧ 德国"欧根亲王"号战列舰。

"威尔士亲王"号迅速地改变航向，以避开"胡德"号爆炸后漂在海面的残物，并且继续战斗。在几分钟内，它中了"俾斯麦"号4枚炮弹，其中有一枚击中了舰桥，舰桥上的人非死即伤。舰尾的水下部分也被击穿一洞。利希海军上校是舰桥上的少数幸存者之一。他决定暂停战斗。于是"威尔士亲王"号便离开了战场。

　　"俾斯麦"号也未能幸免。它的水下船身被两枚重型炮弹击中，其中一枚将一个油槽打穿，大量的油不断流出，以致造成严重的后果。德国司令官命令继续向西南方向驶去，但速度却明显地降低了。

　　指挥作战的任务落到巡洋舰"诺福克"号舰桥上的威克·沃克海军少将的肩上。鉴于"威尔士亲王"号已经遭受重创，威克·沃克决定不再重新作战，而只是注视着敌人的动静和去处。

　　丘吉尔最怕的就是"俾斯麦"号向北返回本国。当听到它向西南方向行驶的报告后，才大大地松了一口气。如果这次击不沉它，那还不知要给以后的作战带来多少麻烦呢。丘吉尔认为，它在几分钟之内就摧毁了皇家海军中最优秀的舰只之一，可以带着大功返回德国了。但它的司令官却被胜利冲昏了头脑，做出了违反常规的一错到底的决定。

　　24日一整天，"威尔士亲王"号和几艘巡洋舰，继续尾随着"俾斯麦"号和"欧根亲王"号。"英王乔治五世"号上的托维海军上将仍然离得很远，但他发来信号说，他希望在25日上午9点参加战斗。

　　海军部召集了所有的船只。远在东南方250千米的"罗德尼"号奉令抄近行驶，"拉米伊"号奉令离开那支回国的运输船队，开到敌舰的西侧。从哈利法克斯驶出的"复仇"号也奉命赶到现场。巡洋舰摆下阵势，防备敌舰向北、向东逃逸。这时萨默维尔海军上将的舰队，则从直布罗陀向北兼程行进。捕捉"俾斯麦"的网正越收越紧。

　　当天晚上，"俾斯麦"号为了掩护"欧根亲王"号逃逸，突然转身同追击它的舰只交锋。从航空母舰"胜利"号上起飞的飞机对"俾斯麦"号进行了一次空中袭击，它们的一个鱼雷击中了敌舰舰桥的下方，但对它的危害并不是太大。

　　英国的舰只准备在第二天早晨再和"俾斯麦"号进行一次决战。但在25日凌晨3点后不久，"俾斯麦"号却出人意料地从"萨福克"号上的雷达上消失了。它是向西了，还是急忙转身向北或向东了？这引起了海军部的莫大焦虑，而且使一切力量的集中都前功尽弃。

　　"必须找到'俾斯麦'号！"丘吉尔向海军部和海防总队果断地下达了命令。找到并击沉"俾斯麦"号，也是每一个海军作战人员的心愿。

　　海军部派出了驻扎在爱尔兰厄恩湖的"卡塔利娜"式远程轰炸机进行搜索。当时其中一架发现那艘逃舰正向布雷斯特驶去，离该港约有350千米。但"俾斯麦"号击伤了这架飞机，于是线索又断了。

　　不到一小时，从航空母舰"皇家方舟"号上起飞的两架"旗鱼"式鱼雷飞机又发现了它。当时它正在"声威"号以西相当远的海域内，还没有进入德国空军从布雷斯特起飞的威力强大的空军掩护网以内。但是"声威"号一艘舰是对付不了它的，必须等待"英王乔治五世"号和"罗德尼"号的到来，当时它们还在敌舰的后面。

目标找到了，于是英国舰只争先恐后地向"俾斯麦"号驶去。萨默维尔海军上将急于向北驶去，曾派遣"谢菲尔德"号去逼近并尾随敌舰。"皇家方舟"号不知道这个行动，便把派出袭击的飞机误引上"谢菲尔德"号。飞机投弹袭击，但未击中。"谢菲尔德"号知道炸错了，巧妙地躲开，没有开炮。一架飞机向"谢菲尔德"号发出信号说："敬了你一条鳟鱼，真对不住！"

"谢菲尔德"号又找到了"俾斯麦"号的踪迹，并死死地盯住了它。从"皇家方舟"号上起飞的15架"旗鱼"式鱼雷飞机，在那艘宽洪大量的"谢菲尔德"号指示目标下，对"俾斯麦"号进行了猛烈袭击。至少有2枚鱼雷击中了它，"俾斯麦"号整整转了两个圈子，看来它已经失去了控制。

这时，"俾斯麦"号离布雷斯特只有200千米远了，但它连这么远的距离也行驶不了。德国派出强大的轰炸机队援助该舰，德国潜艇也急急赶来，但这些都挽救不了"俾斯麦"号注定要灭亡的命运。

26日晚间，丘吉尔来到了海军部，在作战室中的海图上观看作战的情况。在这里，战报每隔几分钟就送来一批。在丘吉尔的身边，站着军需署长弗雷泽上将。

"你站在这儿干什么呢？"丘吉尔问弗雷泽。

"我等着瞧瞧有什么东西需要修理。"弗雷泽答道。

这时，海军部收到了托维海军上将发来的电报。电报说，由于舰只已艰苦地航行了四天之久，燃料成了最令人担心的问题。他说，除非能够把追击"俾斯麦"号的速度大大降低，否则到午夜时他非放弃追击不可。

丘吉尔看了这封电报后，马上指示第一海务大臣发出信号，让托维继续追击，即使用拖船把他的舰只拖回英国去，也一定要继续下去。

但是，这时英国舰队已经获悉，"俾斯麦"号实际上正朝着错误的方向驶去，而且它的火炮还完好无损，因此托维海军上将决定在第二天早晨迫使它交战。

27日黎明时分，对英国海军来说，一个激动人心的时刻到来了。"罗德尼"号在上午8点47分开了炮，一分钟后，"英王乔治五世"号也开了炮。一会儿，"俾斯麦"号也开了炮，但并没有击中英舰。随后，英国军舰便以压倒优势的炮火向"俾斯麦"号攻击，半小时后它的大炮多半便哑然无声了。

"罗德尼"号驶过它的舰首，在3600米的距离外，向它射出了决定性的炮火。10点15分的时候，"俾斯麦"号舰上的大炮一片沉寂，舰桅已被打掉了。它在汹涌的波涛中翻滚着，火光熊熊，烟雾冲天。但是，就是到这时，它还是昂着头，不愿沉没，不知是留恋自己几天前的辉煌，还是在慨叹自己现在丢脸而悲惨的结局。

∧ 德国人引以为荣的"俾斯麦"号战列舰，被英军舰队击沉。
∨ 丘吉尔亲往迎接返航的英军舰队。

巡洋舰"多塞特郡"号用鱼雷对"俾斯麦"号作了最后的一击，终于使这艘强大的战舰在10点40分的时候船底朝天沉没了。这时距它出海时间整整一个星期。随同这艘战舰葬身海底的还有2000名德国士兵和他们的舰队司令卢舍斯海军上将。

11点，丘吉尔在教堂房子内向下院报告了"俾斯麦"号事件。

丘吉尔刚刚坐下，就有人递给他一张纸条。丘吉尔征得下院的同意后，满面春风地走上讲台，向下院宣布说："我刚接到消息，'俾斯麦'号已经沉没了。"下院听了以后，顿时爆发出一阵满意的掌声。

"俾斯麦"号的覆灭，正如丘吉尔给罗斯福总统的电报中所说的，对英国海军和世界政治都产生了巨大的影响。

第四章

左右逢源

1874-1965·丘吉尔

尽管丘吉尔不喜欢苏联及其制度，但是他还是说过，从单纯军事的角度考虑，他是希望德国进攻苏联的。谁不希望处在危难中的自己多一个盟友呢？

美国最终参战了。这给丘吉尔战胜法西斯轴心国以无穷的力量。如果说，丘吉尔以前的战胜法西斯的诺言只是一种信念的话，现在，这种信念就要变成现实。希特勒的命运已经决定了，墨索里尼的命运已经决定了，至于日本人，他们也将要粉身碎骨。

>> 反日联苏

　　战争使被压迫的民族站到了同一条战线上，但也使侵略国家达成了联合。德国、日本、意大利为了对付它们的共同敌人——英国和美国，走上了联合的道路。

　　德国法西斯在欧洲的闪电战的胜利，使远东的日本也蠢蠢欲动。日本积极进行北上侵略苏联和南下侵略英、美的准备。

　　德国和日本的外交家们都积极活动，设法使两国建立更密切的军事同盟关系。这是符合两国统治集团的利益的。

　　通过德、日谈判和德、意谈判，于1940年9月27日签订了德、日、意三国为期10年的同盟条约。

　　三国同盟条约的缔约国德、意、日在政治、经济和军事方面合作的加强，使美国和英国在亚洲和太平洋区域的殖民利益日益受到严重威胁。

　　希特勒对英国的和平攻势和军事行动均告失败后，便千方百计通过外交途径削弱英国的地位，从而迫使英国和德国媾和。

　　法西斯德国千方百计地鼓动日本对英国宣战，特别是侵占新加坡。

　　但在1941年2月的第二个星期中，丘吉尔觉察到在伦敦的日本大使馆和日侨居住区中有骚动不安的情形。丘吉尔马上派人对此进行探听，从接到的报告中，丘吉尔得到了这样的印象：他们已接到本国政府的通知，要他们毫不延迟地收拾行装，准备撤离英国。

　　这些人通常总是沉默寡言，现在却骚动起来，丘吉尔感觉到日本可能很快便要对英国采取战争行动了。于是丘吉尔把他的看法以电报的形式发给了美国总统罗斯福。他说，日本很有可能将毫不迟疑地对大不列颠和美利坚合众国同时开战，就他个人看来，日本肯定占不了上风。他对罗斯福说道："凡是你能使日本害怕同时对两国作战的任何行动，都可以消除这种危险。"但是他又指出，如果日本只将矛头指向英国，而英国又是孤军作战，那后果将是十分严重的。

　　但丘吉尔仍然不相信日本将会进攻英国，他认为，除非等到日本确知英国即将战败的时候，否则它是不会向英国发动进攻的。丘吉尔怀疑，如果美国愿同英国联合起来，日本是否肯加入轴心国一边作战。

　　此时，为了摸清欧洲的形势，日本政府决定派外相松冈洋右到欧洲去一趟，以考察德国控制欧洲的实际情况。特别是德国进攻英国之举究竟在何时开始。英国的武装力量是不是一直被牵制在海上防御，以致当

∧ 1940年9月27日，德、意、日三国签署了为期10年的同盟条约。

日本一旦进攻它在东方的属地时无力派遣增援部队。

正当日本在东方蠢蠢欲动之时，东欧大地上也正发生着一桩震撼世界的大事。

德国法西斯占领西欧和巴尔干后，认为实力已经具备，时机已经成熟，便着手实施进攻苏联的预定计划。

1940年12月18日晚，希特勒签署了对苏联展开军事行动的第21号训令，其代号为"巴巴罗萨"方案。该训令只印了9份，其中3份发给陆、海、空三军的总司令，6份锁在德军最高统帅部的保险柜里。此时，苏联和英国都不知道德国的底牌。

丘吉尔曾经说过，单纯从军事的角度考虑，他是希望德国进攻苏联的。谁不希望处在危难中的自己多一个盟友呢？他的话虽这样说，但是天才会知道在其他场合他是不是希望德国进攻苏联呢？丘吉尔在德国进攻苏联之前，对苏联的许多不友好行为一直愤愤不平。

为了得到德国和苏联间的准确消息，丘吉尔不满足于集体智慧的做法。从1940年夏季，丘吉尔就请德斯蒙德·莫顿少校每天为他摘取相关新闻。丘吉尔一直阅读这些消息，以便形成自己的见解。

在1941年3月，丘吉尔以欣慰而兴奋的心情，读到了关于德国装甲部队从布加勒斯特到克拉科夫的铁路上往返调动的情报。据丘吉尔说："这份情报对我来说好像是一道闪电照亮了整个东欧的局面。突然之间把这么多用于巴尔干的装甲部队调往克拉科夫，只能意味着希特勒打算在5月间进攻苏联。自此以后，我就觉得这一定是他的主要意图。"

德国进攻苏联，本来是丘吉尔所梦想的。但德国击溃了苏联，对英国来说并不是一件好事。丘吉尔希望，能让苏联和德国在东线拼得愈久愈好。因此丘吉尔并不希望苏联迅速地崩溃。

于是，丘吉尔便想寻找些方法来警告斯大林，通过让他注意他所面临的危险，以便同他建立起与罗斯福那样的关系。1941年4月3日，丘吉尔以首相身份请英国驻苏联大使斯塔福德·克里普斯转交了他给斯大林的一封信，这是自1940年6月25日介绍克里普斯出任大使时发出官方电报后的第一次通信。丘吉尔希望以此引起斯大林的注意和深思。

由于斯大林对英国和丘吉尔的不信任，并没有看重这封信，这使丘吉尔感到很失望。

希特勒在"巴巴罗萨"计划中规定5月15日为进攻苏联的日期，但是他在对贝尔格莱德革命的盛怒之下，于3月27日把进攻日期推迟一个月，以后又推迟到6月22日。

3月中旬，德国在北面向苏联主要前线调动军队，已经不需要采取特别隐蔽措施了。在北部地区，德国已经集结了强大的部队。3月20日以后，德国还要集结更强大的兵力。

4月22日，苏联方面向德国外交部指控，越来越多的德国飞机连续侵犯苏联边界。从3月27日到4月18日，这类事件达到80次。苏联的照会指出："如果德国飞机继续飞越苏联边界，将会发生严重事件。"

德国的答复是一系列对苏联飞机的反指控。

为了不给希特勒找到进攻苏联的借口，斯大林这位刚强的统帅不得不再一次忍气吞声。

以后，苏联对德国姑息的事例增多了。5月3日，苏联正式承认伊拉克亲德的拉希德·阿里政府。5月7日，比利时驻苏联的外交代表被苏联驱逐出境，甚至南斯拉夫公使也在被逐之列。6月初，希腊公使馆全体人员被赶出莫斯科。正如德国陆军部经济司长托马斯将军后来在他的论述德国战时经济一文中所写的："直到进攻前夕，在最后几天，苏联还从远东用快车急运橡胶。"

德国的目的已经一目了然了。丘吉尔在5月16日电告史末资将军说："看来，希特勒正在集结兵力对付苏联。军队、装甲部队和飞机正在不停地从巴尔干向北调动，从法国和德国调往东方。"

战争已迫在眉睫，但苏联方面仍在天真地认为德国不会发动进攻。

★里宾特洛甫

纳粹德国外交部长。战犯。第一次世界大战在东线服役。后参加军事使团赴土耳其。战后经营酒业。1932年加入纳粹党。1935年任无任所全权大使，参与英德海军协定谈判。1936年至1938年任驻英大使。1938年起任外交部长。1939年前往莫斯科签订《苏德互不侵犯条约》。曾参与、策划纳粹德国的几乎所有侵略行动。1946年被纽伦堡国际军事法庭判处绞刑。

6月21日9时30分，苏联人民委员会第一副主席莫洛托夫在他的办公室召见了德国大使舒伦堡。他告诉舒伦堡，苏联政府无法了解德国感到不满的理由，他还说他想知道造成德苏关系目前状况的原因。

但是到了第二天，即6月22日凌晨时分，莫洛托夫在克里姆林宫听到的却是舒伦堡宣读的里宾特洛甫★给他的宣战通知。舒伦堡说："苏联政府已经破坏了它同德国订立的条约，并且即将在德国的危急存亡的时刻从背后发动进攻。所以元首已经命令德国的武装部队用所有可能的手段去抵制这种威胁。"

斯大林在接到德国宣战的消息时，气愤地骂道："希特勒这个大流氓！"他不得不承认，自己在这么长时间的判断大多是错误的。

但不管如何说，德军还是发动了进攻。6月22日黎明时分，德军以190个师、5000辆坦克、5000架飞机的庞大兵力，在长达1800多千米的战线上对苏联发动了突然袭击。

6月21日，这一天是星期六，丘吉尔到契克斯他的郊外官邸去度周末。怀南特夫妇、艾登夫妇和爱德华布里奇斯也都在那里。进餐时，他们还谈起了德国和苏联的事情。

∧ 1941 年 6 月 22 日，德国外长里宾特洛甫发表对苏战争宣言。

"德国进攻苏联，现在已经是确定无疑的事了。"丘吉尔说道："希特勒正指望博得英国和美国的资本家和右翼的同情。但是希特勒错了，我们应当全力帮助苏联。"

"美国的态度也是一样。"怀南特说道。

饭后，丘吉尔同他的私人秘书科尔维尔一起在草地上散步时，他们又回到了这个话题上来。

"对你这位头号反共人物来说，这样一来是不是就同流合污了？"科尔维尔问丘吉尔。

"完全不是这样，"丘吉尔答道，"我只有一个目的，就是打倒希特勒，我的一生这样一来就变得简单多了。如果希特勒攻打地狱，我至少也会在下院为魔鬼说几句好话。"

第二天凌晨4点，科尔维尔被外交部的电话惊醒，电话说，德国已经进攻苏联了。丘吉尔昨晚曾告诉他，除非德国军队打到英格兰，不得因别的事情把他唤醒。因此，科尔维尔等到8点才告诉丘吉尔。

"通知英国广播公司，我在今晚9点演讲。"丘吉尔没有太多的诧异，只说了这一句话。

晚9点，丘吉尔准时进行演讲，他满怀激情地说道：

"……苏联人民的危难，就是我们的危难，也是美国的危难，正如苏联人民为保卫家乡而战的事业，是世界各地的自由人民和自由民族的事业一样。让我们吸取通过残酷的经验得来的教训吧。让我们加倍努力，只要一息尚存，力量还在，就齐心协力打击敌人吧！"

德国发动对苏联的进攻后，由于英国也处于极端艰难的境地，因此加快了同苏联合作的步伐。

苏英两国在7月12日签订了《在对德作战中一致行动的协定》规定，两国政府保证，在当前反德国的战争中彼此给予各种援助和支持；在整个战争期间除经彼此同意外，即不同作战对方举行谈判，亦不签订停战协定或和约。这项协定说明苏英两国在反法西斯战争中，承担了彼此支援和战斗到底的责任。《协定》的签订以及丘吉尔和斯大林直接交往的建立，使苏英关系发生了重大变化。

但在美国统治集团中，对苏联的估计却是一片悲观。他

∧ 1941年6月22日，德国悍然向苏联发动进攻。

WINSTON L.S.CHURCHILL

们认为苏联的失败在所难免，也许美国还来不及进行援助，苏联早已被占领。英美许多军事家和政治家对同苏联合作的前景也持怀疑态度。他们认为苏联经受不住希特勒动用几乎整个西欧的工业潜力和庞大的现代化军队发动的进攻。

在伦敦的军事专家认为，苏军对德国军队的进攻只能支撑五六个星期。美军陆军部和马歇尔也估计，苏军最多维持3个月，就会被德国法西斯所击败。

罗斯福对这些估计虽不以为然，但为了掌握有关苏联实际情况的第一手材料以及苏联在军事援助方面的具体要求，决定派他的亲密顾问、负责美国租借事务的霍普金斯作为他的私人代表前往莫斯科，同斯大林商谈对苏联援助的问题。

在霍普金斯访问莫斯科期间，虽然美国向苏联提供援助的规模问题并没有得到最后解决，但通过这次访问，霍普金斯亲眼看到了苏联拥有强大的军事潜力，掌握了苏军正在苏德战场许多地方进行反攻的较详细情况，了解到苏联领导人对击败德国法西斯充满信心。他从中得出了这样一个结论：苏联不仅能经受住敌人的进攻，而且还能给敌人以沉重的打击。

霍普金斯的莫斯科之行，使美国对苏联的抵抗能力和作战前途有了新的认识，帮助美国政府最后确定了采取实际措施援助苏联抗击德国法西斯的方针，从而坚定了美国参加国际反法西斯联盟的决心和信心。这是美苏战时关系的真正转折点。

苏德战争的爆发，也极大地影响到远东局势。日本为在远东配合德国法西斯军队的进攻，于7月2日确立了南进政策。7月8日，美国从破译的日本电报中，已经清楚地知道了日本的意图：南进第一，如情况允许则北进。

果然，7月24日，日本发动了对印度支那的进攻，并于当天占领了印度支那南部。7月底，日本已完成对印度支那的军事占领。由于这个赤裸裸的侵略行动，他们的军队已处于可以进袭马来亚的英国人、菲律宾的美国人和东印度的荷兰人的态势。

美国政府对日本的行动立即做出了强烈地反应。就是日本侵略印度支那的当天，罗斯福总统要求日本政府，作为全面解决的序幕，应使印度支那中立化，并撤出日本军队。为了给这些建议增添分量，罗斯福总统颁发了冻结所有日本在美国的财产的行政命令。

丘吉尔首相立即响应了罗斯福总统的这一声明。两天以后，荷兰政府也响应了这一声明，宣布对日本实行制裁。荷兰政府的这一措施，意味着一下子剥夺了对日本关系重大的石油供应。

美英在反对德国法西斯的斗争中，有着相同的利益，它们走到了一起。罗斯福总统认为，为了协调两国反法西斯的行动，应该和英国首相丘吉尔会一次面。他们曾直接通了许多次信，但彼此都还没有见过面。

>> 初晤罗斯福

经过双方的周密安排，丘吉尔便命令英国最新的战列舰"威尔士亲王"号随时准备待命出发。丘吉尔出访期间，将由掌玺大臣艾德礼以代首相名义行使职权。丘吉尔又指示伊斯梅将军和轰炸机司令部司令波特尔留下，以便照料事务。

事实上，丘吉尔对这次会谈确实寄予了很大的希望。他说："我们之间的第一次会谈，将昭告世人，英美两国的团结越来越密切，将使我们的敌人感到担心，将使日本仔细考虑，并使我们的朋友欢欣鼓舞。"

8月4日黄昏时分，"威尔士亲王"号同护送它的几艘驱逐舰驶入浩瀚无际的大西洋。随行的除丘吉尔在给罗斯福的信中提到的几位英国军政要员外，还有外交部常务次官亚历山大·多根爵士，国防部的彻韦文勋爵、霍利斯上校与雅各布上校，以及丘吉尔的私人顾问及秘书。此外，还有技术与行政部门以及计划部门的许多高级官员。罗斯福总统的特使霍普金

∧ 罗斯福、丘吉尔与两国将领在"威尔士亲王"号甲板上合影。

斯在出访莫斯科回来后，也陪同丘吉尔前去赴会。

丘吉尔一行于8月9日上午9点抵达纽芬兰普拉森夏湾的会晤地点。当时，美国的"奥古斯塔"号巡洋舰在几艘驱逐舰的护卫下，已经迎候在那里了。罗斯福总统由他的儿子埃利奥特·罗斯福搀扶着，正坐在"奥古斯塔"号甲板的轮椅上。

11点整，庞德海军上将的汽艇驶向"威尔士亲王"号，罗斯福总统站在"奥古斯塔"号的舷梯上等候着。汽艇到达船边。在汽笛的尖鸣声和海军仪仗队举枪致敬的碰击声中，身着褐色海军制服的丘吉尔笑眯眯地走上船梯。

走上船梯以后，丘吉尔停下脚步，礼貌地朝后甲板致敬。然后，他迈着坚定、有力的步伐，走向美国总统罗斯福，同时向他伸出了双手。

"终于见到您了，罗斯福先生！"丘吉尔说道。

"能在这儿和您相会，我感到很高兴，丘吉尔先生！"罗斯福回答道。

两位历史巨人的手紧紧地握在了一起。激情传遍了他们的全身。对他们两人来说，这次会晤，体现了英国和美国将要携起手来，共同对付他们的敌人。

第二天是星期天。早晨，两国人员一起举行了一次盛大的礼拜仪式。罗斯福总统带着他的僚属和几百名美国海军和海军陆战队各级的官兵代表来到"威尔士亲王"号上，在后甲板上参加礼拜仪式。

这个早晨阳光灿烂。讲坛上挂着英美两国的国旗。英国和美国的牧师共读祈祷文。

"啊，上帝，愿你在战争的日子里坚定我们的意志，"牧师祈祷说，"增强我们的决心，我们不是和人们为敌，而是反对奴役人们灵魂的黑暗势力，我们将战斗不息，直到一切敌对行为和压迫都被消灭干净，世界各国人民从仇恨中获得解放，作为上帝的孩子互相服务。"

在牧师的后面，是丘吉尔和罗斯福。在他们的背后，是英美两国的最高级海陆空军军官们，再往后就是完全混合在一起的英美两国的士兵们。他们合用着一本《圣经》，一齐热烈地参加双方都熟悉的祈祷与唱诗。

丘吉尔亲自选择了两首赞美诗，一首是《海上遇险歌》，另一首是《基督徒进军歌》。他们在结束时唱的是《上帝是我们千古的保障》这首诗，这是铁骑军在把约翰·汉普登的遗体送入坟墓时曾经歌唱的那首诗。每一个字都震动着人们的心弦。

不但丘吉尔，就是参加这次礼拜仪式的每一个人都深深地感觉到，这次礼拜是英美两国人民信仰一致的一种极为动人的表现。

礼拜仪式后，大家又坐在一起重新开会。丘吉尔向会议呈上他们拟定的初步的宣言大纲，作为两国讨论的基础。

丘吉尔曾经认为，除非英国看来将被击败，否则日本是不会贸然参战的。现在他似乎又担心日本会参战。这个看法的变化也许是实施冻结措施的结果。他觉察到东京正处于进退维谷的危机中。

"我相信，只有发表一份明确的警告，才会阻止日本向南方扩张，"丘吉尔然后又说道，"绝不允许这种情况发生，因为如果英日之间发生战争，那么其结果是大不列颠在太平洋和印度洋的全部舰只会被击毁，而英伦三岛与自治领之间的生命线也会被切断。"

8月12日，经过丘吉尔和罗斯福及两国参谋的最后讨论，终于取得了《美国总统和英国首相的联合宣言》的定稿。这即是著名的《大西洋宪章》。

《大西洋宪章》★共8条，其主要内容是：英美两国不寻求领土或其他方面的扩张；反对不符合有关民族自由表述的愿望的领土变更；尊重各国人民选择他们在其管辖下生活的政府形式的权利，主张凡是被强制剥夺主权和自治权的民族恢复这些权利；两国将设法保证一切国家在平等的基础上进行贸易并获得世界的原料资源；促进一切国家间的经济合作，以保证一切民族生活水平进一步提高、经济发展和社会安定；两国希望最终摧毁纳粹暴政以后确立和平，使全体人类自由生活，无所恐惧，亦不虞匮乏；公共海洋上航行不受阻碍；各国应放弃武力和解除侵略国家的武装，减轻各国人民对于军备的沉重负担。

丘吉尔认为这项联合宣言影响深远的重要性是显而易见的。他说："美国在名义上仍属中立，却会同一个交战国发表这样的宣言，仅就这一事实而论，就是惊人的。宣言中包括有'最终摧毁纳粹暴政以后'的词句，这等于一个挑战，在平时这种挑战意味着战争行动。它清楚而鲜明地宣告，美国将和我们联合起来维持世界的秩序，直到最后建立起一种较好的局面为止。"

鉴于《大西洋宪章》提出了一些"民主""和平""自由"等民主原则，1941年9月24日，在伦敦召开的有苏联、比利时、捷克斯洛伐克、希腊等国代表出席的国际会议上，驻英大使迈斯基代表苏联政府同意《大西洋宪章》的各项基本原则，但同时表示苏联政府有一定的保留。他还强调指出，这些原则的实际运用"必须与各国的状况、需要和历史特点相适应"。随后，又有14个国家先后表示赞同《大西洋宪章》

★《大西洋宪章》

1941年8月9日至13日，英国首相丘吉尔和美国总统罗斯福在大西洋纽芬兰阿金夏湾的一艘军舰上举行了有两国的政要和军事官员参加的会议。8月14日，双方发表了《大西洋宪章》。它的发表对于动员和鼓舞全世界人民、加强反法西斯同盟、打败德意日法西斯，起到了积极的推动作用。

的宗旨和原则。

8月12日下午，在"奥古斯塔"号的甲板上，两位历史巨人的手又一次紧紧地握在了一起。与上次不同的是，这次却是分别。

"再见吧，总统先生，有机会我还会来看您的。愿上帝保佑您！"丘吉尔这条刚强的汉子，此时眼里却噙着泪花，深情地向罗斯福说道。

"再见，丘吉尔先生，也让上帝保佑您一路平安，永远平安！"罗斯福的眼睛也湿润了。

两位巨人不好意思地相视一笑，连忙背转身向着两国的参谋人员。

丘吉尔迈着坚定而有力的步伐，走下舷梯，上了汽艇。他内心深处，有一种依依惜别的隐痛。

罗斯福指示美国的两艘驱逐舰，把丘吉尔护送到冰岛。其中一艘舰上就有他的儿子小富兰克林·D.罗斯福。

罗斯福坐在甲板上，一直到"威尔士亲王"号消失在茫茫无际的大海之中，他才让助手埃利奥特扶他回去。

8月16日早晨，丘吉尔抵达冰岛，停泊在赫瓦尔斯湾，从那里换乘驱逐舰抵达冰岛的圣雷克雅未克。在抵达港口时，丘吉尔受到一大群人的热烈欢迎。不管在何处，只要人们认出了丘吉尔，就向他表示友好的欢迎。

丘吉尔在冰岛议会大厦对冰岛进行了短时间的访问，向摄政者和冰岛内阁表示敬意。随后，丘吉尔参加了联合检阅英美军队的仪式。在《美国海军进行曲》的乐调声中，一长列3人一排的队伍雄赳赳，气昂昂地走过他的面前。丘吉尔和站在他旁边的美国总统的儿子一起接受了军队的敬礼。丘吉尔觉得，这次检阅又一次为英美的团结一致提供了鲜明的例证。

>> 美国正式参战

英美两国对日本的制裁，本已使日本狂怒不已。丘吉尔和罗斯福的《大西洋宪章》的发表，更加刺激了日本军方要求对英美开战的势力，他们大肆叫嚣，要求立即对英美开战。

8月17日，罗斯福又会见日本大使野村，向他宣读了美国政府对日本政府的严正警告："如果日本的政府奉行以武力威胁邻国实行军事统治的政策和计划，并在今后采取某些手段的话，那么，美国政府就不得不立即采取它认为保护美国和美国人民的正当权益、保障美国安全所必要的一切手段。"

这个警告，使日本政府认为美国再也没有可以回旋的余地了。日本海军联合舰队司令山本五十六写信给海相及川古志郎，提出偷袭珍珠港的建议，并着手秘密制定具体作战计划。

1941年12月7日，对美国海军来说，是一个灾难性的日子。日本在这一天向珍珠港发动了突然袭击，从而揭开了太平洋战争的序幕。

珍珠港是美国在太平洋上最大的海军基地，它位于夏威夷群岛的中心——瓦胡岛的南端，面积达1500多平方千米。港中央有个福特岛，是海军航空基地。

这天早上，7点55分，日本联合舰队第一批零式飞机飞抵珍珠港上空。飞行员发现基地上的美军还在照常升旗奏国歌。

∧ 1941年12月7日，日军对美国海军基地珍珠港发起了突然袭击。

第一批突击队指挥官渊田美津雄向飞机中队发出了进攻的命令。顿时，183架飞机便朝自己的预定目标飞去。接着，珍珠港基地上便"隆隆"作响，美军机场被炸，停在机场上的大部分飞机被炸飞了，有的还起了大火。几分钟后，战列舰"亚利桑那"号已被熊熊大火淹没，"俄克拉荷马"号已完全倾覆，其他舰艇也大多中弹起火。整个珍珠港上空日机来回穿梭，疯狂地把炸弹投向地上的目标，地面上则弹片横飞，水上鱼雷纵横交错，到处硝烟弥漫，烈焰冲天。

日本第一批飞机离去后，第二批鱼雷飞机和高空轰炸机对"加利福尼亚"号，"亚利桑那"号、"田纳西"号等战舰进行了袭击。"亚利桑那"

∧ 美国总统罗斯福面容严肃地签署对日开战宣言。

号接连中了5颗炸弹，其中一颗炸弹穿过前甲板钻进了燃料储油舱，引起了大火，顷刻之间，后舱储存的大约720千克黑色炸药发生爆炸，并且引发了前舱的几百吨黑色火药爆炸。可怕的、巨大的爆炸使"亚利桑那"号几乎蹦离了水面，裂为两半。不一会儿，这艘32600吨的巨型军舰的两半都葬身海底了。其他几艘舰艇也都遭到了类似的命运。只到这时，美军的零星炮火才开始反击，但已经无济于事了。

在不到两个小时的偷袭中，仅用损失23架鱼雷飞机和5艘潜艇的极小代价，便击沉或重创了美国太平洋舰队的18艘舰只，击毁美机188架，击伤159架，美军死亡2403人，重伤和失踪2233人。美国太平洋舰队遭到重大损失。但幸运的是，该舰队中的3艘航空母舰因未停泊在珍珠港内而免遭被炸的命运。另外，日机在轰炸时漏掉了海军船坞中的油库和潜艇库。这些为日后美国太平洋舰队的重建保存了基干力量。

第二天，罗斯福在众议院发表了一篇演说，他说："我要求国会宣布，自1941年12月7日，星期日，日本无端和疯狂地发动进攻开始，合众国与日本帝国之间就已存在着战争状态。"罗斯福讲完后，全场响起了一阵经久不息的掌声和欢呼声。听众纷纷喊着，要对日本给予无情的报复和打击。

丘吉尔于12月7日晚9点从新闻节目中听到了日本偷袭珍珠港的消息。为了证实这件事，丘吉尔拨通了罗斯福的电话。

"总统先生，这件关于日本的事是怎么一回事？"丘吉尔焦急地问道。

"十分确切，"罗斯福回答说，"他们已经在珍珠港向我们进攻。现在，我们大家是风雨同舟了。"

"那您准备怎么办？"

"我明天要求国会对日本宣战。"

"好得很！你们宣战以后，我们也马上跟着宣战。"丘吉尔坚定地说。

虽然丘吉尔感到即将面临着日本进攻远东的压力，但他却有一种前所未有的轻松感。他对这一点毫不怀疑，如果美国这个巨大的弹药库一旦被点燃起来，那么轴心国家的失败将是必然的。

美国对日本宣战后，战时内阁也于12月8日授权丘吉尔立即对日本宣战。

英、美对日本宣战后，日本的同盟国德、意也对英、美宣战。第二次世界大战至此全面升级。

美国的参战，给了丘吉尔战胜法西斯轴心国以无穷的力量。如果说，丘吉尔以前的战胜法西斯的诺言只是一种信念的话，而现在这种信念就要变成现实了。现在丘吉尔可以无所顾虑地宣称，希特勒的命运已经决定了，墨索里尼的命运已经决定了，至于日本战犯，他们也将要粉身碎骨。因为丘吉尔清楚地知道，英国、苏联，现在又加上美国，他们同力同心，生死与共，具有两倍或者甚至三倍于他们的敌人的力量。

英、美对日本宣战后，丘吉尔觉得为了两国在反法西斯战争中的协调一致，应该再到美国和罗斯福去会晤一次。

丘吉尔于12月14日乘刚诞生的"约克公爵"号踏上了开往美国的征途。他心爱的"威尔士亲王"号在一星期前受到日本鱼雷轰炸机的袭击而沉没，这使丘吉尔感到很伤心。

这是一次极为艰苦的航行，中途还要经过德国潜艇出没的区域。由于护航的小舰队速度很慢，最后丘吉尔下令，甩开驱逐舰，而以尽可能的最大速度单独在大风浪中向前行驶。

经过7天的行驶，"约克公爵"号总算平安地于12月21日到达美国港口汉普敦。丘吉尔原打算乘船溯波托马克河而上，再乘汽车前往白宫，但是经过几天的海上生活后，船上的人都急于结束行程。因此，最后另行安排改为从汉普顿停泊处换乘飞机，并于12月22日黄昏后在华盛顿机场着陆。

丘吉尔走出飞机，一眼就看到飞机下坐在轮椅上的罗斯福总统，身后是一大批美国军政要员。

"总统先生，又一次见到您，我真感到高兴！"丘吉尔快走几步，上前抓住罗斯福的双手，不停地摇动着说道。丘吉尔感到，虽然罗斯福的身体是残疾的，但是他的手却极其有力。

"丘吉尔先生，上帝保佑您终于平安地到达了。再一次见到您，我也很高兴。"罗斯福说道。

∧ 坐在轮椅上的罗斯福总统。

▽ 1941 年，丘吉尔视察被德军轰炸后的伦敦。

在丘吉尔待在白宫的三个星期里，他的议事日程总是安排得满满的。他和罗斯福总统每天有几个小时的见面时间，并且总是在一起共进午餐。

转眼之间，圣诞节到了。美国今年的圣诞节，是在战争中度过的。

简单的庆祝仪式点缀着圣诞之夜。白宫的花园里，摆上了传统的圣诞树。丘吉尔和罗斯福站在阳台上，向下面的人们祝福，丘吉尔并对他们作了演说。

丘吉尔刚一开始担心这次演说做不好，但他对美国听众讲话，却有着一个优势，即如果把他的母亲方面的男性再上溯五代，是一位在乔治·华盛顿的军队里服役的尉官，所以就有可能利用血统上的关系拉近他和美国听众的距离。丘吉尔充分地利用了这方面的优势，事实上，他也获得了极大的成功。

丘吉尔以极亲切的语言，说出了一连串和美国人民的共同点，一下子使听众产生了强烈的共鸣。他们觉得，堂堂一个英国的首相，能用如此亲切的口气和他们说话，对他们来说是一种荣幸。继一阵雷鸣般的掌声之后，又爆发出了一阵热烈的欢呼声。

丘吉尔的演讲，使美国人民对英国有了一个新的认识。甚至在几十分钟以前还认为英国将要战败的人们现在也认为，英国人民在这样的一位首相领导下，是一定能够战胜法西斯的侵略的。

演讲完毕后，丘吉尔和罗斯福同去教堂。丘吉尔在简单的仪式中，获得了暂时的安宁，并平静地欣赏了著名的赞美诗，其中有一首《啊，小市镇伯利恒》是他从来没有听过的。这对于一个信仰宇宙是在精神统治下的人来说，可以使他的信念更加坚强。

圣诞节过后，丘吉尔要对美国国会发表演说。丘吉尔在参众两院和领袖们的陪同下从白宫往国会会议厅去时，看到沿着那些广阔的道路有大批群众，但是为了安全而采取的预防措施却把他们隔得很远，有两三辆满载着武装便衣警察的汽车聚集在他们周围护卫。丘吉尔对此感到心里很不愉快。下车后，出于一种强烈的兄弟情感，他想走到欢乐的群众面前去，但护卫人员却不允许他这样做。议会厅里面的情景是动人而又非同等闲的，丘吉尔从一排扩音器之间看去，那个半圆形大厅已经挤满了听众。

丘吉尔曾经说他这次觉得十分自在，并且感到比在英国下院更加自信。丘吉尔从历史讲到现实，讲到英美联合的重要性，听众席上不时爆发出阵阵热烈的掌声。

丘吉尔讲完后，走出来，走近围绕着议会厅的群众，对他们致以亲切的问候。回到白宫以后，罗斯福告诉丘吉尔，他听了他的演说，并且说他讲得很好。

有一次在会谈中，罗斯福的私人顾问哈里·霍普金斯对丘吉尔说道："在你知道我们属于何人之前，不必匆忙地就拒绝总统行将对你提出的建议。"根据这一点，丘吉尔意识到，在东南亚成立盟军最高司令部和划定界线的问题即将来到。

果然不出丘吉尔所料，第二天美国建议在西南太平洋建立统一的指挥，界线包括马来半岛、缅甸前线到菲律宾，并向南到主要是达尔文港的那些必要的供应基地和澳大利亚北部的供应线。美国还建议由韦维尔任司令官,并且因为选了一位英国司令官,向丘吉尔表示祝贺。但是战区内的美国、英国、澳大利亚和荷兰的海军舰队,都归美国的海军司令指挥。

为了进一步扩大同盟,丘吉尔准备对加拿大议会发表一次演说,便乘12月28日至29日的夜车到渥太华,住在加拿大总督阿斯隆勋爵处。

在加拿大,丘吉尔会见了保守党的领袖。保守党是反对党,他们虽然想获得亲自参加战争的荣誉,但他们却对执政党的自由党表现出了极端的忠诚与合作。这使丘吉尔受到了很大的感动。

丘吉尔准备在30日在加拿大议会演说。对丘吉尔来说,在永无休止的行政工作中,要准备他的两篇越过大西洋而又传遍全世界的演说词,是一种极其辛苦而费力的工作。对于一个顽强的政治人物来说,讲演并不是一种太大的负担,但是在这样一种极其严峻的形势下,对于选择什么是要说的,什么是不要说的话,却不是太容易做到的事。

丘吉尔在加拿大议会演讲的最成功之处,在于他以高瞻远瞩的目光对战争的未来进行了预测。现在看起来,我们不得不承认,他的预测是相当准确的。

但是丘吉尔心里也清楚,在光明到来以前,必须忍受许多黑暗和令人厌倦的遭受损失和失败后的日子。

>> 初拟联合战线

法西斯国家勾结的加深,加快了国际反法西斯联盟形成的步伐。

在丘吉尔访问华盛顿的日子里,有一次罗斯福向丘吉尔提出一项计划,就是起草一份将由所有对德国、意大利、日本进行战争的国家签字的庄严宣言。

丘吉尔欣然同意。他们重复应用他们制定《大西洋宪章》的方法,先把各自的宣言稿准备好,然后再把它们合在一起。但是这次,两国在一些问题上发生了分歧。

美国方面为了在英国危难之际瓜分英国的遗产,主张把印度作为一个独立国家在宣言上签字,但这对丘吉尔来说是不能接受的。

"我是来参加会议的,不是来出卖英国遗产的。"丘吉尔愤怒地说道。

但是美国坚持要把印度包括在内。丘吉尔知道,美国人正虎视眈眈地注视着英国的这一份遗产,但他更清楚地知道,如果在这场战争中没有美国人的支持,英国不但不会守住它的这份遗产,甚至连自己也守不住。丘吉尔权衡利弊,最后总算答应了美国的要求。

在英国准备的宣言稿上,使用了"当局"这个字样。丘吉尔的意思是要包括"自由法国"运动的组织在内,但遭到了美国国务卿赫尔的坚决反对。一方面是因为当时美国还和法国维希当局保持着外交关系,支持"自由法国"运动的组织可能会导致美国和维希政府的关系恶化。另一方面，也是更重要的原因，这个原因丘吉尔也是知道的。

在这以前，"自由法国"运动领导人戴高乐将军曾对丘吉尔说，他想去解放由维希政府总督罗贝尔海军上将据守的圣皮埃尔岛和密克隆岛。"自由法国"的海军舰队完全有能力去做这件事，丘吉尔也看不出英国有任何反对的理由，便答应了。

这两个岛屿都在纽芬兰岛之南。美国国务院想让一支加拿大远征军去占领。为此，美国曾让英国要求戴高乐住手。丘吉尔为此征求戴高乐的意见。

倔强的戴高乐★认为自己受到了美国的屈辱。他拒绝了丘吉尔，命令他的海军上将米塞利埃攻取了这些岛屿。丘吉尔对此也很不满意，但"自由法国"的士兵们却受到了当地人民的热烈欢迎，并且一次公民投票表明有90%的人反对维希政府。

赫尔认为美国的政策遭到了触犯。他在圣诞节发表了一个声明说："我们的初步消息表明，所谓"自由法国"的船只在圣皮埃尔岛和密克隆岛所采取的行动。是一种专断的行动，他违反一切有关方面的协议，并且委实未经美国政府事前知晓或在任何意义上同意。"

赫尔想把"自由法国"逐出他们从维希政府手中解放出来的这两个岛屿，但美国舆论却持另一种看法。他们在这严重时刻看到这两个岛已经获得解放而感到很高兴，因为设在这些岛上的，一个正在全世界散布维希政府的谎言和毒素的，并很可能发出秘密信号使这时追猎美国船只的德国潜艇的可憎恶的电台从此寂然无声了。因此，赫尔的所谓"自由法国"一词几乎引起了普遍的愤慨。

丘吉尔虽然在英国外交部的强烈敦促下，支持了戴高乐将军和所谓"自由法国"，但由于美国的坚决反对，并且罗斯福也不喜欢戴高乐和"自

★**戴高乐**（1890～1970）

法国总统，将军，政治家，军事家。参加过第一次世界大战。"二战"爆发后，在第5集团军服役。1940年7月，组建成第一支"自由法国"部队。10月在非洲建立"保卫帝国委员会"。1942年，将自由法国改为战斗法国。1943年任全国解放委员会主席，领导了北非的战役。1944年6月将全国解放委员会改名为法兰西共和国政府，8月进驻巴黎。1946年1月辞职退出政府。1958年当选为法兰西第五共和国总统。1965年连任。1969年4月离职。

∧ 戴高乐陪同英国国王乔治六世检阅"自由法国"部队。

由法国"，丘吉尔只得再一次在美国人面前屈服。

在丘吉尔出访加拿大期间，罗斯福在华盛顿继续就共同宣言问题和有关国家进行磋商。

最麻烦的是苏联代表李维诺夫。他的态度因最近苏军在苏德战场上的捷报频传而变得强硬起来。罗斯福主张把"宗教自由"一词写进宣言里，但李维诺夫鉴于苏联国内的实际情况，迟迟不愿答应把这一词语写进宣言里。

为此，罗斯福有一次专门和李维诺夫进行了长谈，讲到涉及他的灵魂问题和地狱之火的危险问题。关于此事，罗斯福后来在讲给丘吉尔听时，丘吉尔曾对他作出许诺，如果他在下次竞选总统时失败，丘吉尔便推荐他担任坎特伯雷大主教，即英国国教的最高领导人。但是对于这一点，丘吉尔并没有向内阁或国王作出任何的正式推荐，这是由于罗斯福在 1944 年的竞选中并没有失败，当然这个问题也并没有发生。

李维诺夫就"宗教自由"问题向斯大林作了一次报告。斯大林鉴于苏联国内的紧张局势和他对苏、美、英三国合作的必要的看法，同意李维诺夫答应在战时宣言上写进"宗教自由"一词。

在丘吉尔从加拿大出访归来回到白宫时，在战时宣言上签字的一切手续都准备好了。英国战时内阁向丘吉尔提出了他们关于"社会保障"的论点，被丘吉尔欣然接受了，因为他就是第一次失业保险法的起草人。

这时，中国的全面抗日战争已经进入第四个年头。中国军队在中国战场上牵制着大量的日军，使日军南下受到极大的牵制。中国的抗日战争取得了极大的成就，令世人瞩目。鉴于此，这次有关宣言的会议中国也受到了邀请。中国国民党政府派宋子文作为中国代表出席了此次会议，并被列为继美、英、苏之后的四大国之一。

罗斯福总统提出用"联合国"的名称来代替以往的"协约国"这个名称。丘吉尔认为这是个重大的改进。

1942年1月1日早晨，罗斯福坐在椅车上被推到丘吉尔的住处。丘吉尔当时正在浴室洗澡，听说罗斯福来了，赶忙从浴室出来。他们互相祝贺了新年快乐以后，罗斯福拿出宣言草稿，征得了丘吉尔的同意。

同一天，丘吉尔、罗斯福、李维诺夫以及中国的代表宋子文在罗斯福的书房里，签署了这个庄严的文件。美国国务院还汇集了其余22个国家的代表也在宣言上庄严地签了字。

联合国家宣言标志着种族、肤色、信仰和语言各异的各国政府和人民在打败法西斯的共同目标和旗帜下，终于在政治、经济和军事方面实现了空前的大联合，它正式宣告了以美国、英国、苏联和中国为核心的国际反法西斯联盟的成立。

丘吉尔对此次宣言评论说："单凭宣言本身并不能赢得各次战役的胜利，但是它说明了我们是怎样的人以及我们作战的目的。"

联合宣言签字后，丘吉尔便到"棕榈海滩"佛罗里达访问。在那里，丘吉尔可以用电话同罗斯福和在华盛顿的英国参谋人员保持经常的联系，而且在必要时，丘吉尔也可以和伦敦通话。

丘吉尔于14日向罗斯福告别。看起来，罗斯福似乎为丘吉尔的航程的安全而担忧。因为丘吉尔在华盛顿的消息为全世界所闻知，并且根据图表显示，在丘吉尔回国的航线上已经出现了20艘以上的德国潜艇。

"总统先生，请您放心，我会照顾好我自己的。"丘吉尔对着罗斯福安慰道。

于是他们再一次紧紧地握手告别，并互致祝福。

丘吉尔乘美国的一架巨型"波音"飞机，从诺福克飞到百慕大，"约克公爵"号率同驱逐舰正在那里的珊瑚礁里面等着接他们。但到了百慕大以后，鉴于大西洋上的不安全，而丘吉尔又想早日回国，于是决定改乘飞机直接飞回英国。由于丘吉尔的飞机偏离了航线，当飞越英格兰上空时，英国空军还以为是从布雷斯特德国基地飞来的一架敌人的轰炸机，于是派了6架"旋风"式战斗机决定将其击落。但幸运的是，英国空军并没有完成它的任务。

丘吉尔回到英国后，立即电告罗斯福："我们从百慕大作长途飞行，借着一股时速为5千米的顺风而抵达。"

01

> 遭焚毁后的德国国会大厦。

菲律宾独立战争

1896年8月24日，菲律宾秘密革命组织"最崇高的、最受尊敬的菲律宾儿女联合会"，即"卡的普南"的主要创立者滂尼发秀，在巴林塔瓦克召开会议，向菲律宾人民发出号召，宣布立即举行武装起义，菲律宾独立战争爆发。起义得到菲律宾各界人民的广泛响应，向西班牙殖民军发动进攻，夺取许多乡村和城市，并相继建立卡的普南革命政权。6月12日，菲律宾宣布独立。1899年1月23日，正式成立菲律宾共和国。

国会纵火案

纳粹党阴谋策划的打击德国共产党和进步人士的一起严重事件。1933年2月27日，国会议长戈林派柏林冲锋队队长卡尔·恩斯特带领一小队冲锋队员，通过戈林官邸的地下通道进入国会，放火焚烧了国会大厦。28日，戈林发布公告，诬陷纵火事件是共产党发动武装起义的信号。

retrieval

英国封锁滇缅公路

1940 年 7 月 17 日，英国政府宣布停止滇缅公路运输 3 个月，封锁了中国西南的交通线。抗日战争进入相持阶段，日本为制止国际社会对中国的援助以削弱中国的抵抗力量，于 6 月 22 日威胁法国封闭了滇越公路后，又于 6 月 24 日以破裂英日关系对英国政府实施威胁，要求英国政府封锁滇缅公路。在日本的威胁下，英国政府采取了牺牲中国利益以对日妥协的政策，7 月 17 日，宣布停止滇缅公路军事运输。

日本偷袭珍珠港

随着侵占中国及向南方推进，日美矛盾日益尖锐。1941 年 3 月起举行的日美外交谈判也未取得进展。日本决定对美国发动战争，并选择珍珠港作为首先打击的目标。1941 年 12 月 7 日早晨 7 点 55 分，日机开始向珍珠港投弹，当即炸毁美国的大量舰只和飞机。8 点 54 分，日机对珍珠港进行了第二轮的轰炸。而后日机返航。日本偷袭珍珠港标志着太平洋战争的全面爆发。

∧ 从"大黄蜂"号航母上起飞的美军轰炸机飞赴东京执行轰炸任务。

∧ 九曲回肠的滇缅公路。

美国轰炸机首次袭击东京

1942 年 4 月 18 日，美国空军上校杜立德率领的 16 架 B-25 型"米切尔"式轰炸机从距离东京约 650 多千米的美国航空母舰"大黄蜂"号上起飞，成功地轰炸了东京、名古屋和神户。这是美国海军航空兵首次对东京等地的空袭，对日本朝野产生了极大的震动。这次空袭的一个重要后果是，促使日本大本营批准了山本五十六攻占中途岛的冒险计划。

波罗的海三国并入苏联

1940 年夏，苏联利用希特勒忙于西线战争之际，加紧进行吞并波罗的海沿岸三国的活动。同年 6 月 14 日，苏联指责立陶宛政府进行反苏活动，并提出最后通牒，要求立即逮捕对苏联驻军"挑衅"的直接祸首，立即成立一个对苏友好的政府，保证苏军自由通行。6 月 16 日，苏联用同样的办法向拉脱维亚和爱沙尼亚提出了有关要求。在苏联的强大压力下，三国政府被迫同意苏军进驻。

> 1941 年 6 月 22 日，侵入苏联境内的德军部队。
> 日军向香港城区炮击。

德国突袭苏联

1941 年 6 月 22 日凌晨 4 点，德国法西斯发动了对苏联的大规模侵略。德国及其仆从国匈牙利、罗马尼亚和芬兰等国共出动 190 个师 550 万人，及 3700 辆坦克、4900 架飞机、4.7 万门大炮和迫击炮、193 艘舰艇，在北起波罗的海、南至黑海的 2000 千米的战线上全面展开攻势。开战后一个半小时，德国才向苏联递交宣战书，接着芬、罗、匈也向苏联宣战。

日本攻占香港

1941 年 12 月 25 日，香港被日本占领。12 月 8 日，日本调集主力部队，在炮兵、空军的配合下，向英占香港发起猛攻。日军首先轰炸香港启德机场和停泊在香港海面的英军舰船，摧毁了香港英军的薄弱空军力量。12 日，日本向英军发出通牒，劝英军投降，遭到英军拒绝。24 日，日本再次劝英军投降，仍被英军拒绝。25 日，英军被迫宣布无条件投降。26 日，日本举行了占领香港的入城仪式。

德国入侵南斯拉夫

1941 年 3 月 27 日，希特勒发布了进攻南斯拉夫的密令。4 月 6 日，德国空军对贝尔格莱德进行了野蛮的轰炸。南斯拉夫国王和大臣们纷纷逃往国外。4 月 13 日，德军占领了贝尔格莱德。至 4 月 17 日，南斯拉夫政府军大部分都投降了。南斯拉夫人民在南斯拉夫共产党的领导下进行了长期艰苦的反法西斯武装斗争。

retrieval 04

《苏日中立条约》签订

1941 年 4 月 13 日，日本外相松冈洋右在莫斯科代表日本政府与苏联签订了《苏日中立条约》。内容有：一、双方保证维持相互间的和平友好关系，并相互尊重另一方领土完整和不可侵犯。二、如果一方成为一个或几个国家的战争对象时，另一方将保持中力。三、条约有效期为 5 年。

第五章

力挽狂澜

1874-1965 丘吉尔

许多人认为，改进英国指挥作战的方法，从而缩短可怕的战争的历程，是他们应尽的责任。英国许多军政要员们，对他们已经遭到的种种失败，感到惴惴不安。但是，丘吉尔更清楚地知道，这些失败才只是大灾难的开始……

丘吉尔已经明显地感觉到有一种令人为难的、不愉快的、无法回答的但又是肤浅的意见，从四面八方，气势汹汹地向他逼过来……

>> 亚洲战场的惨败

珍珠港事件之后,日军接着在远东进行了大规模的、疯狂的进攻。

12月8日凌晨,日军以一个多师的装备良好的兵力,外加大批飞机作掩护和炮火支援,从中国内地向香港发动进攻。

其时,英国在香港实行殖民统治。1938年10月,日军占领广州后,香港便成了孤岛。法国沦亡后,英国参谋长委员会鉴于香港无法防守,因此建议撤出驻守的4个营。以丘吉尔为首的战时内阁同意他们的观点。但一年后他们又回过头来,劝告丘吉尔接受加拿大政府派遣2个营的兵力增援香港的提议。这一变更是出于格拉塞特少将的乐观见解。他本人是加拿大人,不久前担任过香港驻军司令;在返回英国时,他曾经告诉加拿大总参谋长,有了这样的增援,香港就可以长期固守。

其实在日军进攻前夕,香港既缺乏飞机,又缺乏防空武器,防备十分薄弱。在战略上,香港守军也犯了一个大错误。他们认为日军会从海上进攻,因而把防御重点放在海面。但日军却从香港对面的陆地发动了进攻。

日军开头几次试渡海峡,虽都被英军击退,但却把守军拉开了。后来在18日至19日夜间,日军主力在东北角登陆,集中兵力攻打,不久就插进南面的深水湾,把守军打得落花流水。一部分守军在圣诞节晚上投降,另一部分守军在第二天清晨也投降了。日军以伤亡不到3000人的代价,俘虏了近12000人。

香港失守之时,正是英国占领香港100周年之日,也是中国清朝政府被迫将香港割予英国99年之日。

在进攻香港的同时,日军又发动了马来亚战役。这个战役对于日本达到其侵略东南亚的一个重要目标——夺取盛产战略原料的英属马来亚,具有重大意义。英军司令部在马来亚防御战中,对位于马来半岛南部的新加坡寄予很大希望。开战之前,这里刚建成一个强大的海军基地。新加坡应成为

∧ 1941年12月,日军占领了香港。

★"威尔士亲王"号战列舰

★"威尔士亲王"号战列舰

1940 年建成下水服役，标准排水量 38700 吨，满载排水量 43000 吨，主机动力 12 万马力。武器装备有 356 毫米主炮 10 门、132 毫米副炮 16 门、40 毫米高射炮 4 门、20 毫米高射炮 32 门，时速 28 海里。第二次世界大战爆发后，该舰作为英国海军最新式的主力战列舰投入战斗，曾与德国海军"俾斯麦"号战列舰进行战斗。1941 年 12 月 9 日中午，作为英国远东舰队在亚洲关丹海面航行时被日本军队的轰炸机群炸沉。

日本侵略东南亚和印尼的严重障碍。

1941 年 12 月 8 日零时，日军第 25 军的第 5 师团主力到达泰国南部，凌晨 4 时开始登陆，泰军被迫放弃了抵抗。然后，第 5 师团直扑泰马边境。与此同时，日军驻美支队从海上到达马来亚北部的哥打巴鲁，并强行登陆，遭到英军海岸部队的猛烈反击，日军登陆艇被击沉大半，伤亡惨重。天亮后，英军飞机攻击日军运输船队，双方激战到夜晚，日军才占领了哥打巴鲁的市区和飞机场。

12 月 10 日，英国海军又遭到一场严重的灾难。

"威尔士亲王"号战列舰★和"却敌"号在 12 月 2 日抵达新加坡。第二天，海军上将汤姆·菲利普斯爵士到达新加坡接任"远东舰队"司令。如前所述，当他在 6 月闻知日军登陆的消息后，便带领这两艘巨舰和驱逐舰组成的一支所谓"Z"舰队，雄赳赳气昂昂地从新加坡出发，开往马来亚东部迎战日军。

日军对"Z"舰队的截击早已做好准备，因为"Z"舰队开到新加坡的消息曾向全世界广播过。

9 日下午，日本潜艇发现了"Z"舰队，立即报告了指挥部，日军指挥部命令第 22 航空队把炸弹换成鱼雷。当时，英国还不知道日本已经掌握了用飞机进行鱼雷战的技术。当夜，日本航空队曾企图夜袭英国"Z"舰队，但未找到目标。

日本航空队在拂晓前再次出发，终于在关丹附近找到了"Z"舰队。日军使用了 34 架高空轰炸机和 51 架鱼雷轰炸机，前者在 11 时后不久开始袭击，后者一浪接一浪地追随其后。两次轰炸都非常准确，尽管轰炸的对象是高速运动着的舰艇，而不是像在珍珠港那样的固定不动的船只。

> 英国战列舰"威尔士亲王"号被日军击沉，舰上官兵纷纷逃离。

　　英国主力舰"威尔士亲王"号虽有175门高射炮，每分钟能发射60万发炮弹，但是这两艘舰艇还是遭到了被击沉的命运。一个半小时后，"却敌"号沉没，2个半小时后，"威尔士亲王"号也沉没了。两艘船上有2800名船员，护航的驱逐舰队从中设法救出2000余人，其中菲利普斯海军上将下落不明。

　　这样一来，在珍珠港的美国舰队被摧毁后两昼夜，英国东方舰队的核心也被消灭了。日军便夺取了东南亚海域的制海权。

　　在这一战役前，英国海军部首脑对战列舰能被日机击沉的说法嗤之以鼻，丘吉尔也往往支持他们的观点。后来丘吉尔回忆说："我们和美国这次都大大低估了日军的空战效率。"

　　日军的这次出击决定了马来亚和新加坡的命运。从此，日军既能不受阻挠地继续登岸，又能在岸上建立空军基地。他们的空军远远超过英国在马来亚的薄弱的空军力量，凭此优势，他们粉碎了英军的抵抗，他们自己的部队得以沿马来半岛推进，最后，只用伤亡4500人的代价，在52天内便攻下了马来亚。而英军则损失25000人和大量装备。

　　在激战马来亚的大部分时间里，丘吉尔虽一直待在华盛顿，但他时刻注视着在马来亚的战争局势。1月9日，丘吉尔曾在华盛顿致电韦维尔将军，对日军在马来亚西岸进行的海陆活动提出了批评。他建议韦维尔用潜艇把半岛两翼的没有武装的日军船只击沉，使日军在获得每寸土地时都付出最高的代价，而又不致自己的军队陷于危险。

　　但是丘吉尔也不能不承认，英方能够参战的作战舰艇，只能勉强保护增援的运输船队并使通到新加坡的海路畅通无阻。至于沿海之事，除了几只武装简陋的小船和一些改装的、备有劣等武器的商船之外，再也没有别的了。英军这几艘力量薄弱的船舰，面对着日军强大无比的空军力量，已经坚持不下来了。它们缺乏的不是勇气，而是没有取得成功的手段。

　　韦维尔将军早就怀疑英军能否长期保卫新加坡，因此他建议英军及早撤出新加坡，借以保存英军实力。丘吉尔认为，虽然从纯军事的角度来说，那样做应该是无疑的，但他又觉得，

> 罗斯福的私人代表霍普金斯（左）造访伦敦时拜会
丘吉尔。

正当美国人在科里几多尔方面顽强作战的时候，英国要是来个"知难而退"，这在全世界，特别在美国所产生的影响，是不堪设想的。因此，新加坡的防守和抵抗总要作出些样子才行。

于是经过战时内阁的同意或默许，继续尽一切的努力来增援新加坡，支持它的防务。但这时新加坡守军的士气已经低到了极点。战时内阁的做法与其说是增援新加坡，不如说是做给外人看的，尤其是做给美国人看的。

战役一开始，英国空军无论在数量或质量上都相形见绌；到最后阶段，剩下的少数空军也撤退了。当初在马来半岛经过长途撤退，士气早已低落，如今又无法防御敌人连续不断的猛烈空袭，军心更加涣散。

9日晚，在长堤和克兰奇河之间第27澳大利亚旅的防线前面，日军的进攻再度得手，占得立足点，因而在克兰奇河至裕廊河一线之间打开了一个缺口。到10日晚，日军已进逼到武吉智马村，当天夜间在坦克的配合之下，又取得不少进展。

2月15日，英军的储备只够几天了，枪炮弹药所剩无几，车辆用的汽油也将要殆尽。还有更糟糕的事情，那就是水的供应最多只能再维持24个小时。新加坡守军最高指挥官珀西瓦尔将军提出意见：或者反攻，或者投降。在这两条办法中，要让精疲力尽的英军发动反攻，是根本办不到的事。于是珀西瓦尔将军决定投降。

日本人要求的无条件投降，终于实现了。至此，日军占领了整个新加坡。

马来亚的失败和新加坡的投降，严重地影响了盟国的整个防御进程。

新加坡的陷落，是英国统治阶级，尤其是丘吉尔一连串错误和失察的结果。

其实早在 1941 年 5 月初，英国总参谋长约翰·迪尔爵士就向丘吉尔提交了一份文件。在文件中，他反对不顾英国本土和新加坡的安全，继续增强北非的突击部队。

这个文件使丘吉尔很不高兴，因为他打算向德国驻非洲军团军长隆美尔采取攻势，并梦想早日在北非取得决定性的胜利，而这份文件的观点却恰恰相反。

7 月，罗斯福派了私人顾问哈里·霍普金斯去伦敦转达他对这个政策表示担心，并且提出警告，说在中东"费力太多"会给其他地方带来风险。美国海陆两军的专家都赞同这个警告，并表示应优先考虑新加坡，其次才轮到埃及。

这些论点改变不了丘吉尔的观点。他说："我决不容许放弃保卫埃及的斗争；不管在马来亚付出什么代价，我都心甘情愿。"但是，他并没有料到马来亚会有危险。由于他坚持在北非过早地发动一场攻势，马来亚的防御力量不足，没有给予增援，这责任主要应由丘吉尔本人来负责。

英日两国在马来亚激战的同时，还在缅甸进行了一场角逐。

缅甸是通向中国和太平洋的西大门，是日本南进的重要目标，日军进攻缅甸的目的是：切断中国与西方联系的唯一的陆上交通线，即滇缅公路，断绝美英援助中国的战略物资的通道。此外，日军还打算摧毁中美在缅甸的空军基地，伺机进犯印度，以便和东进的德国法西斯军队会师。

在马来亚激战正酣的时候，日军已经开始了对缅甸的进攻。进攻缅甸前，日军要求与泰国交涉，企图以合法身份进入泰国，然后再从泰国进攻缅甸。但是，在关键时刻，日本驻泰国大使却找不到泰国首相，于是，日军擅自从马来亚越过边境，进入泰国，当时泰国已宣布为中立国，泰国军队对日军没有进行抵抗。在日军兵临城下的情况下，泰国政府在 12 月 8 日下午被迫同意日军通过，并和日本签订了为期 10 年的同盟条约。1942 年 1 月 25 日，泰国又对英美宣战。

1941 年 12 月中旬，日军开始侵入缅甸。当时，第 15 集团军的一个分遣队，进入克拉地峡的西面和缅甸的丹那沙林，以夺取那里的 3 个主

< 日军飞机对缅甸首都仰光进行轰炸。
> 日军部队在缅甸境内进军。

要机场，从而堵塞英国对马来亚的空中支援。

　　23日和25日，日军对缅甸首都仰光进行了猛烈的空袭。当时英国守卫仰光的空军只有一个战斗机中队，另外还有一个美国空军志愿队的战斗机中队。这些志愿队在战前是为了援助中国而组建的。日军进攻缅甸后，丘吉尔担心美国的战斗机中队会被撤回中国境内，因而打电报要求罗斯福把美国空军志愿队继续留在仰光。

　　罗斯福答应了丘吉尔的要求。此后，英美的战斗机中队虽然力量薄弱，但还是使日本进行空袭的飞机遭受了严重的损伤。日军的轰炸，虽然在军事上对英国来说损失不大，但却引起骚乱，并且在拥挤的城市中造成了不少伤亡。许多的本地工人以及军政两界的下级职员，都放弃了自己的岗位。

　　日军从暹罗侵入缅甸，是从7月16日进攻土瓦开始的，并且没有遇到多少困难就占领了该地，驻守南方丹老的少数英国守军被迫从海上撤退。几天后，日军一个师的兵力在高加力击溃了印度旅的抵抗之后，向西占领了毛棉淡。

　　在这种情况下，中国为了盟国的共同事业，派了大批中国军队入缅作战。从1942年1月起，中国第5、第6和第66集团军相继调往缅甸，总数计达10万人。

　　毛棉淡陷落以后，日军继续向西北进逼。但第17师的三个英印旅与日军激战两周之后，被迫后撤至萨尔温江防线。至2月20日，为了不使全军覆没，英军继续向后撤退，到达锡兰河畔。但这条500米宽的滚滚而流的大河上，唯一的一座桥梁已被日军炸毁。3300人虽然设

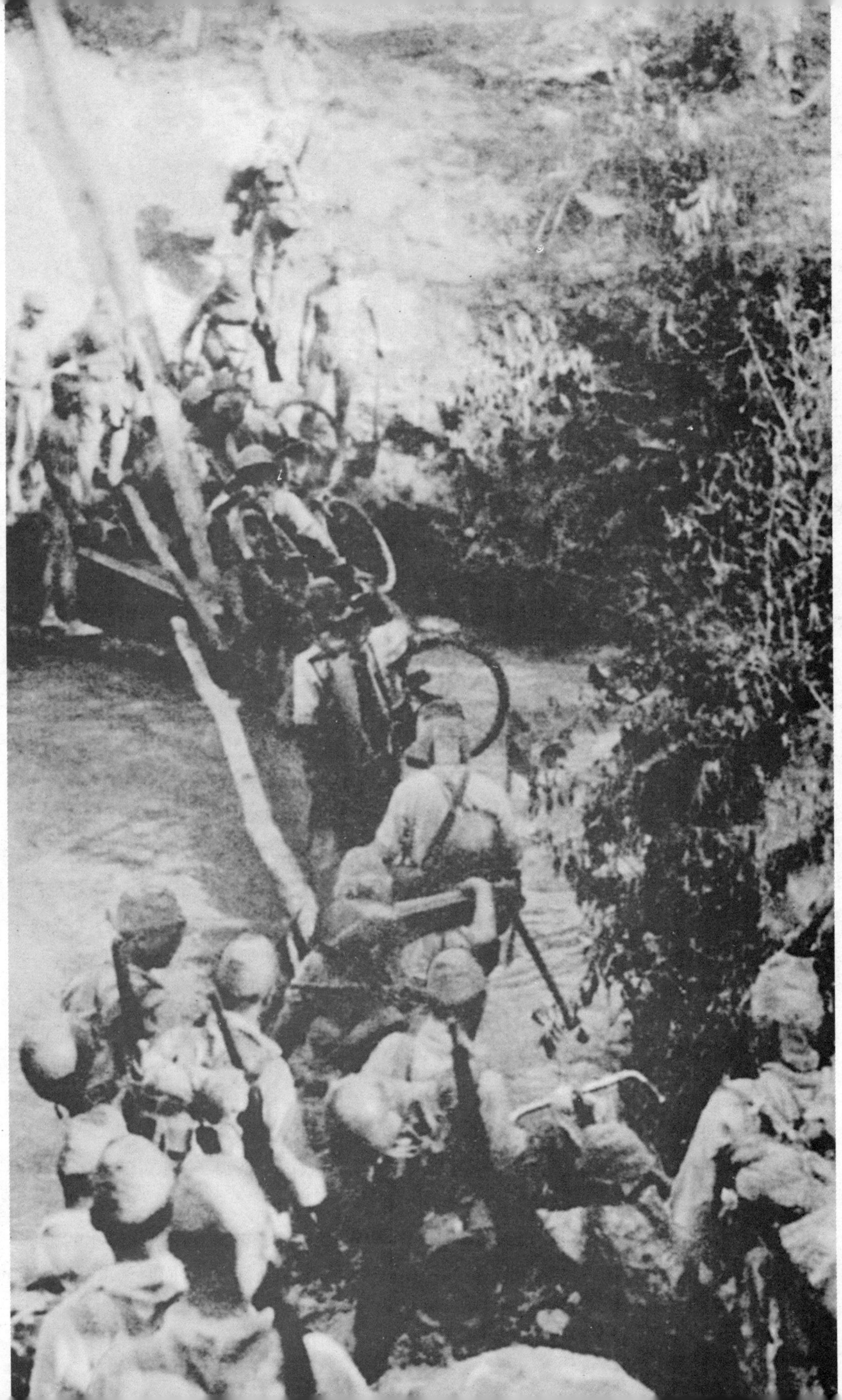

< 驻缅甸英军总司令亚历山大将军。

法渡过了这道天险，但是，身边只有1400支步枪和几挺机关枪了，所有其他的武器和全部的装备都损失了。

在这关键时刻，澳大利亚政府拒绝了丘吉尔派澳军援助缅甸的要求，这使得丘吉尔很恼火。

其实，澳大利亚政府也自有他们自己的考虑。所有澳大利亚的军事思想，都把新加坡当作整个防御体系中前哨阵地和前进阵地的关键，澳大利亚要依靠它来争取必要的时间，使美国重新掌握太平洋的制海权，以便美国军事援助到达澳大利亚，集中和组织澳大利亚军队来保卫他们的本土。

新加坡的失守，使澳大利亚政府对英国极为恼怒，他们责怪英国人对新加坡防守不力、援助不够。澳大利亚政府对英国的作战能力和英国军政要人在国内所作的判断，已丧失了信心。他们认为，现在日本进犯澳大利亚是个可能发生的、迫在眉睫的灾难，它会使澳大利亚人民，无论男女老幼，都遭到被日本人征服的恐怖。他们还认为，缅甸虽然是世界大战的一个战场，但是日本的前进同英伦三岛的安全无关紧要，而对澳大利亚的安全来说，却有着致命的危险。

但是丘吉尔却不这样认为。他不相信日本在荷属东印度群岛抢到了觊觎已久的全部的丰富的战利品之后，还会再派出一支15万人的军队，越过赤道向南2000千米，同澳大利亚人民大战一场。因此，他在2月20日致电澳大利亚总理柯廷，要求把他的先遣师及时开到仰光，以防止仰光的失守以及与中国联系的交通线被日军切断。

为了促使澳大利亚政府把先遣师派往缅甸，丘吉尔又致电罗斯福，要他对保卫澳大利亚作出承诺，同时再劝说柯廷接受丘吉尔的要求。

罗斯福为了美国的利益，即让缅甸、印度和中国能在尽可能长的时间内抵抗日军的进攻，牵制住日军的兵力，同意美国海军将对澳大利亚和新西兰海岸进行保护，同时要求柯廷答应丘吉尔的要求，派澳大利亚先遣师开赴缅甸。罗斯福在致柯廷的电报中，设身处地的为澳大利亚作了考虑，不像丘吉尔那样生硬而直截了当。

但柯廷为了澳大利亚的安全，拒不接受丘吉尔和罗斯福的劝告。

丘吉尔在万般无奈之下，于2月25日致电缅甸总督雷金纳德·道曼·史密斯："我们已提出各种呼吁，并经总统的支持，但是，澳大利亚政府坚决拒绝了继续战斗！"

英国所掌控的部队都不能开到仰光进行解围。"如果我们不能够派遣一支部队，"丘吉尔愤愤地说道，"但是，无论如何总能够派一个得力的指挥官吧。"于是，亚历山大将军被选中，被派往这个劫数难逃的首都。

亚历山大还像往常那样，态度镇静地接受了这项任命。

为了表示对在危难时刻任命亚历山大的歉意，在临行前几小时，丘吉尔和夫人邀请亚历山大和他们一起共进午餐。

为了节省时间，亚历山大直接飞越大片的敌占区，于5月5日到达仰光，就任缅甸英军总司令。韦维尔将军现在担任印度方面总司令，对缅甸战役有最高指挥权。他命令亚历山大尽可能守住仰光，失利时则向北面撤退，保卫缅甸，同时和他左翼的中国军队保持接触。

但是，过了不久，亚历山大就明白了，仰光的陷落已经成为注定的事了。

亚历山大下令炸毁仰光的大炼油厂，还进行了其他许多破坏工作，又下令全部军队沿通往卑谬的公路向北突围。日本人打算自西面进犯仰光。英军最初几次的突围行动，受到了挫折。但日军指挥官拘泥于命令，当他断定那个担任包围的师团已经开到阵地，能够从西面进攻的时候，他就认为他的封锁任务已经完成了。因而，他打开了通往卑谬的公路，继续前进，参加日军对该城的总攻。趁此机会，亚历山大率领全军向前推进，秩序井然地从仰光撤出，还带了他的运输车辆和炮队。

但是在这个时候，亚历山大和美国将军史迪威★之间，在关于缅甸作战指挥权的问题上，发生了争论。史迪威将

★史迪威

美国将领，毕业于西点军校。1931年至1939年任美国驻华使馆武官。太平洋战争爆发后，于1942年1月被任命为盟军中印缅战区美军司令兼中国战区参谋长。并于同年3月到重庆任职。4月至5月在缅甸曼德勒以东地区指挥中国军队阻击日军。1943年8月被任命为盟军东南亚司令部副总司令。10月起指挥中美联军和云南远征军进行缅北战役。1944年10月被美国政府召回。回国后任美国陆军地面部队司令等职。

军从中国回来，负责指挥中国第5、第6两军，这两个军由6个师组成，目前正在缅甸。丘吉尔要求中国同意亚历山大对在缅甸境内的全部部队拥有最高的指挥权，但罗斯福认为，亚历山大和史迪威之间最好能保持双重指挥权。丘吉尔认为在这危难之际，争论这些问题毫无意义，同意了罗斯福的要求。

仰光的失守意味着缅甸的陷落。

>> 印度要求分离

日本在亚洲迅速地向西推进，而印度国内的局势也发生了巨大的变化。珍珠港事件的消息使英军惊慌失措，香港的失守又大大降低了英军的威信。马来亚的陷落、新加坡的失守，以及缅甸的失利，使印度的安全直接受到极大的威胁。日本海军似乎可以畅通无阻地自由进入孟加拉湾。在英国统治下的印度，第一次遭到了一个亚洲强国大规模入侵的威胁。

再者，第二次世界大战爆发后，印度也派出大批军队随同英国军队南征北战，为盟国的反法西斯事业，做出了不小的贡献。残酷的战争，极大地提高了他们的民族意识。

在这种情况下，印度国内出现了几种不同的声音。以苏巴斯·鲍斯领导的极端民族主义分子，要求直接推翻英印现政府。但是，拥护甘地的一批人士，却认为印度应该在这次世界大战中保持消极与中立的态度。随着日军的进展，一些悲观主义的论调也散布开了。有人建议，如果印度摆脱了与英国的联系，那么日本或许就可能不会有侵犯的动机了。印度的危险，可能只是由于它与英国的关系。如果这种关系一刀两断的话，印度就会有点像爱尔兰那样的地位。

由于日本的威胁，印度执政的国大党的态度也渐渐变得与英国不合作了。他们要求摆脱英国的控制而取得独立的地位。

由于日本的向西扩展，美国人也对印度事务表现出了浓厚的兴趣。美国政府开始对印度问题发表意见，并且提

∧ 丘吉尔第一次访美时与罗斯福交谈。

出忠告：在只有一个种族的国家中，对于肤色问题应该采取宽大及高尚的见解。

丘吉尔第一次访问华盛顿时，罗斯福按照美国的一贯方针，第一次与丘吉尔讨论了印度问题。鉴于丘吉尔反应强烈，罗斯福以后也未在口头上提及此事。

因为美国对印度教徒的态度极为熟悉，丘吉尔认为应该让他们了解穆斯林方面的一些情况。于是，丘吉尔又把来自印度方面的关于印度形势的全部报告送给了罗斯福。

这种印度国内的教派纷争的政治僵局给印度的防卫带来了极大的障碍。日本陆军进入仰光后，丘吉尔和英国大多数军政要员都认为，假如要组织有效的印度防卫，重要的是必须设法打破政治上的僵局。战时内阁经常讨论印度问题。英国政府对英印政府建议的反应已体现在一项宣言草案之中，并且决定派议员克里普斯去印度，与印度各派领袖直接进行讨论。

克里普斯于3月22日到达德里。在他主持下，以英国内阁批准的宣言草案为基础，进行了一次冗长的讨论。英国建议的重点则是，假如战后由立宪会议提出要求，英国政府将庄严地保证授予印度完全的独立。

但是，印度国大党不接受这一建议。国大党认为，当他们的人民"看到这种旧局面重现时，我们所设想的目标——就是在人民的心理产生一种新的影响，使他们感觉到自己的民族自由已经到来，而且，他们正在保卫新赢得的自由——就会完全成为画饼，这样的事情，国大党是不能参与的"。他们主张，必须立即成立国民政府，在不改变宪法的原则之下，"在协议中明确地保证并指出新政府将按照一个自由政府一般地行使职权，它的成员将作为一个立宪政府中的内阁阁员"。他们还指出，目前提出的协定的前景与旧局面并无大异。

虽然会谈失败了，但克里普斯也给丘吉尔发来了一封令人鼓舞的电报。他说："尼赫鲁终于出场，发表一篇文辞美妙的声明，表示赞成抵抗日本的总体战。真纳向我保证穆斯林毫不动摇的支持；一般来说，锡克人和其他的少数民族也将会随之缓和，我希望能在某些程度上有进一步的保证。"

4月12日，克里普斯乘飞机离开德里返回英国。两个星期后，印度国大党委员会召开会议，坚持工作委员会在与掌玺大臣商谈时所采取的方针。他们坚持国大党不可考虑"让英国保留即使是部分地对印度控制的任何计划与建议。……英国必须放弃它在印度的势力。"

这对丘吉尔来说，确实不是个好消息。

>> 接受国内的挑战

珍珠港事件爆发后，丘吉尔在美洲待了五个星期。丘吉尔觉得，这次出访美洲最重要的成果，就是签署了26个国家一致同意的《联合国家宣言》，以及以美、英、苏、中四大国为首的反抗德、意、日的同盟的形成。在丘吉尔的心中，更加坚定了这样一种信念，那就是伟大同盟最后必定要取得胜利。每个人都可以欣慰地感觉到，英国作为一个国家、一个帝国，它的生命不会再有什么危险了。

但是，随着生存威胁的基本消除，英国国内的舆论又开始活跃起来了。前一段时间里，由于生存的危险迫在眉睫，每一个人的注意力都集中到战争上来了，都集中到如何保卫祖国上面来了，人与人之间的分歧自然也就少了。随着这种危险的消失，每一个评论者，无论是善意的还是恶意的，就可自由地指出已犯过的诸多错误。许多人认为，改进英国指挥作战的方法，从而缩短可怕的战争的历程，是他们应尽的责任。英国的许多军政要员们，对他们已经遭到的种种失败，感到惴惴不安。但是丘吉尔更清楚地知道，这些失败才只是大灾难的开端。澳大利亚政府为了保卫本土，已经在某些问题上开始对丘吉尔表现出不合作的态度了。

丘吉尔已经明显地感觉到有一种令人为难的、不愉快的、无法回答的但又是肤浅的意见，从四面八方，气势汹汹地向他逼来。各种媒体上经常出现消息灵通而又不着边际的讨论，还有二三十位能干的议员经常诡谲地冷嘲热讽，以及议院会客厅的冷淡气氛都使丘吉尔感觉到这一点。

但是在另一方面，丘吉尔也很清楚自己处于有利的地位。英国能在1940年最危急的关头坚持下来，这不能不说有丘吉尔的一份极大的功劳。丘吉尔觉得只凭这一点，就可以博得英国人民的好感。丘吉尔也知道英国人民对祖国、对自己都有着一股极大的忠诚。战时内阁和三军参谋长也都对丘吉尔表示了最大的忠心。新闻界里也议论纷纷，主张由丘吉尔继续担任首相，但是要把指挥战争的实际工作让给别人担任。由于情况的需要，丘吉尔曾明白地指出过，对他个人的职权和责任有丝毫的削减，他都是不允许的。因此，丘吉尔决心不向任何方面作出让步，自己担负起首要的、直接的责任来。他记得法国有句名言："只有镇静才能控制人的心灵。"丘吉尔打算把他出访美洲五个星期之内所发生的情况向下院作一次汇报，并要求下院对他作一次信任投票。

下院的辩论在1月27日开始，丘吉尔把他的问题提到下院。他可以看出，议员好像都对他有着一肚子的气。丘吉尔回国后曾经请求将他即将作出的汇报录下音来，以便用来向大英帝国和美国进行广播，但是他们都提出种种与当时形势要求毫不相干的理由，加以反对。丘

∧ 1942 年的北非战场，一名失败的英军坦克驾驶员在胁迫下投降。

吉尔觉得这对他简直是一种侮辱，因为他觉得在世界任何其他的议会里对这件请求都是绝不会拒绝的，但是丘吉尔还是撤销了他的请求。

丘吉尔不愧是一位发表演说的高手，他的这一篇开场白说得委婉动听，一下子就强烈地抓住了他的听众——议员们的心。虽然他们看似好像还是无精打采地听着丘吉尔的讲话，但他们在冷漠的外表掩盖下的内心里已经表现出对丘吉尔的一丝好感了。这对以后的投票来说是至关重要的。在战争时期，虽然丘吉尔的权力很大，但那是战时内阁赋予的，并不是强取豪夺过来的，至少下院说罢免他的时候就可以罢免他了，他的权力并不是无限的。正是因为他有很大的权力，他才能对下院说出那么民主的话，才表现出了他对祖国的一片忠诚，他的心底无私天地宽的高风亮节，这和那些为了权力而不惜牺牲国家和大多数人的利益的人比起来，不知道要强出多少倍来。

在这之前，英军在北非又遭到了一次惨败。隆美尔再度证明他是沙漠战的能手，比英国的指挥官高明。他重新占领了昔兰尼加的大部分。英军一退几乎就是150千米，打破了英军的希望，使英军放弃了班加西，丧失了奥金莱克将军盼望已久的2月中旬的进攻而收集的一切储备。这一仗又说明了英军组织的不完善，在撤退中，已经运到战场上的大批汽油，全部被抛弃了，然而却有许多坦克因燃料告罄，被遗弃在后面。

丘吉尔也对下院谈到了远东的惨败。但不管是出于真心还是想哗众取宠，这次他没有推卸责任，而是把责任都揽在了自己身上。

丘吉尔的这番讲话，几乎花费了两个小时。但是，丘吉尔可以明显地感觉到，议员们也并非无动于衷，他们的情绪已经显然被丘吉尔调动起来了。丘吉尔觉得他看到的英国的暂时惨败的情形即将到来，因此他在讲话结束的时候，把情况作了最坏的估计，既不使人绝望，也不作任何预言。

接着进行了三天的辩论。但是令丘吉尔感到奇怪的是，下院的语气对于他显得出乎意料地友好。当时丘吉尔曾担心得不到表决，于是便试图用激将法迫使批评他们的政治家们到投票走廊里来反对他们，同时，又不要得罪现在已经毫无反对意见的议员们。

在付表决的时候，占3个议席的独立工党对信任投票提出异议，但只是要求作点票员。最后投票结果是464票对1票。下院对以丘吉尔为首的联合政府表现出了极大的信任。

新闻界对此事作了大肆宣传，表示慰问和庆祝的电报从各方面纷至眷来。这时正赶上罗斯福60岁寿辰，丘吉尔拍去电报，对他表示祝贺。罗斯福在复电中说："跟您在同一个10年，好极了！"

全国人民的信任，下院的大力支持，以及海内外朋友的热烈祝贺，使丘吉尔激动不已。他觉得自己更有能力和信心来领导英国人民打赢这场反法西斯的伟大战争了。

丘吉尔赢得下院的信任后，接着对内阁进行了一次调整。

克里普斯是个议员，又是最杰出的辩论家之一，因此丘吉尔觉得，克里普斯有种种的才能足以领导下院。于是丘吉尔便向艾德礼建议，将掌玺大臣和下议院领袖的职位让给克里普斯，他自己主管自治领事务部，并被授予副首相的头衔。

丘吉尔决心要在同时进行某些其他的变动。鉴于詹姆斯·格里格爵士是在效率和毅力方面最享有盛名的公务员，以前担任陆军大臣马杰森的常务次官，现在由他接任马杰森任陆军大臣。

丘吉尔对飞机生产部也做了调整。卢埃林上校在美国把英国飞机的生产搞得极好，于是丘吉尔便让他接替穆尔·布拉巴宗上校任飞机生产大臣。

为了减少战时内阁的人数，丘吉尔又不得不请财政大臣金斯利·伍德不再担任正式阁员。

另外，枢案大臣、外交大臣、劳工大臣继续由约翰·安德森爵士、艾登先生、贝文先生分别担任。

但在这个国内政治紧张而又变化、国外又遭失败的时期，丘吉尔自己的地位似乎没有受到影响。丘吉尔每时每刻要办的公务实在太多了，很少有工夫去考虑它。但外面却有持续不断的压力，要丘吉尔改变指导战事的方法。他们说："我们一致拥护首相，但是他要做的工作实在太多了。他挑的有些担子，应该解除了。"

这对丘吉尔来说是不能接受的。他认为，在提出一个"任务"时，根据任务的性质，应在三军中的一位军官确实地置于其他人员之上。因此他下决心将指挥战事的全权掌握在自己的手中。这只有使首相兼任国防大臣一职，才能行使这样的权力。他认为，在最高职位上要有领导全局的统一思想，切实地进行协助和修正，而在完整性上不致有所分裂。他

> "二战"期间的丘吉尔。

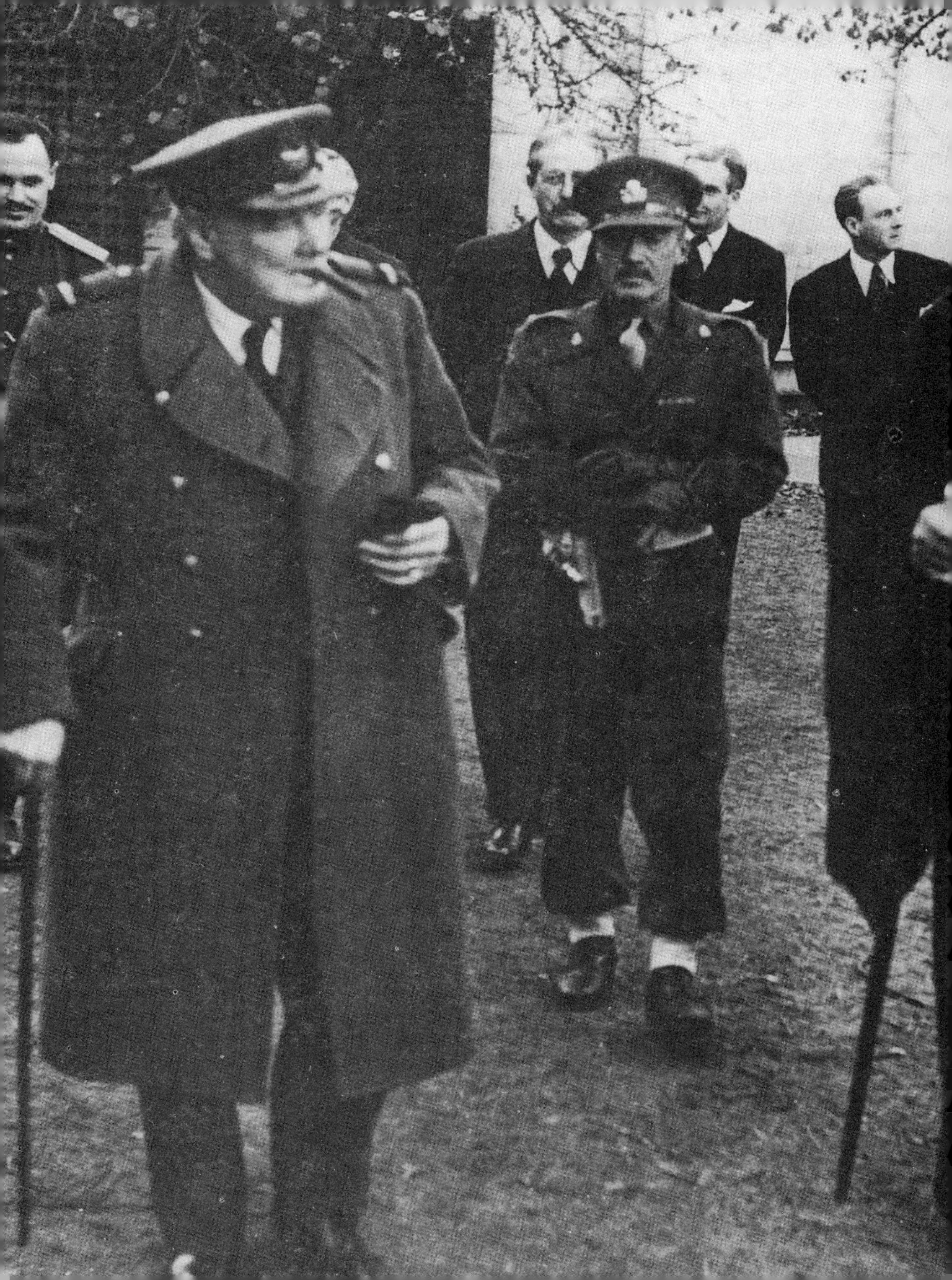

▽ 在北非，隆美尔正在对德军进行训话。

说："如果我被免去国防大臣的职务，我当然不愿蝉联首相，即使只有1个小时。"他的这一观点已经是众所周知，因此驳回了所有的甚至在极不利的条件下对他提出的诘难。

大体说来，新闻界和公众对改组的主要方面表示欢迎。政府机构经过这样大的变动之后，议会也觉得需要稳定下来，以处理外面的攻击和内部的政争。这使丘吉尔得到了一些喘息时间去克服更多的困难。

转眼间到了1942年6月，丘吉尔的联合政府的形势又变得不那么妙了。虽然刚刚经过2月的联合政府改组。

从2月至6月的短短4个月的时间里，英军又经历了一连串的失败。马来亚、新加坡和缅甸相继丢失；奥金莱克将军在沙漠战役的失败；托卜鲁克的失守；沙漠军队的迅速溃退，以及英军在昔兰尼加和利比亚所有占领地的丢失；向埃及边境退却200千米；5万余人的伤亡和被俘；英军损失了大量的火炮、弹药、车辆和各种设备；英军又回到了马特鲁，回到两年前的旧阵地。但是，隆美尔和他的德国军队却乘胜利之势，坐在缴获的英军的汽车上，用的是英军供应的汽油，大多数时间中发射着英军的炮弹，向英军进逼。只要再稍许前进一些，再取得一些胜利，墨索里尼和隆美尔就会携手开进开罗。但是，在英军遭受到惊人的挫败之后，又面临着正在发生的种种未知因素，谁敢说这种情况不会发生呢？

在这种情况下，报纸上又开始发出尖刻和刺耳的对政府的批评，在下院里也有不少位议员随声附和。面对这种情况，丘吉尔认为，议会的情势需要立即明朗化。但是，在新加坡沦陷前不久曾经举行过一次信任投票，很难要求下院再举行一次信任投票。可是，当心怀不满的议员自行决定再投一次不信任票时，那就非常不利了。

果然不出丘吉尔所料，在6月25日，议程单上列着一项提议，措辞如下：

"下院对于在非常困难的情况下皇家军队的英勇气概和坚韧精神，虽然表示敬意，但是，对于中央有关战争的指挥工作，却不予信任。"

署名的是约翰·沃德洛·米尔恩。丘吉尔知道他是保守党的一位有势力的议员，并且是有权力的全党财政委员会的主席。当宣布海军元帅罗杰·凯斯爵士附议这项提议，而且前陆军大臣霍尔·贝利沙先生赞助这项提议时，情势顿时明显起来，一场严重的挑战业已开始。某些报纸上，议会走廊里，也传播着有决定性的政治危机即将到来的议论等等。

丘吉尔立即准备迎接挑战。他准备举行一次辩论会。

在辩论开始以前，海军中校金·霍尔起立要求约翰把他的提议推迟到当时在利比亚激烈进行的战事结束之时。

"假如政府由于国家利益而愿意推迟"，约翰答道，"我将立即勉强同意。"

"勉强"两字使作为首相的丘吉尔受到了极大的伤害。

"现在，事情已发展到这种地步，而且一周多以来，这件事已成为世界每个角落的议题。"丘吉尔立即站起来大声地说道："依我看来，推迟决定比立即交付讨论将更为有害。"

约翰在辩论会上先作了一次动人的演说，提出了主要的问题，开始了辩论。他说："这项动议并非攻击在战场上的军官们，而是明确地攻击在伦敦的中枢机构；而且我希望指出，我们失败的主要原因是在伦敦方面，而绝不是在利比亚或其他地方。我们在这次大战中所犯的第一个重大错误是让首相兼任国防大臣。"

约翰最后又说道："下院应当明确，我们需要一位把全部时间用来争取战争胜利的人，来全权负责王室的各种武装部队。如果我们有了这样的人，请下院给他权限，使他有权独立地执行任务。"

海军元帅罗杰·凯斯附议这项提议。这位海军元帅对丘吉尔深怀不满情绪，是因为丘吉尔曾撤了他的联合作战指挥官的职务，并且由于他在职之时，丘吉尔常常不采纳他的建议。但是，他们两人之间又有着长期的友谊，这就使他在对丘吉尔的攻击中有所约束。

凯斯的攻击矛头主要指向丘吉尔的专家顾问们的身上，也就是三军参谋长。他说："在他出任首相期间，有三次——在加里波利，在挪威，以及在地中海——在执行足以使两大战役的全局改观的战略攻击时，每次都由于他的法定海军顾问们唯恐担风险，不肯和他分担责任而遭到挫败，这是令人难以容忍的。"

下院的元老温物特勋爵恢复了攻击的力量，并且集中攻击丘吉尔。他说："谁应该对这一系列战役的失败负责？那就是现任首相，当时的海军大臣。"

这次辩论一直进行到次日凌晨3点，丘吉尔却没有时间将辩论听完，只听了一半。次日的答辩自然是要时间准备的，更重要的是，他的思想早已集中到埃及存亡攸关的战役上去了。

7月2日，下院继续进行辩论，丘吉尔这次也参加了，并且已准备好了答辩稿。辩论会上没有拒绝自由发言，也不乏自由发言。

前陆军大臣霍尔·贝利沙先生对此项反对政府的议案进行了总结。他说道："我们或许会丢失埃及，或许不会——上帝保佑，我们不要丢失埃及——但是，当首相说，我们会守住新加坡，我们会守住克里特，我们在利比亚已击溃了德国军队。……当我听过他所说的一切，又在说我们将守住埃及时，我的忧虑就更大了。……对于那样一再错误判断的人，人们怎么能信赖啊？这就是下院必须作出的决定。想一想最大的危险是什么？在100天之内，我们已丧失了我们的远东帝国。下一个100天，还会发生什么情况呢？让每一位议员凭着他的良心投票吧。"

下院接着进行了投票表决。正如丘吉尔期待的那样，约翰·沃德洛·米尔恩爵士的不信任提议以475票对25票被否决了。

当时，罗斯福也正怀着焦急的心情等待着投票结果的揭晓。他接到消息后，当天就给丘吉尔发来了贺电。罗斯福的贺电只有四个字：

"向你祝贺！"

这四个字却代表着罗斯福的真实心情，使丘吉尔受到莫大的感动和鼓舞。丘吉尔顶住了对他的权力的挑战。

他渡过了难关。

∨ 1942年7月，丘吉尔出席在格林威治举行的盟军海军会议。

第六章

艰难中前进

1874-1965　丘吉尔

丘吉尔求胜心切，一再催促蒙哥马利发动进攻。因为自从丘吉尔当上首相以后，英军就几乎连吃败仗，丘吉尔太想取得一次胜利了。但蒙哥马利并没有屈服大权在握的丘吉尔的压力。亚历山大将军也认为，需要做更充分的准备。丘吉尔只得同意把进攻的日期推迟……

罗斯福致电丘吉尔："我们必须和苏联坐在一起开会。"丘吉尔立即回电，在原则上他完全表示同意……

>> 盟友之间的纠葛

第二战场是相对于苏德战场而言的。希特勒进攻苏联时，向西已经占领了整个西欧，所以苏军在刚一开始时几乎是单独对抗整个德军。当英国表示愿意援助苏联时，斯大林强烈希望英国能在德国的西线，即法国北部开辟打击德军的第二战场，借以吸引苏德战场上的部分德军，以减轻苏军的压力。尽早让希特勒德军陷入两线作战的困境，是打败他的正确路线。

然而，丘吉尔却认为这是不现实的，英国目前不具备这种实力。其实，当时英国本身也正面临着德国法西斯入侵的威胁，让英军开辟西部战线去打击强大的德军，本身也是不太现实的。丘吉尔多次婉拒了苏联的要求，同时表示可以通过向苏联提供物资援助，以及出动空军对德国进行轰炸的方式援助苏联。

但是，美国参战后，第二战场问题就变成苏、美、英三国之间的事了。这实际上也是丘吉尔、斯大林、罗斯福之间的一个非常重要的议题。

早在丘吉尔和罗斯福第一次在华盛顿的会谈中，丘吉尔就曾竭力劝说罗斯福，使他相信打败德国是至关重要的。美国统治集团也认为，先打败希特勒德国是美国的利益所在，也就是坚持"先欧后亚"的战略。但是具体在哪个方向进攻，却接受了丘吉尔的意见，认为英美盟军应先投入北非作战，至于派大批军队在欧洲大陆开辟第二战场，应推迟到1943年。因此，斯大林在1942年在西欧开辟第二战场的希望又落空了。

但苏联并没有完全丧失希望。1942年3月16日，苏联驻英国大使麦斯基会见了丘吉尔，希望英美能把1942年作为对德作战的决定性的一年。但狡猾的丘吉尔是不想对此作出任何保证的。他一方面保证加紧向苏联提供军事物资，保证最大限度地对德国进行轰炸，保证对西欧沿海进行骚扰性袭击，以牵制德军，另一方面，他又说开辟第二战场条件尚不成熟。

但这时的美国，却完全是另一种态度。日军继1941年12月先后攻占了关岛、威克岛和香港之后，又于1942年1月2日攻陷马尼拉。日军对菲律宾的进攻也取得了很大的胜利。3月11日，美国远东军司令部司令麦克阿瑟在日军凌厉的攻势下被迫逃往澳大利亚。5月7日，驻菲律宾的美军向日军投降。罗斯福在国内也陷入了一种艰难的境地。

> 驻菲美军在日军的重围下被迫投降。

　　在这种情况下，美国国内公众要求"太平洋第一"的呼声日渐高涨，主张"先欧后亚"战略的史迪生、马歇尔等人很不安。他们要求立即在英国集结美军，作好开辟欧洲第二战场的准备。罗斯福对此也很感兴趣，认为这样做，对于减轻苏联承受的军事压力，改善美苏关系，都有重大影响。

　　1942年4月1日，罗斯福总统和他的参谋人员一道，拟订了一份英美盟军在西欧发动进攻的作战计划，要求在英国集结48个师，5800架飞机，于1943年4月1日前后发动进攻，代号为"围歼"。为此，在1942年初夏就应开始空袭和炮击。

　　但是，丘吉尔从内心里实在不愿意这么早就在欧洲开辟第二战场。但正面拒绝罗斯福，显然对盟国的团结不利，因为英国取得最后胜利离不开美国的大力支持。老奸巨滑的丘吉尔开始仔细考虑着对策。

　　在丘吉尔的心目中，有比开辟欧洲第二战场更重要的东西，这就是保卫印度不受日本的侵略，这也是英国的首要任务。丘吉尔认为，这种侵略已经有了很大的可能性，并且保卫印度的任务，对整个战争有决定性的关系。听任德国和日本在印度或中东携手，对盟国的事业必然会引起无法衡量的灾难。在丘吉尔的心目中，德国和日本的携手，与苏联向乌拉尔后面撤退，甚至与德国单独媾和，差不多占同等重要的地位。

　　马歇尔将军提议，盟军应在1942年的初秋，设法占领布霍斯特或瑟堡，最好是占领后一地点或同时占领两个地点。这次作战行动必然完全由英国担任。海军、空军、三分之二的陆军以及可以利用的全部登陆艇，也必须由英国提供，而美国只能供给几个师。但是，英国的军队都是最近刚征召入伍的，如果要成为头等的军队，至少要用两年的时间和一位

▽ 1942年，丘吉尔与时任美国陆军参谋长的马歇尔在一起。

专业上非常强的干部来训练。如果要实行登陆计划，必须进行严密的技术研究。

丘吉尔认为，还有其他可以替代的方案。他最热心的一个方案是在法属西北非，包括摩洛哥、阿尔及利亚和突尼斯等，这个方案当时叫作"体育家"作战计划，最后又发展成为"火炬"作战计划★。第二个替代方案就是"丘比特"作战计划，也就是解放挪威北部，打开向苏联源源不断地运送给养通道的方法，这也是同苏联的海陆空军进行直接配合的唯一方法。

丘吉尔继续在表面上支持罗斯福。他于4月17日致电罗斯福，说英国赞成斯大林派特使访问美国。

但是，这时由于英国答应苏联在缔结英苏条约而举行谈判时予以考虑明确承认苏联占领波罗的海沿岸国家和苏联与芬兰边界问题，英苏关系中，出现了一段较为亲善的时期。斯大林虽然同意派莫洛托夫访问华盛顿，但又告诉罗斯福，莫洛托夫将先去英国，就苏联边界问题与英国进行协商。

罗斯福对斯大林派莫洛托夫访问华盛顿感到很高兴，但却不想让英苏两国背着美国就边界问题做成任何秘密交易。4月22日，他向丘吉尔建议，让莫洛托夫"先来华盛顿，然后再去英国"。

丘吉尔也很聪明。他在4月24日给罗斯福的回电中说，莫洛托夫"甚至可能已在途中"，"我现在已经不能建议他改变访问的日程了"。为了打消罗斯福的顾虑，他向罗斯福保证说，英苏之间达成的任何协议，在最后签字之前，莫洛托夫应先到华盛顿去见他。

★ **"火炬"作战计划**

"火炬"是第二次世界大战中盟军在北非组织的一次大规模登陆行动的代号。1942年11月8日，英美两国政府为援助在埃及与德意作战的英军，鼓舞苏德战场与德国作战的苏联红军，并在一定程度上满足苏联开辟第二战场的要求，以500艘军舰和运输船只组成的英美联合舰队，运载10万大军，在大量飞机掩护下，分三路在法属北非的卡萨布兰卡、奥兰和阿尔及尔强行登陆。于11月中旬开始东进，攻入突尼斯。

> 罗斯福接见了来访的苏联外长莫洛托夫。

　　莫洛托夫于 5 月 20 日到达伦敦，次日上午便与丘吉尔进行了正式讨论。莫洛托夫除要求英国明确承认苏联占领波罗的海沿岸各国和苏联与芬兰的边界外，又向英国提出了要求同意苏联占领波兰东部的问题。这一点遭到了丘吉尔的拒绝，因为这是与 1939 年 8 月签订的英波协定不相容的。莫洛托夫又提出要在一项秘密协定中承认苏联对罗马尼亚的要求，但这也是同英国与美国的谅解背道而驰的。因此，尽管会谈的气氛相当友好，但却进入了僵局。

　　莫洛托夫前来伦敦的另一个重要目的，是为了试探英国对开辟欧洲第二战场的态度，但是，丘吉尔暂时巧妙地回避了这个问题。

　　在以后的谈判中，苏联显示出了让步的迹象，原因是他们害怕英美联合一致来对付苏联。5 月 26 日，英苏签订了一个一般性的公开同盟条约来代替领土协定。这项条约没有对领土做出任何规定，只是强调了联盟的长期性质。这给了丘吉尔很大的安慰，因为这远比他想象的结果好多了。

　　5 月 27 日，莫洛托夫启程前往美国，并于 5 月 29 日在白宫与罗斯福等人举行了第一次会谈。莫洛托夫介绍了他与丘吉尔会谈的情况，并又向罗斯福提出了开辟欧洲第二战场的问题。罗斯福对英苏同盟条约没有涉及边界问题而感到高兴。

　　5 月 30 日，莫洛托夫又与罗斯福和霍普金斯等人举行了第二次会谈。罗斯福向与会者介绍说，英国还没有为开辟欧洲第二战场做出任何承诺，苏联的形势岌岌可危，他们要求英美在欧洲开辟第二战场，以便使德军从东线抽调 40 个师到西线。他说，美国有责任尽自己的一切力量来帮助苏联，但问题是"我们该做些什么呢？"

　　莫洛托夫介绍了苏德战场上的情况。他说苏军已经面临着守不住的问题。他无意缩小在1942 年开辟欧洲第二战场所冒的风险，可是，当 1942 年苏联战线保持完整时，成功的可能性更大。他要求罗斯福坦率地回答,英美是否准备开辟欧洲第二战场?

罗斯福自己没有回答,而是问身边的马歇尔:"情况是否已经清楚,我们可否告诉斯大林,说我们已经做好了开辟欧洲第二战场的准备?"

"可以!"马歇尔肯定地答道。

于是,罗斯福告诉莫洛托夫,说他可以告诉本国政府,英美将要在今年开辟欧洲第二战场。

莫洛托夫得到罗斯福的明确保证后,按原计划返回伦敦,继续与丘吉尔举行会谈。

英国与美国的参谋长们一道研究了这个问题,然而英国除了提出困难以外,别无他意。

丘吉尔决心推翻1942年开辟欧洲第二战场的决定。可是,这一决定是由罗斯福亲自做出的,并且他对1942年实施"痛击"计划热情也很高。丘吉尔也很清楚,一般的美国当局,特别是史迪生和马歇尔都急于立刻在某些计划上做出决定,从而使美国能在1942年同德国在地面、空中大举进行交战。如果做不到这一点,美国三军参谋长就不会对"德国第一"的战略进行根本修改的可能。

此外,还有一件令丘吉尔一直惴惴不安的问题,那就是"合金管"。"合金管"是后来称之为原子弹的密码代号。当时英美两国都正在试制原子弹,但要想早日成功,必须同美国订立明确的协定。人们都认为,只有丘吉尔亲自跑一趟,事情才能成功。于是,丘吉尔决定再一次到华盛顿和罗斯福进行会谈。

丘吉尔于6月16日启程,于6月18日安全飞抵华盛顿,又一次开始了他的美国之行。第二天,他又飞往海德公园,这是罗斯福的家乡。罗斯福亲自驾车到机场迎接他,并带他到各处观赏风景。但是一路上,丘吉尔在大部分时间都陷入沉思之中。罗斯福患小儿麻痹症多年,因而不能用脚使用车闸、离合器或加速器,但是,他的臂腕却特别强而有力,能敏捷地应付一切情况。通过这次交往,丘吉尔又对罗斯福多了几分敬意。

丘吉尔曾将他所要达成协议的种种要点告诉罗斯福的助手哈里·霍普金斯,由他转告罗斯福。由霍普金斯先行准备,使罗斯福对各个问题心中有数。在这些问题中"合金管"是最复杂的问题之一,并且也是最重要的问题之一。

那时,德国人也正在努力获得"重水"的供应。如果德国人先制造出原子弹,那对盟国来说,将是一个巨大的灾难。丘吉尔主张,英美应当立即搜集所有的情报,在平等条件下进行工作,如果获得任何成果,要平等地分享。但是,又产生了一个研究工厂应建在何处的问题。英国正在遭受德国飞机的不断轰炸和时时地侦察,似乎不可能在英伦三岛上建立所需要的巨大而引人注目的工厂。当罗斯福说出美国要决心建设工厂的时候,丘吉尔感到非常高兴。于是他们共同做出了决定,达成了协定的基础。

21日,罗斯福总统的专车又把丘吉尔送回华盛顿。在那儿,罗斯福把刚收到的一封电报一语不发地交给了丘吉尔。丘吉尔一看,大吃一惊:"托卜鲁克投降,25000人被俘。"

丘吉尔简直不敢相信这是真的。这是他在大战期间所受到的最大打击之一。它不仅在军

∧ 隆美尔（中）在德军攻陷了托卜鲁克后，视察期间留影。

事上的影响是严重的，而且，它也影响到英国军队的声誉。还有更重要的是，自己正远离祖国，踏在美国的国土上，当着美国人的面，又使自己多了一份耻辱。他清楚地记得，4个月前，在新加坡，85000人对数量较少的日军投降了。现在在托卜鲁克，25000名（后来证实是33000名）士兵又向只有他们一半的德军缴了枪。

丘吉尔力图掩饰自己所受到的震惊和耻辱。但罗斯福既没有责备，也没有不逊之言。

"我们将做些什么事来帮助你呢？"罗斯福问道。

"尽可能地将你们能够拨出的'谢尔曼'式坦克给我们，尽快地把它们运到中东去。"丘吉尔答道。

罗斯福马上派人去请马歇尔将军来，并把丘吉尔的要求告诉了他。马歇尔立刻做出了安排。

但是，丘吉尔访美的主要目的是解决欧洲第二战场的问题。

当时，美国军方为准备开辟欧洲第二战场，已经制定了在英国大量集结军队和作战物资的行动计划，代号为"波利乐舞"。美国军方的史迪生、马歇尔都强烈反对实施进攻北非的"体育家"计划，认为这会妨碍实施"波利乐舞"计划，这将严重影响英美的对德作战行动。

∧ 1942年，马歇尔将军（左）在讨论战争计划。

他们说，全力以赴地实施"波利乐舞"计划，在欧洲开辟第二战场，是打败德国法西斯的最佳战略。

罗斯福虽然也很重视"波利乐舞"计划，开辟欧洲第二战场。但他更希望美军能在1942年就同德军作战，即使不能在西欧作战，也应该在其他地方作战。由于丘吉尔的反对，罗斯福也逐渐打起了退堂鼓。

为了继续讨论开辟欧洲第二战场的问题，丘吉尔以及陪同前来华盛顿的英国总参谋长布鲁克将军和伊斯梅将军同罗斯福及美方参谋人员举行了一次会谈，但丘吉尔在会上竭力鼓吹在北非发动进攻的"体育家"计划，而找种种借口反对在欧洲开辟第二战场的计划。会谈没有取得任何进展。

马歇尔想起4月份在伦敦时丘吉尔答应得那么爽快，自己又那么信赖他，而现在他却翻脸不认账，不禁怒火中烧。其他一些美国领导人也对丘吉尔如此出尔反尔表示反感。马歇尔和海军作战部长欧内斯特·金海军上将想出了一个威胁丘吉尔的主意，如果英国不愿意参加"波利乐舞"计划，美国就变"先欧后亚"为"太平洋第一"，把战略重点转向太平洋，全面对日作战。

★哈里曼

美国行政官员。民主党元老。1891年11月15日出生于纽约市。1913年毕业于耶鲁大学。1915年后为联合太平洋铁路公司副总经理、董事长。1920年创办哈里曼银行。1941年3月任总统驻英国代表。同年9月率美国代表团参加美、英、苏三国莫斯科会议。1943年10月任驻苏联大使。1946年任驻英国大使，同年出任商务部长。1948年任"马歇尔计划"驻欧巡回大使。1951年任共同安全署团长。

但是，罗斯福却不赞成这种感情用事的方法。他认为这恰恰是珍珠港事件之后德国迫切希望美国采取的行动。他表示不能用"强硬手段"对付丘吉尔，英美之间一定要团结一致，并肩作战。

鉴于丘吉尔坚决反对，罗斯福也没有坚决要求再进行1942年开辟欧洲第二战场的准备。他唯一担心的只是，推翻已经答应斯大林开辟欧洲第二战场的承诺，该怎样向斯大林解释呢？

自从丘吉尔决心推翻开辟欧洲第二战场的承诺以后，他也一直在苦苦思考着一个问题：如果斯大林和苏联政府知道英美在1942年将不横渡英吉利海峡发起进攻——这个令人不快的消息，该会有何反应呢？

此时，法西斯德军的夏季攻势已把苏军赶到了顿河以东和以南的地区，进而威胁到苏联南方的工业区和里海西岸的油田，苏军正承受着巨大的军事压力，斯大林正翘首以盼英美在欧洲开辟第二战场，以便从苏德战场上吸引走一部分德军。并且斯大林已经答应过丘吉尔和罗斯福，如果英美能尽快开辟欧洲第二战场，苏联宁愿接受英美减少军事物资的条件。在这样的条件下，如果斯大林再进一步得到英美已决定放弃1942年开辟欧洲第二战场，会不会由于对英美绝望而同希特勒单独媾和呢？

丘吉尔对此十分担心。他意识到，这不是一件小事，弄不好会对苏联与英美的关系产生重大影响，甚至极大地影响战争的进程。正因为如此，他觉得，通过拍电报的方式把英美的决定告诉斯大林是不妥当的，因为在电报中很难把这一原因解释清楚。丘吉尔决定往莫斯科跑一趟，把这一重大而又不幸的决定当面告诉斯大林，亲自向他做出解释。

8月12日，丘吉尔飞往莫斯科。当晚7时。他来到了克里姆林宫，第一次会见了斯大林这位伟大的革命领袖、深谋远虑的政治家和战士。会谈大约进行了4个钟头，因为第二架飞机尚未到达，出席会谈的英方人员只有丘吉尔及他们的驻苏联大使，苏方出席的有斯大林、莫洛托夫、伏罗希洛夫，另外还有哈里曼★。

< 丘吉尔访问苏联时与斯大林、莫洛托夫及美国总统特使哈里曼（右三）在一起。
> 丘吉尔与斯大林交谈。
> 斯大林设宴招待丘吉尔一行，两人在席间愉快交谈。

会谈最初两个小时的气氛阴森而沉闷。丘吉尔一开始就立即提出开辟欧洲第二战场的问题来。他竭力辩护，此时开辟欧洲第二战场很困难。

这样，斯大林已经清楚地知道丘吉尔是极不愿意开辟欧洲第二战场的了，因此显得有点坐立不安。

"我对于战争有不同的看法。不准备冒险，就不能获得胜利。"斯大林说道，"我真不明白，为什么贵国这么害怕德军呢？我的经验认为，军队必须在作战中流血。假如不使军队流血，就不了解军队的力量。"

"阁下是否问过自己，为什么希特勒在 1940 年不打到英国？"丘吉尔说道，"当时希特勒正当力量全盛之时，而我们却只有 20 万经过训练的军队，200 门大炮和 50 辆坦克。他没有来。事实是他也怕进行这样的战役。横跨英吉利海峡并非易事。"

"不能作这样的类比。"斯大林答道，"希特勒在英国登陆，将会受到英国人民的抵抗；而英军在法国登陆，法国人民都会热烈地拥护英军。"

"因此，更重要的是，"丘吉尔说道，"不要使法国人民在我军撤退时遭受希特勒的报复，并耗尽在 1943 年的巨大战役中所需的法国人力。"

会谈至此，会场上出现了令人窒息的沉默。斯大林最后说："假如今年不能在法国登陆，我也无权要求或坚决主张登陆。但我必须说，我不同意阁下的论点。"

斯大林的这种愤怒情绪，早已在丘吉尔的预料之中。他事先就已经想好了这样的会谈方式。首先向斯大林通报坏消息，也就是先解决最棘手的问题，然后谈一些斯大林感兴趣的问题，等气氛缓和后，再说出英美在 1942 年的其他准备。

为了缓和一下紧张的气氛，丘吉尔谈到了对德国进行轰炸的问题。斯大林对此很感兴趣。

"打击德国人民的斗志对打败德国有着极为重要的意义。"斯大林说道，"我也很重视轰炸，并且贵国的空袭正在对德国起着巨大的影响。"

话题一转，紧张的气氛确实得到了缓和。丘吉尔觉得，该是"火炬"作战计划起作用的时候了。

"现在我要回过来谈谈在1942年开辟欧洲第二战场的问题，我认为法国不是这次战役的唯一地点，还有别的地点，因此我们和美国决定了另外的计划。美国总统授权我来把这个计划秘密地告诉阁下，我要求阁下严格保守这个计划的秘密。"

　　这时斯大林端正地坐着，笑嘻嘻地说："我希望英国报纸上一点消息也不走漏。"

　　丘吉尔简明扼要地介绍了"火炬"计划的情况。他在介绍时，斯大林极感兴趣地听着，并不时地提出一些问题。他特别提到了计划实行的时间。

　　"不会迟于10月30日。"丘吉尔答道，"但罗斯福和我们都力争在10月7日实行。"

　　丘吉尔的话，给在座的三个苏联人以莫大安慰。

　　丘吉尔又叙述了解放地中海的有利之处，在那里还可以开辟别的战场。他说："假如能在今年年底占领北非，我们就可以威胁希特勒欧洲的腹部；这次战役应该被认为是同1943年的战役相配合的。这就是我们和美国人已经决定进行的一次战役。"

　　丘吉尔为了说明自己的论点，同时画了一张鳄鱼的图形，借此向斯大林说明他的意图：我们在打鳄鱼的硬鼻子时，也要攻击它柔软的腹部。

　　"愿上帝使这项事业成功。"斯大林兴致勃勃地说道。

　　"我们很想为贵国方面解除紧张局势。"丘吉尔继续解释道，"如果我们想进攻法国北部，我们会遭遇反击。如果在北非发动进攻，会得到很大的胜利机会，那样对欧洲也有帮助。如果我们能占领北非，希特勒就要调回他的空军，否则，我们就会毁灭他的盟国，例如意大利，并且会进行一次登陆战。"融洽地交谈成为他们这次会谈走向成功的转折点。

　　"联合夺取'火炬'计划地区，是否会使法国发生误会？对于戴高乐，你们正在做些什么工作？"斯大林开始谈起在政治上的种种困难。

　　"在这阶段，我们不愿意他介入这次战役。维希法国很可能会对戴高乐他们开火，但不大会对美国开火。"

　　哈里曼引证从"火炬"地区各处收来的、得到总统信任的美国情报，以及李海海军上将的意见，有力地支持了丘吉尔的论点。

　　斯大林说："据我理解，这计划有四个战略上的优点：第一，它会在背面打击隆美尔；第二，它会威胁西班牙；第三，它会使德国人和法国人在法国发生战斗；第四，它会使意大利首当其冲。"

斯大林如此敏锐的战略眼光和精辟的概括让丘吉尔很是折服，他说："没有几个人能在几分钟内了解我们大家几个月以来一直争论不休的那些理由，但您却能在一刹那间了解全部情况。"

会谈结束时，丘吉尔告诉斯大林："如果阁下愿再同我会面，我随时都愿前来。"

"本国的习惯是，应该由客人表示愿望，而我则准备随时接见阁下。"斯大林回答道。

丘吉尔回到国家别墅七号的感觉是，冰块已经打开，通人情的接触已经建立起来。当夜，丘吉尔酣然入睡，久久未醒。

第二天，晚上11点，丘吉尔一行，包括哈里曼，都去了克里姆林宫，与斯大林举行了第二次会谈。斯大林首先递给丘吉尔一份备忘录，指责英国拒绝在1942年开辟欧洲第二战场，使苏军处境更加困难，并且破坏了苏军的作战计划，对苏联"是一个精神上的打击"。

接着斯大林又进一步指责，英国过分惧怕对德国作战，又说英国没有把答应给苏联的军需品送去，只是在满足自己需要以后，才送去少许剩余的物资。

丘吉尔当即直截了当地对他的言论进行了反驳，只是不带有任何辱骂的字眼。丘吉尔原以为斯大林对再一次遭受反驳而不舒服时，但是斯大林毫无怒容，甚至也不激动。

"我只是觉得"，斯大林说道，"如果英军像苏军那样对德军作战，就不会这样害怕德军了。苏军，实际上还有英国空军，已证明击败德军是有可能的。假若英国陆军与苏联同时作战，英国陆军也同样能获得胜利。"

"阁下在谈到贵国陆军的英勇时说的一番话，我并不计较。"丘吉尔说道，"如果说要在瑟堡登陆，就不能不考虑到英吉利海峡的存在。"

看到丘吉尔激动的样子，斯大林终于笑起来了，说道："你的话并不重要，重要的是你的精神。我们不必再争下去了，我接受你们的决定。"斯大林突然邀请丘吉尔一行第二天晚上8时出席宴会，丘吉尔接受邀请后说："我将在后天，即15日黎明时飞回去。"

斯大林听了，似乎有些感到不安，问道："不知阁下是否能多留一些时日？"

"当然。"丘吉尔答道，"倘若能起一些有良好的关系，我总是想多留一天的。"

接着，丘吉尔大声指责斯大林对他毫无友情，说自己千里迢迢到这里来是为了建立良好的合作关系。斯大林一笑置之，并不在意。

第二天晚上，丘吉尔出席了克里姆林宫的正式宴会，约有48人参加，包括几位司令官、政治局委员和其他高级官员。宴会进行得很长，从一开始就相互举杯祝酒，简短致辞。

丘吉尔又打算在16日黎明飞回开罗，因此在动身的前一天晚上7时去向斯大林辞行。他们又进行了一次有益而又重要的谈话。丘吉尔特别问到他能否守住高加索的隘口，能否阻止德军进入里海，夺取巴库周围的油田和所有重要的目标，然后通过土耳其或波斯向南方推进。

斯大林摊开地图，十分自信地说道："我们将要阻止他们前进。他们越不过高加索山脉。谣传土耳其军将在土耳其斯坦袭击我们，如果他们这样做，我也一样能对付得了他们。"

"不会发生这种危险的。土耳其意在置身事外，绝不会同英国发生争执的。"丘吉尔答道。

斯大林的坚定信念令丘吉尔不胜钦佩。他知道，当时苏联近1000千米长的广大战线上正战火弥漫，血流成河；德军距莫斯科只有25千米，并正向里海推进。通过这一次谈话，也使丘吉尔打消了苏联单独同德国法西斯媾和的顾虑。

丘吉尔的这次出访，取得了完全的成功。他在给罗斯福的信中说，他已经和斯大林之间"建立了一种对将来很有裨益的个人关系"。

丘吉尔于上午5点30分离开莫斯科，飞回开罗。

>> "火炬"计划

丘吉尔在拒绝了罗斯福的"波利乐舞"计划以后，又向他提出了自己的计划。他在7月8日给罗斯福的信中说："我自己确信，法属北非的战役是在1942年使苏联战线获得缓和的最好机会。这个计划一直是和你们的意见符合的。事实上，它是您的主导思想。这是1942年的真正第二战场。"

7月14日，丘吉尔又致信罗斯福说："我极盼您了解我现在的处境。我已发现，没有人认为'痛击'计划是可行的。我很希望你尽快实行'体育家'计划。"

对于这些，罗斯福没有立即做出回复，因为美国指挥作战的最高领导人之间关系很紧张。马歇尔将军和金海军上将之间关于欧洲方面和太平洋方面的意见很不一致。他们两人都无意进行北非的冒险行动。

但这时，罗斯福总统已经意识到，反对"痛击"作战计划的论点是有力的，他对于北非战役的兴趣日益强烈。

这样，"痛击"计划被束之高阁。相反，"体育家"计划得到了应有的重视。马歇尔和金海军虽不免都有些失望，但也只好服从他们总司令的决定。

丘吉尔现在急于要对他宠爱的"体育家"计划起个新的名字。"体育家""超体育家"和"半体育家"等名称，都已经在他们的密码代号中取消了。丘吉尔在7月24日给三军参谋长的指示中，使用了一个新的巧妙的名字：火炬。7月25日，罗斯福电告霍普金斯："不迟于10月30日实行的在北非登陆的计划，应即着手进行准备工作。"

丘吉尔考虑已久的意见，终于得到了美国的同意，并做出了决定，丘吉尔感到十分愉快。丘吉尔希望执行的各项计划，除了其中一项计划以外，都被采纳了。这一项没有得到通过的计划就是"丘比特"作战计划。

英美双方决定实施在北非登陆的"火炬"作战计划后，又一致同意由一名美国将军担任这一行动的指挥官。

∧ 1942年8月6日，艾森豪威尔被任命为实施"火炬"计划的总司令。

美国中将艾森豪威尔最初反对实施"火炬"作战计划，并把做出这项决策的那一天——1942年7月22日，星期三——称为"历史上最黑暗的一天"。但他绝对没有料到，正是这一天的这项决策，给他提供了一个名扬天下的历史性机会。

7月31日，丘吉尔向罗斯福建议，如果马歇尔将军被任命为1943年横渡英吉利海峡军事行动的最高统帅，艾森豪威尔将军应在伦敦作为他的副手和先行官，并筹划"火炬"作战计划，而以英国的亚历山大将军为其副手。8月6日，罗斯福致电丘吉尔，同意任命艾森豪威尔为实施"火炬"计划的总司令。

8月6日，丘吉尔在开罗决定改组英军中东司令部。亚历山大将军被任命为中东总司令，戈特将军为第8集团军司令，受亚历山大将军指挥，改派蒙哥马利将军协助艾森豪威尔筹划"火炬"计划。

在这一时期，丘吉尔与美国军官的交往很密切。丘吉尔规定，每星期二他们一起在唐宁街10号共进午餐。丘吉尔常常同他们谈话，反复地讨论所有的事务。在美国客人中，尤其是艾森豪威尔将军，很喜欢吃爱尔兰的炖菜，因此丘吉尔的妻子便经常做给他吃。他们之间产生了一种极为亲密的关系，不久丘吉尔便昵称艾森豪威尔为"艾克"了。

就在"火炬"作战行动紧张进行之时，时任德国驻非洲军团司令的隆美尔向开罗发动了一次坚决的、也是最后的一次进军。英军不但阻止了隆美尔的进攻，而且成功地发动了一次反击。隆美尔败逃。

隆美尔败逃后，蒙哥马利就着手制定下一步的行动计划。英军准备发动一次大规模的进攻，目标是夺取北非的阿拉曼，代号为"捷足"计划★。

丘吉尔求胜心切，一再催促蒙哥马利发动进攻。因为自从丘吉尔当上首相以后，英军就几乎连吃败仗，丘吉尔太想取得一次胜利了。但蒙哥马利并没有屈服大权在握的丘吉尔的压力，他直截了当地回答道："如果9月份开始进攻，将会遭到失败；如果我们等到10月份，我可以保证取得伟大的胜

★"捷足"计划
1942年10月，英国第8集团军在非洲西部沙漠阿拉曼作战计划的密语代号。此作战计划的主要内容是，趁德军集中精力在东线作战而无暇顾及北非战场之机，于1942年10月23日在埃及阿拉曼防线对驻守在那里的德国和意大利军队发起大规模进攻。10月23日夜，在连续3天的飞机猛烈轰炸后，英军向德、意军阵地发起进攻。经过12天的战斗后，英军转入追击。从此，德意法西斯在北非开始节节败退。

∧ 英国第 8 集团军司令蒙哥马利，率领英军在北非阿拉曼对德、意军队发起了战略反攻。

利，摧毁隆美尔的军队。我是否仍然要在 9 月份发动进攻呢？"

亚历山大也支持蒙哥马利的意见，如果他的进攻——"捷足"作战计划在"火炬"之前两星期发动的话，"要消灭抵抗我们的大部分轴心国军队，是绰绰有余的"。

亚历山大坚信，在他还没有准备好之前就发动进攻，"即使不引来灾难，也有招致失败的危险"。

这些论点占了上风，丘吉尔只得同意把进攻的日期推迟。

在蒙哥马利的要求下，发动进攻的准备工作在紧张地进行着。第 8 集团军已有了空前的增强。第 51 师和第 44 师已由英国到达中东，并且已成为"习惯于沙漠作战的部队"。英国装甲部队已增加到 7 个旅，配备 1000 多辆坦克，其中几乎半数是来自美国的"格兰特"和"谢尔曼"式坦克。英军在数量上占有 2∶1 优势，在质量上至少也不相上下。在西部沙漠已集结了空前强大而训练精良的炮兵，来支援即将发动的攻势。

中东的空军在作战方针和任务方面都由总司令蒙哥马利一人指挥，空军司令部与新就任的陆军将领们之间的关系是融洽无间的。科宁厄空军中将所率领的西部沙漠空军已具有 550 架飞机的战斗力。除了以马耳他岛为基地的飞机以外，另外还有两支空军队伍，这两支空军共有 650 架飞机，其任务为骚扰敌方港口和地中海上及沙漠中的敌方补给线。再加上 100 架美国战斗机和中型轰炸机，英军的实力总计至少有 1200 架可以作战的飞机。

<∧ 准备在北非实施登陆的盟军部队。

丘吉尔始终关注着这场巨大的战役，并对它的胜利寄予极大的期望。

这场战役的成败，不仅关系到能不能消灭隆美尔在北非的军队，而且还会关系到丘吉尔一直钟情的"火炬"作战计划。如果万一失败，将会对丘吉尔产生非常不利的影响。

蒙哥马利不负众望，于10月23日向隆美尔发动了进攻，至11月7日，英军取得了阿拉曼战役的完全胜利。

在阿拉曼战役中，隆美尔率领的"非洲兵团"伤亡和被俘达59000人，其中德军伤亡34000人。这次战役沉重打击了德、意在北非战场上的军事力量，消除了他们对近东国家的威胁，大大鼓舞了英国和非洲人民打败法西斯的信心。阿拉曼战役是北非战场的转折点，它与苏德战场上的斯大林格勒战役、太平洋上的中途岛战役一起，完成了第二次世界大战的战略转折。

这一战役也驱散了丘吉尔心头上的失败阴影。

阿拉曼战役的胜利，为盟军登陆法属北非的"火炬"计划的顺利执行，创造了极为有利的条件。

在最终决定的"火炬"计划里，沿大西洋海岸登陆夺取卡萨布兰卡的任务规定，乔治·巴顿少将担任指挥美国部队，约24500人，由肯特·休伊特海军少将指挥的西路海军特混舰队运送。这支舰队直接从美国驶出——大部分来自弗吉尼亚州的汉普顿停泊场，有102艘舰艇，其中29艘是运输舰。

夺取奥兰的任务交给中路特混舰队，有18500名美军，由劳埃德·弗雷登德尔少将指挥，由海军准将托马斯·特鲁布里奇指挥的英国海军部队护航。这支舰队从克莱德湾驶出，因为它是8月初运送到苏格兰和北爱尔兰的美军组成的。

进攻阿尔及尔的东路海军特混舰队，完全是英军，指挥是海军少将哈罗德·巴勒斯爵士，但突击部队却由英军和美军各9000人组成，部队司令官查尔斯·赖德少将是美国人。此外，总数达2000人的英国袭击小队也有美国士兵编在里面。所以采用这种奇特的混合编制，是出于把美国人放在橱窗面前会使法国人认为突击部队纯粹是美国人。11月9日，即登陆后的第二天，在阿尔及尔的所有同盟军的指挥全权，由新成立的英国第1集团军的司令官肯尼思·安德森中将接管。

向奥兰和阿尔及尔两地突击的部队，由两大护航舰队运载，慢的一队在10月22日启航，快的一队迟4天出发。这样安排时间，这两大护航队就能在11月5日晚上同时通过直布罗陀海峡，从此之后由海军上将坎宁安指挥的部分地中海舰队作掩护。

这支舰队一出现，意大利舰队根本不敢对其进行阻挠，甚至在登陆后也不敢。因此，正如坎宁安所说的，他的强大的舰队只能"一直无所作为地游弋"。但是，他手里的事情很多，因为他是艾森豪威尔手下的同盟国海军司令，所以对"火炬"计划的整个海运负有责任。

与此同时，从美国出发的夺取卡萨布兰卡的美国部队也正驶向卡萨布兰卡。他们和前两支舰队一起总共有650多艘舰只。

"火炬"舰队在通过直布罗陀海峡时，德国情报人员曾经向希特勒报告了这一消息，但没有引起他的注意。11月6日，德军在地中海又发现了这些舰队，希特勒认为盟国可能在的黎波里或班加西登陆，从后方打击隆美尔。此时，德国在东线正感吃紧，需要投入大量兵力，希特勒却又在准备执行占领法国南部地区的"安东计划"，他要求地中海空军能给隆美尔以支援，但空军认为无法分出力量来支援北非的战斗。

　　摩洛哥和阿尔及利亚在战争爆发前都是法国殖民地，现在仍然继续由维希政府统治。丘吉尔和英国政府支持戴高乐的"自由法国"，遭到维希政府的反对。因为戴高乐对抗贝当，其后又参加丘吉尔一系列进攻法属殖民地的行动，因而，至今仍然效忠于维希政府的所有法国军官，甚至最渴望摆脱德国羁绊的人，都不愿接受他的领导。

　　罗斯福也不喜欢戴高乐，因为他早已对戴高乐的判断力失去信任，并且也不喜欢他的傲慢，因此主张不把盟军在北非登陆的计划告诉戴高乐。

　　丘吉尔对此并无异议，但他不能忘怀英国与戴高乐之间的关系，并意识到，他会因为他们故意将他排斥在这个计划之外必然会感受到莫大的侮辱。为了安抚戴高乐，减少他的被侮辱感，丘吉尔准备把马达加斯加委托他管理，并准备在进攻开始前不久将此事告诉他。在"火炬"战役的准备阶段里，他们所遇到的一切事实，以及以后他们所熟悉的一切情况，都证明了：倘若当时让戴高乐参与此事的话，会引起北非法国人士的极度反感。因此，戴高乐被排斥在"火炬"计划之外了。

　　为使登陆顺利成功，盟军却把登陆计划告诉了法属北非当局。美国驻北非首席代表墨菲和"火炬"军事行动计划副司令克拉克将军曾在10月份秘密地同阿尔及尔防区司令马斯特、卡萨布兰卡防区司令贝图阿尔将军进行过接触，要求他们在英美部队登陆时予以协助，但没有把登陆的时间和地点告诉他们。

　　在卡萨布兰卡，贝图阿尔于7日深夜获悉8日凌晨2点美军将登陆。他派出一队队士兵去逮捕德国休战委员会的成员，并委派若干军官前往90千米以北的拉巴特海滩去欢迎美军，因为他认为在那里没有海防炮台，又是法属摩洛哥政府的所在地，美军会在那里登陆。

　　美军的作战行动分三次登陆。主攻是在中央，登陆地点是卡萨布兰卡附近的弗达拉，侧攻在两翼，登陆地点是卡萨布兰卡以北的利奥特港和以南的萨菲。那天早上天气良好，但是多雾，海滨的波浪也没预料的那样大。后来波浪变得汹涌起来，但那支登陆部队已在所有地区获得了巩固的立足点。有这些地点，首批登陆部队并未遇到抵抗，但是抵抗很快就加强了，战斗一度相当激烈，特别是在利奥特港附近。

在海上也发生了激战。法国一艘尚未竣工的新战列舰"让·巴尔"号正停泊在卡萨布兰卡，它虽然还不能行使，但却能发射它那4门380毫米口径的大炮。它不久就和美国战列舰"马萨诸塞"号展开了一场炮战。与此同时，法国舰队在巡洋舰"普里马格"号的掩护下也出海阻止美军登陆。它们正好碰上了整个美国舰队。等到战斗结束后，7艘法国军舰和3艘潜艇被击毁，法军伤亡约1000人。"让·巴尔"号内部起火烧毁，搁浅在沙滩上。

幸亏卡萨布兰卡和整个大西洋沿岸的残局，由于阿尔及尔的政局发展差强人意而起了决定性变化。在傍晚时，诺盖将军辗转得知以达尔朗海军上将为首的法国当局已于当日发布停战命令。诺盖根据这一未经证实的消息迅即行动，命令手下的司令官停止积极抵抗，等待停战。直到11月11日上午，诺盖才奉达尔朗之命正式投降。

在激烈的战斗中，"普里马格"号的舰长默西埃，虽然渴望着盟军获胜，但是由于服从命令，终于战死在该舰的舰桥上。丘吉尔为此非常悲痛。

与此同时，美军在奥兰登陆时遭到的抵抗，比之西路海军特混舰队在卡萨布兰卡地区登陆时遭到的要顽强几分。然而，美军特遣部队和运他们到现场并送上岸的英国海军部队倒是共同计划，相互合作得非常出色。

11月7日傍晚，护航队假装经过奥兰，向东驶去，但又摸黑折回。凌晨1时，在阿尔泽准时开始登陆，只隔半小时，就在莱桑达卢塞和布扎贾尔港两地登陆。袭击完全出其不意，在海滩没有遇到任何抵抗。

但在第二天没有什么进展，因为法军加强了抵抗。第三天早晨向奥兰集中攻击。从东西两面进攻的步兵再次遭到阻击，并由此吸引住守军的注意，而两支轻装甲纵队的先头部队从南面直驱城内，除偶尔遇到阻击外，没有遭到抵抗，于

午前到达法国司令部。于是法军司令官全部投降。

在阿尔及尔登陆较为顺利,时间也较短。登陆部队没有遇到任何抵抗,便开进了阿尔及尔城。

与此同时,墨菲会见了北非法军总司令朱安将军,向他透露一项消息,说有一支非常强大的部队即将登陆,并敦促他合作,迅即命令法军不要抵抗。墨菲说,他们是应吉罗的邀请来帮助法国自我解放的。

吉罗原是法国第7集团军司令,1940年被德国俘虏,1942年4月越狱逃到维希。盟军派潜水艇悄悄地把他从法国接出来,想以此人来争取法军的不抵抗。

但是盟国错了,吉罗在北非法军中并没有太大的影响,朱安既不表示愿意接受吉罗的领导,也不表示愿意认为吉罗具有足够的权力。他说这事必须请示达尔朗海军上将。

恰巧,维希法国武装部队总司令达尔朗海军上将,为了看望他的患小儿麻痹症的儿子,来到了北非的阿尔及尔。

朱安立即通知达尔朗到他的别墅去听取墨菲的一项紧急通知。达尔朗到达别墅后,一听到盟军即将进攻,就怒气冲冲地骂道:"我长久以来就知道英国人很蠢,但总以为美国人要聪明些。现在我开始相信,你们和他们犯的错误一样多。"

但经过一番讨论,达尔朗终于同意向贝当元帅拍一无线电报,报告局势,并请求授权他代表元帅任意处理,并得到了贝当的肯定答复。于是达尔朗命令阿尔及尔地区的法军和舰只停止对盟国的抵抗。在傍晚时,双方已谈妥,阿尔及尔应在晚上8时移交美军接管;同盟军应在第二天,即9日破晓起使用港口。

9日下午,克拉克前来主持较为全面的必要谈判。

在会谈时,克拉克硬要达尔朗命令法属北非各地立即停火,达尔朗迟疑不决,争辩说他已将全部文件摘要送往维希,必须等待回音。克拉克就动手拍桌子,要叫吉罗代替达

< 美国巴顿将军(中背朝画面者)率部队在北非登陆。

163

尔朗发布命令。

达尔朗同部下商量之后，就接受了这个最后通牒，并于11点20分发出了命令。

达尔朗反复地权衡了利弊得失，决定与盟军合作，并于13日达成了一项协议。根据协议条款，达尔朗任高级专员兼海军总司令，吉罗任地面和空军部队总司令，朱安任东区司令，诺盖任西区司令兼法属摩洛哥驻扎总督。达尔朗下令北非法军全线停止对盟国的作战，并积极配合盟军解放突尼斯。

但是，达尔朗长期以来在报纸上是以一个亲纳粹的形象出现的，盟军与他做成这笔交易引起了英美两国公众的强烈不满。在美国，人们对此愤怒地指责。

∧ 在奥兰登陆的盟军。

在英国引起的风暴更大，因为戴高乐就在那里。被排除在"火炬"行动之外的戴高乐，乘机也让他掌握的舆论工具发泄不满，支持他的人也乘机竭力煽旺公众怒火。

罗斯福发表了公开声明以进行解释，力求平息这场风波。他在声明中引用了丘吉尔给他的私人电报中的一句话，说同达尔朗达成协议，"只是权宜之计，唯一的理由是战争紧迫"。

但在圣诞节前夕，达尔朗被一个狂热青年博尼埃·德拉·夏佩尔行刺身亡。

用这一方法加速他的下台，既为丘吉尔和罗斯福解决了尴尬的政治

> 1942年11月10日，达尔朗代表驻北非法军向盟军投降。自左至右分别为：英军坎宁安将军、美军克拉克将军、达尔朗将军、艾森豪威尔将军。

问题，也使盟国在"同达尔朗达成的交易"中获得了好处。

由于达尔朗等人的协助，英美盟军登陆作战的困难大大减少。马歇尔说，在登陆作战中，事先估计美军将损失18000人，而实际上只损失1800人。

但是达尔朗却未能使法国在土伦的舰队免遭厄运。11月27日，希特勒违背不占领土伦海军基地的保证，派军队进攻土伦港，企图夺取法国舰队。

法军虽然没有戒备，但仍然进行了顽强的抵抗。为了不使舰队落入德军手中，法军靠着少数几名军官，包括最后终于起义的舰队司令拉博德，才得以把自己的法国舰队全部凿沉。在港口中沉没的73艘军舰中，包括1艘战列舰、2艘战列巡洋舰、7艘巡洋舰、29艘驱逐舰和鱼雷艇，还有16艘潜艇。

对于盟军在北非登陆的成功，斯大林曾给予很高的评价。

丘吉尔当然也对这次战役给予了极高的评价。他说，"火炬"战役取得了辉煌的战果，"不愧是一次极为出色的作战行动"。

>> "卡萨布兰卡"会议

随着英军在阿拉曼战役中的胜利、盟军在北非登陆成功，以及美国在中途岛海战中的胜利，丘吉尔和罗斯福也开始考虑英美盟军的下一步作战计划。

在苏德战场上，11月7日，斯大林发布第345号命令，正式宣告"敌人尝到红军新打击力量的日子已经不远了"。11月19日晨，苏联红军按照最高统帅部的作战计划，开始了著名的斯大林格勒大反攻，取得了很大的进展。

在这种情况下，11月26日，罗斯福致电丘吉尔，建议以往英美两国经常一起开的参谋长军事会议改为英、美、苏三国军事战略会议。他说："我有这样的感觉，我们必须和苏联坐在一起开会。"

丘吉尔立即回电，在原则上他完全表示同意。但是他又建议在去莫斯科之前，英美两国先要达成一个共同的看法，以便作为会谈的基础。

罗斯福也同意举行三国首脑会议。他在给丘吉尔的回电中说："我同意你的意见，即只有你我和斯大林亲自会晤，才能圆满地做出重大的战略结论，以适应军事情况的需要。"但他又不愿在三国会议以前，英美先举行预备性会议，因为他不愿给斯大林这样一种印象，即丘吉尔和自己在和斯大林会面之前，两人在私下里已把一切讲妥了。由于会晤地点也关系到国家的尊严问题，罗斯福也不主张会议在莫斯科举行，而主张选在北非的某个沙漠绿洲。

12月3日，丘吉尔致电斯大林，建议他到北非的某个地点举行三国首脑会晤，同时，罗斯福也向斯大林发出了邀请。

斯大林虽然赞成举行三国政府首脑会议，但当时因为斯大林格勒大会战正打得难解难分，斯大林无法离开苏联。

其实这正符合丘吉尔的心意。他认为英美之间不对他们的共同事务达成协议的情况下就和苏联进行会谈，只能是浪费时间。只是因为罗斯福坚决要举行一次三国军事会议，他才不得不在原则上同意他的意见。

斯大林的拒绝，让罗斯福感到很伤心。但斯大林认为仍有和丘吉尔会晤的必要。

丘吉尔对这个解决方案自然感到很满意，并且深信这比纯技术性的专家会议要好多了。会晤的日期定在1943年1月15日，地点就定在罗斯福建议的卡萨布兰卡。

丘吉尔于1月12日动身前往北非，当他到达卡萨布兰卡时，发现准备工作做得非常出色，在安法郊区有一所大旅馆，房间很多，足够英美参谋人员居住，还有宽敞的会议室。在旅馆的周围有几座别墅，是留给丘吉尔、罗斯福、吉罗将军★以及戴高乐将军的，如果戴高乐将军准备来的话。

★吉罗将军

法国将军。军事学校毕业。参加过第一次世界大战。1927至1936年任军事学校教官。1936年任地方卫戍司令。1940年任第9集团军司令时被德军俘虏。1942年潜逃脱险，任阿尔及利亚军政长官。1943年5月在阿尔及利亚任法国民族解放委员会副主席，重建法国和殖民地的新军队，并任总司令，指挥了解放科西嘉的战役。1944年因与戴高乐分歧而退职。

∧ 罗斯福、丘吉尔与两国高级将领在卡萨布兰卡会议上。

罗斯福及其参谋人员于1月14日到达卡萨布兰卡。

罗斯福极力赞同应给予地中海战场以优先地位,他还似乎更倾向于"哈斯基"作战计划——进攻意大利西西里岛的计划。这和丘吉尔的主张是一致的。

在会谈中,他们准备起草一项有关此次会议的情况的声明,以便在适当时机对记者发表。他们打算在此项声明内宣称:美国与英国决心将战争毫不留情地进行到底,直至德日两国"无条件投降"为止。他们没有提到意大利,是有意识使三国同盟早日散伙。这项声明,虽然后来由于一些原因而未能发表,但"无条件投降"却成了盟国和被压迫的各国人民反对法西斯轴心国家的最高目标。

在卡萨布兰卡会议上,丘吉尔和罗斯福还做了一件事,那就是促成了戴高乐与吉罗两位将军的"政治婚姻"。

法国败降后,英国政府一直大力支持戴高乐的"自由法国",但罗斯福对戴高乐很反感。达尔朗死后,美国转而扶持吉罗,让他主持北非的军政大权。但吉罗缺乏行政管理能力,只是一名头脑相当简单的大兵,而戴高乐不仅富有军事才能,更具有政治才能。英美的这种状况不利于法国的抵抗运动及两国的团结。为此,墨菲和丘吉尔派驻北非的代表麦克米伦想出

∧ 卡萨布兰卡会议上，罗斯福、丘吉尔促成了吉罗将军（左一）与戴高乐之间的和解。

了一个办法：让戴高乐与吉罗合作，共同管理法属北非。丘吉尔接受了这一建议，罗斯福也勉强接受了。

戴高乐虽然身处逆境，却一直对法国的前途充满信心。他虽然寄人篱下，却不甘心让人任意摆布，他在同英美两国领导人打交道时，也毫无逢迎讨好的谦卑姿态，而是处处注意维护法兰西民族的地位和尊严，甚至常常流露出极端民族主义情绪，显示出与其作为政治流亡者的身份不太相符的孤傲。为此，经常弄得丘吉尔哭笑不得，又拿他没有办法，因为丘吉尔认定了只有戴高乐才是法兰西民族的真正解放者。但是罗斯福却不想迁就他。

1月17日，戴高乐接到了丘吉尔邀请他去卡萨布兰卡会晤吉罗的通知。

1月22日，戴高乐终于到达了卡萨布兰卡。他被带到他的别墅，这座别墅就在吉罗别墅的旁边。但他拒绝去拜访吉罗。丘吉尔愤怒地对他说道："如果你还加以阻挠的话，我们将彻底和你决裂。"

戴高乐看了看丘吉尔，然后彬彬有礼、昂首阔步地走出了别墅，跑到了花园里。但他最后还是被迫同意与吉罗进行会谈。

24日早晨，丘吉尔和罗斯福举行了记者招待会，在记者招待会上，丘吉尔和罗斯福强使戴高乐和吉罗与他们两人交错地同坐在一排椅子上，并且强迫他们两人当着记者和摄影师的面握手。至此，丘吉尔和罗斯福两人一手导演的"逼婚"才算告一段落。

在1月23日的有丘吉尔、罗斯福和两国参谋人员参加的会议上，制定了两国关于"1943年作战方针"的最后报告，其中最重要的就是攻占西西里岛，另外还要对德国进行最猛烈的空中打击，并在德国的抵抗减弱到适当程度时，重登欧洲大陆。在远东，继续维持对日本的压力，并能在一旦德国战败时，立即对日本发动全面攻势。

罗斯福计划定于25日清晨动身回国。丘吉尔和他已于头一天早晨话了别，但是罗斯福在第二天早晨去机场时仍到丘吉尔的住处和他道别。

丘吉尔当时还没有起床，但是他却不肯让罗斯福一人去机场。于是丘吉尔便跳下床，穿上他的那件拉链衣，然后又穿了一双拖鞋，其余什么也没穿，就以一身不能登大雅之堂的打扮，同罗斯福同车前往机场。丘吉尔登上飞机，照料罗斯福舒舒服服地坐好。丘吉尔既对这位行动不便的朋友竟有这样大的勇气钦佩不已，又为朋友所冒的危险而担心。

罗斯福虽然平安到达美国，但在回国途中咳得很厉害，还有点低烧。丘吉尔回国后也头疼、发烧，经诊断，患了肺炎，便遵医嘱，暂停工作，静心养病。

盟军在阿拉曼战役和北非登陆取得的重大胜利，使德国军队感到大势已去。但德国法西斯不甘心自己的失败，仍然占据突尼斯的海滨一角，负隅顽抗。为了消灭这股残敌，在北非登陆的盟军同蒙哥马利第8集团军相配合，从东西两面进行夹攻，使德国法西斯军队成了瓮中之鳖。

第8集团军于1943年1月间发动了对德、意军队的进攻，经过5个月的苦战，终于于5月12日和第3装甲师一起完成了对德、意军队的合围。这一天，25万德、意军队被迫投降。

为了庆祝这次胜利，丘吉尔命令伦敦的各教堂的钟一致齐鸣，但可惜的是，丘吉尔却没有听到它们的声响，因为他在大洋彼岸还有更重要的工作。

英国国王也向正在白宫的丘吉尔发出了贺电。确实，如果没有丘吉尔当初坚持"火炬"计划的那股百折不挠的精神，也就不可能有这次北非战役的巨大胜利。

第七章

联合、联合、再联合

1874-1965 丘吉尔

这是丘吉尔一生中值得纪念的时刻。在他的右边，坐着美国总统，在他的左边坐着苏联的主人。他们联合在一起，控制了全世界大部分的海军和四分之三的空军。

他们指挥着将近2000万军队，而这些军队正在进行着人类历史上罕见的一次最可怕的战争……

但是，他病了。高烧中昏沉沉的丘吉尔从床上欠起半个身子说："我的身心都太疲倦了。"

在病榻上，丘吉尔根据各个战场的报告材料，权衡力量，开始酝酿下一步战争中各个战场的军事首领……

∧ 1943年5月丘吉尔赴华盛顿与罗斯福会晤，这是两人与双方高级将领们会间合影。

>> "三叉戟"会议

当北非战役快要取得决定性胜利的时候，丘吉尔已经在考虑下一步的行动计划了。他对北非的胜利是十分有信心的，但是胜利了，又该做些什么呢？胜利的果实是只以突尼斯顶端地带而满足呢，还是应当把意大利逐出战争圈外，并把土耳其也拉到盟国一边呢？还有，意大利战场的作战计划也到了该制定的时候了。同时，丘吉尔意识到，英美之间在这些问题上有着严重的分歧，如果不加以调整，这些分歧意见会导致困难重重，行动无力。丘吉尔觉得，是他应该再往华盛顿跑一次的时候了。

4月29日，丘吉尔致电罗斯福，说为了解决英美之间的一些分歧及制定下一步的行动计划。如果罗斯福同意，他愿意于5月11日去华盛顿和他会面，举行一次名为"三叉戟"的会谈。

在华盛顿，丘吉尔认为，为了阻止德国和日本再进行侵略，美、英、苏应成立一个联合的组织。如果美国愿把中国包括在这个组织之内，他也不反对，但他又认为中国不能与上述三国相比。和平的真正责任就落在这些大国的身上，它们与其他国家应当共同组织一个世界最高理事会。丘吉尔把战后建立联合国以及联合国的作用等问题的思想又向前发展了一步。

关于大战战略的主要问题，英美在此期间共举行了六次全体会议，丘吉尔和罗斯福都出席了。在5月25日上午的最后一次会议上，丘吉尔和罗斯福正式批准了《进行战争的全面战略思想》的报告，报告确定：

第一，同苏联和其他盟国合作，尽早促成欧洲轴心国家的无条件投降。

WINSTON L.S.CHURCHILL

∧ "哈斯基"作战计划实施期间，炮弹的硝烟笼罩着全岛。

第二，与此同时，与太平洋的其他有关国家合作，维持并扩大对日本施加不懈的压力，以便继续削弱日本的军事力量，达到可以迫使日本最后投降的地步。联合参谋长委员会，在采取行动以前，应考虑对于全面目标发生影响的任何扩大计划。

第三，在欧洲的轴心国家失败时，与其他太平洋国家合作，如果不能的话，应与苏联合作，充分发挥美国和英国的力量，尽早促成日本的无条件投降。

关于丘吉尔最关心的"哈斯基"作战计划问题，联合参谋长委员会只做出了如下决定：

作为一项紧急任务，指令北非盟军总司令，应计划在扩大"哈斯基"作战计划的战果时进行军事行动，以便最有效地把意大利排除于战争之外，并牵制最大数量的德军。各种各样的具体军事行动应该采取哪一种，以及计划决定之后是否实行等问题，留待联合参谋长委员会做出决定。

这并不能让丘吉尔满意，因为其中并没有做出承诺，盟军攻下西西里岛后，应接着进攻意大利。丘吉尔希望美方明确地承诺这一行动，但美方拒绝做出这样的承诺。丘吉尔很失望，但不愿就此罢休。他要求在会议结束后，美国军方重要决策人物之一的马歇尔将军同他一起去北非的阿尔及尔，以便直接同艾森豪威尔将军讨论此事。美方同意了这一要求。

丘吉尔和马歇尔到达北非后，经过和艾森豪威尔等人会谈，得出了如下的结论：

如果盟军顺利地攻占了西西里岛，就接着进攻意大利；否则，后一步的作战行动如何安排，则另作计议。

>> "西西里岛"登陆

自从卡萨布兰卡会议上决定实施进攻西西里岛的"哈斯基"作战计划★以后，英美盟军就开始进行紧张的准备工作。

丘吉尔认为，对西西里岛的占领是一个具有头等重要意义的行动，但它的艰巨性不容低估。因为该岛上仍有很多的意大利陆军驻守，为了保卫他们的祖国，更有可能进行殊死的战斗。另外，强大的德国地面部队和空军也必然会增强他们的力量。意大利舰队仍然拥有6艘最精锐的现代化战列舰，它们也很有可能参加未来的保卫祖国的战斗。

西西里岛的登陆是以北非战役中所取得的经验作为根据的。在最初的突击阶段，参加的舰艇和登陆艇将近3000艘，它们载运了16万士兵，14000辆车辆，600辆坦克及1800门大炮。这支部队必须在地中海、英国和美国分布极广的基地集结、训练和装备，最后与两栖作战的所有庞大辎重一起用船运到前线。详细的计划，必须由彼此的总部相隔数千里的各个下级司令官制定。而所有这些计划，又必须由驻在阿尔及尔的最高统帅综合起来。

在英美并肩作战的一切战争中，战略上的指挥权，通常是握在兵力比较雄厚的一方手中。这一点可能由于政治上的考虑，虽然因为其他战场上有关的作战活动而有所改变，但是，必须由比较强大的军队掌握指挥权的作战原则却是正确的。

在北非登陆作战中，由于刚一开始美军在数量和势力方面都占有优势，虽然最后第8集团军从沙漠地区开来和英国第1集团军在突尼斯会师以后，英军的实力超过了美军，但丘吉尔出于政治上的需要和政策上的考虑，仍然自始至终把作战指挥权交给了美国。

但是进攻西西里岛时，双方的形势变了。7月间，现有的英美两国的军队的比例是：英国8个师、美国6个师。空军方面，美国占50%，英国占45%。海军方面，英国则占到80%。在这种情况下，丘吉尔认为，英国在指挥权方面至少应该和美国有一个相等的地位。

罗斯福为了保持盟军的团结，似乎对这一点不太计较，欣然同意了丘吉尔的要求，而且还让英国直接指挥作战。由亚历山大指挥第15集团军群，其中包括美国第7集团军和英国第8集团军。特德空军上将指挥盟国的空军，坎宁安海军上将指挥盟国的海军。所有的海陆空三军，都在艾森豪威尔将军的全面指挥之下。

英军的突击任务由蒙哥马利将军和他的第8集团军负责，同时任命巴顿将军指挥美国的第7集团军。海军方面，双方的合作者是英国的拉姆齐海军上将和美国的休伊特海军上将。在特德空军上将下面的几个主要空军司令官是：美国陆军的空军部队司令斯帕茨将军和科宁厄姆空军中将；而布罗德赫斯特空军少将则指挥与第8集团军配合的空中作战行动。

盟军从7月3日开始就对西西里岛展开猛烈空袭，轰炸当地和撒丁岛的飞机场，结果使许多机场无法使用。敌人的远程轰炸机被迫将基地撤到意大利本土。西西里岛与意大利本土之间的墨西拿海峡的火车渡轮，5艘中已有4艘被击沉。

由于盟军的声东击西的策略，直到最后时刻为止，敌人始终不知道盟军要在哪里展开攻势。盟军在埃及的海军调动和军事准备，似乎暗示要对希腊进行远征。德意法西斯虽然派遣了更多的飞机到地中海，但不是被派往西西里岛，而是前往地中海东部、意大利西北部和撒丁岛。

进攻的日子是7月10日。7月9日早晨，从东方和西方驶来的大舰队集合在马耳他岛的南面；所有的舰队开足马力驶向西西里岛的海滩的时间到了。

∧　准备在西西里岛实施空降的盟军士兵。

　　但在中午，却刮起了一阵强劲的、反常的西北风。下午，风势更加迅猛，到了傍晚，海上波涛汹涌澎湃，使登陆发生危险。尤其是在美军登陆地带的西海岸，危险更大。

　　丘吉尔焦急不安地坐在海军部作战室中，心想："是不是需要做出推迟登陆的安排。"

　　但是，祸兮福所倚。这一阵巨风虽使登陆差一点推迟，但却使敌人放松了警惕。已经警戒了若干夜晚而疲惫不堪的意大利士兵们在床上翻身时感激地说："今天夜里，他们无论如何来不了。"可是，他们却来了。

　　海上运输部队登陆以前，盟军曾进行了空降，但效果很差。由于滑翔机上的空降部队被拖曳机过早地甩脱，许多士兵坠海淹死。其余的人则散布在西西里岛的东南部。不过，这些空运部队无意地散开，却在敌人的后方引起了普遍的惊慌和混乱，若干小股的伞兵占领了重要的桥梁和公路交叉点，因而取得了较好的效果。

　　意军不仅身体疲惫不堪，而且他们中大多数人对战争已厌倦了，像墨索里尼那样的战争狂毕竟是少数。海岸防守部队大多是西西里人，这个选择的用意非常明了：为了保卫他们自己的家园，他们是一定愿意战斗到底的。但他们长期以来已经厌恶了德国人，而且他们已经意识到，他们作战愈卖力，留给他们家园的东西就会愈少。

　　到 7 月 10 日黎明，盟军舰艇的巨大行列铺天盖地而来，满载着增援部队的登陆艇也源源不绝地抵达。守卫者看到这种情况，更不想抵抗了。

　　海滩上的防线很快就被摧毁，在开始的三天里，英国部队就肃清了岛上的整个东南地

带。接着，蒙哥马利决定以极大的努力，从伦蒂尼地区向卡塔尼亚平原突破，并命令在7月13日晚上发动一次主攻。关键问题是夺取离卡塔尼亚南边几千米的锡美托河上的普利马索莱桥。为此使用了一个伞兵旅。空降到指定的地点的伞兵虽只有一半，但这部分伞兵终于完成了保证桥梁完整无损的任务。

当英军主力部队开到后，便进行了三天激战，终于夺取了这座桥梁，并重新打通了通往卡塔尼亚平原的道路。但他们向北推进的意图，由于德军后备部队不断加强抵抗而未能如愿以偿。

迅速肃清西西里的希望落空了，蒙哥马利被迫把第8集团军的主力西调，以便穿过内地山区和埃特纳山周围迂回前进，并与向东进军的美国第7集团军相配合。第7集团军于7月22日到达北部海岸并占领了巴勒莫，但由于到的太迟而未能切断向东撤退的敌军机动化部队。新计划对巴顿军队的任务作了重大调整，它由原来为企图向墨西拿进行决定性冲击的第8集团军侧翼打掩护和分散敌方注意力而发展成为一支发动攻势的力量，并且最后成为一支主要的先锋部队。

但在盟军完全占领西西里岛之前，7月25日，轴心国军队决定撤到意大利内地，撤退地点选择在西西里岛的东北部，因为那里地势崎岖不平，便于防守。盟军虽然占有兵力上的优势，但苦于无用武之地。巴顿曾三次试图在夜间登陆阻击，均未能成功，只好望洋兴叹。德意军队的撤退工作持续了三天七夜，没有受到盟国海空军的有力阻击。近4万名德军和6万多名意军安全撤走，意军除了带走200辆车辆外，其余的东西都被抛弃。德军除了带走47辆坦克、94门大炮以及17000吨补给和装备外，还带走了近10000辆车辆。

8月17日，美国的先头巡逻队进入墨西拿，不久，英国的一支部队也来到了，他们晚了半步使战利品落到美国人手里。他们受到了美军的欢迎，欢迎者兴高采烈地高呼着："你们这些游客，是从什么地方来到这里的？"

至此，盟军占领了整个西西里岛。据马歇尔将军报告，敌人损失了16.7万人，其中37000人是德国人。盟军死伤和失踪人数合在一起，共损失了31158人。

< 英军坦克向卡塔尼亚开进。

< 巴多格利奥元帅（右）被意大利国王任命为新
政府首相，替代了实施法西斯独裁的墨索里尼。
< 意大利政府代表卡斯特拉诺（中）与盟军最高
司令艾森豪威尔在意大利投降协定签字仪式上握
手。左边为美国史密斯将军。

　　盟军占领了西西里岛，把战火烧到意大利门口，使意大利法西斯政权面临着覆亡的危险。

　　盟军在西西里岛的登陆，对意大利政局产生了极为深刻的影响。现在在意大利国内消息灵通人士中间，散布着一种认为战争已经失败的情绪，于是曾经非常专横的把国家推向错误和失败方向的那个人物——墨索里尼，自应受到谴责。

　　在西西里岛登陆之前，丘吉尔已得到意大利国内士气沮丧和局势不稳的报告。因此他觉得，向意大利人民发出呼吁的时刻已经到了。

　　7月17日，当西西里岛登陆已经明显地有胜利把握的时候，盟国的飞机在罗马和意大利的其他城市上空，大范围地散发了这一文告的传单。

盟军在西西里岛的登陆以及文告的广泛散发，使意大利政局发生了剧烈的变化。

7月间，一向沉默寡言和谨小慎微的立宪国王，终于发现因1940年在希腊惨败而被罢免的巴多格利奥元帅是一个可以受他委托掌管国政的人物。他们制定了一个明确的计划，决定在7月26日逮捕墨索里尼；安布罗西奥将军同意物色执行计划的人，并为完成这一行动制造局势。他们发动了政变，墨索里尼逃往希特勒那里。

墨索里尼垮台后，丘吉尔立即于7月26日致电罗斯福，建议英美进行磋商，以便对因意大利宣布的变动而可能提出的媾和倡议采取联合的行动，恰好在同时，罗斯福也致电丘吉尔，主张应争取意大利的无条件投降。但丘吉尔认为在对待任何非法西斯政府时，不应过于苛求，即使一点也不喜欢那个政府。在丘吉尔的要求下，盟国没有使用"无条件投降"一词。

不出丘吉尔与罗斯福所料，巴多格利奥组成政府后，由于害怕希特勒对意大利的报复，一方面声称意大利继续进行战争，另一方面又秘密地寻求退出战争的途径。8月15日，安布罗西奥将军的参谋长卡斯特平诺将军秘密地向英美表示，盟军一旦在意大利本土登陆，意大利政府就加入盟国对抗德国。如果盟国接受这个建议，他就立即提供关于德军部署的详细情报。

经过半个多月的秘密谈判，9月3日，代表意大利政府的卡斯特拉诺和代表盟国的比·史密斯将军在西西里岛的锡拉库扎附近的一个橄榄树林中，举行了签字仪式。条款主要是关于军事问题，它规定，意大利军队立即停止军事行动，海军和空军撤往盟军指定的地点，并立即撤回在国外各战场作战的军队，盟国有权使用意大利的机构、军事设施及基地。

投降协定签订以后，为了防止德国军队对意大利军队发动攻击，并没有立即公布，直到9月8日，盟军的各项部署准备充分后，经丘吉尔和罗斯福的最后同意，艾森豪威尔将军在当天下午，才广播了停战通告，并随即广播了停战宣言的全文。大约1小时后，巴多格利奥元帅也在罗马宣布了停战宣言。意大利的投降圆满结束了。

意大利的崩溃，是丘吉尔总体战略部署的又一次胜利。

>> 德黑兰会议

丘吉尔和罗斯福在"三叉戟"会议上都认为1943年没有开辟欧洲第二战场的条件，于是决定推迟到1944年春天。随后，英美首脑就把这一决定通知了斯大林。

斯大林接到通报后，十分恼怒。他于6月11日致电丘吉尔和罗斯福，列举过去英国关于开辟欧洲第二战场日期的种种许诺。

斯大林还授权苏联驻伦敦和华盛顿的大使表示抗议。英美和苏联的外交关系顿时紧张起来。

为了打破英美与苏联关系出现的僵局，丘吉尔觉得有必要举行一次英、美、苏三国首脑会议，解决三国之间的分歧和矛盾，以促进盟国的团结和共同抗战。

1943 年 8 月 7 日，丘吉尔致电斯大林，直截了当地说出了他们之间的问题，最后表示："希望能够在最近举行三国政府首脑会议。"

8 月 10 日，斯大林回电丘吉尔表示，他也认为举行三国政府首脑会议是绝对需要的，并同意在同罗斯福商定会议的地点和时间后，一有机会就立即举行。但他同时又抱歉地向丘吉尔表示，在目前苏德战场的形势下，他甚至连一个星期也不能离开他的工作岗位和前线。他建议丘吉尔，为了不推迟讨论他们三国共同关心的问题，先召开一次三国的负责代表会议，就这一会议的时间和地点达成谅解。

僵局打开了，丘吉尔感到很高兴。

首先举行了三国外长会议。

三国外长经过长时间的会谈，最后在非常广泛的范围内达成了一致的协议，并载入了 11 月 3 日起草的一份秘密议定书中。

根据协议，决定在欧洲设立一个咨询委员会，以便在希特勒政权将近崩溃时，开始对德国和欧洲大陆出现的问题进行处理。

关于意大利事务，将设立另一个咨询委员会，其中包括一名苏联代表。协议还规定三国互相交换有关轴心国家的卫星国所发出的任何和平试探的情报。

根据美国代表的建议，在这次外长会议上，还签署了一项包括中国在内的四国宣言，宣布四国保证"对它们正分别与之作战的那些轴心国家"采取联合作战行动。

丘吉尔对这次外长会议的成果感到很满意。他说："这次会议解决了许多发生摩擦的问题，采取了实行进一步合作的具体步骤，为三个主要的盟国政府首脑尽早地举行会议铺平了道路，同时部分地消除了我们同苏联共事中过去不断加剧的僵持局面。"

莫斯科三国外长会议的成功举行，为三国政府首脑会议的正式召开创造了良好的条件。会议的时间定在 11 月 28 日至 12 月 1 日，可会议地点的确定却颇费周折，因为重要的国际会议在什么地方举行，牵涉到国家的荣誉问题。

"二战"中，因为在三大国中，英国的实力最弱，所以总是丘吉尔东奔西跑。这次召开苏美英三国首脑会议，他认为英国位居其中，是理想的会晤地点，因此建议斯大林和罗斯福在伦敦举行这次会议。

斯大林以军务繁忙，不能脱身为由，拒绝了丘吉尔的建议，同时建议在苏联的阿尔汉格尔斯克或阿斯特拉罕举行。

　　但罗斯福建议在阿拉斯加的费尔班克斯举行,拒绝了斯大林的建议。他也不赞成丘吉尔在伦敦召开会议的建议。丘吉尔只得同意罗斯福的意见,于是他们两人联名致电斯大林,向他提出了这一建议。

　　但斯大林回电说,苏德战场正在吃紧,他离开一天,他们的作战行动都会受到损失,因而他不能去费尔班克斯那么遥远的地方。

　　在这种情况下,丘吉尔又提出了自己的建议,仍旧希望会议能在伦敦举行,或者是伦敦以外的英国其他地方。但他同时又表示,如有必要,他愿意前往莫斯科。

　　斯大林仍不愿意去英国,但是他认为美国肯定不愿意在莫斯科举行,因为三国外长会议在莫斯科举行。如果三国首脑会议再在莫斯科举行,美国会认为自己失了面子。他建议在伊朗的德黑兰举行,因为三国都在那儿设有代表机构。

　　斯大林不愿来英国,丘吉尔也只好让步。他表示:"我为了出席这样的会议,去什么地方,在什么时间,冒什么风险都行,因此我准备前往德黑兰。"但他同时又表示,塞浦路斯或者喀土穆也许更好一些。在丘吉尔看来,不能在英国举行,在英国的领土上举行,对自己、对英国也是一种荣耀。

　　德黑兰会议就这样确定了,代号叫作"尤蕾卡"。

　　在三巨头会晤之前,丘吉尔觉得,美英在去德黑兰参加三国政府首脑会晤之前,应该就某些有关问题达成协议,取得某些切实的相互谅解。

　　罗斯福同意举行一次这样的会议,但他又不想得罪斯大林,怕斯大林以为他们事先把什么都商量好了共同去对付苏联。因此他建议斯大林派莫洛托夫★参加他们即将举行的开罗会议,代号叫作"六分仪"。

　　在丘吉尔的对外政策中,一向把与美国的关系放在首位,因此美国与其他任何国家,尤其是与苏联的亲近，都会引起丘吉尔的不快。但罗斯福认为，苏联代表与会，不会对英美关系产生什么不良影响。

还是斯大林自己解决了这个问题，他拒绝了罗斯福的邀请，虽然他很想派代表参加开罗会议。

丘吉尔乘"威名"号巡洋舰于11月21日清晨到达亚历山大港，此后乘飞机到达金字塔附近的沙漠机场。英国驻开罗大使凯西把他的那座舒适的别墅供丘吉尔自由使用。在他的住所的周围，是一片辽阔的卡塞林森林，森林中星罗棋布地点缀着在开罗的各国富豪们的豪华住宅和花园。

罗斯福总统住在美国大使林克的宽敞的别墅里，离开罗大约有3里路。

11月23日，举行了"六分仪"的第一次全体会议。

蒙巴顿海军上将及其僚属已从印度乘飞机到来，也参加了这次会议。他首先叙述了他已接到的在1944年东南亚战场执行的军事计划。

在开罗会议上，中国代表团提出了香港问题，要求把香港归还中国，维护中国的主权与独立。罗斯福为了扩大美国对中国的影响及在战后和中国保持良好关系，支持中方的要求，同时主张将香港变成自由港。但丘吉尔顽固坚持英国传统的殖民利益，拒绝了香港归还中国的正当要求。

会议最后签订了中、美、英三国《开罗宣言》。这份宣言将被带到德黑兰，征得斯大林同意后于12月1日公开发表。在《开罗宣言》中，中、美、英三国对日作战之目的，"在于制止及惩罚日本的侵略。三国绝不为自身图利，亦无拓展领土之意。"三国表示团结一致，继续战斗，决心把战争进行到日本无条件投降为止。

"六分仪"会议议程全部结束后，丘吉尔和罗斯福分别乘飞机于11月27日黎明飞往德黑兰，参加苏、美、英三国政府首脑会晤。

丘吉尔和罗斯福都于11月27日当天抵达德黑兰。丘吉尔住在英国大使馆里，这里和苏联大使馆毗连。负责保卫英国大使馆的英印军队和负责保卫苏联大使馆的苏军会合起来，使那里成了一个隔离的地区，并且采取了战时的一切警戒措施。

11月28日下午4点，三巨头在苏联大使馆举行了第一次全体会议。斯大林已经在那里等候他们了。丘吉尔就坐在斯大林的对面。

会议面临的首要问题是加速击溃德国法西斯，尽早结束战争的问题，其中关键问题仍是尽快开辟欧洲第二战场的问题。

讨论的结果，决定在1944年5月举行，并由对法国南部所进行的一个战役与之配合。后一战役将根据能够动用的登陆艇的情况全力进行。苏联同时声明，将在"霸王"战役进行的同时发动攻势，目的在于阻止德国军队由东线调往西线。

关于三国配合掩护的问题，丘吉尔问三国参谋人员，是否在实施计划上存在着什么困难。

"我们依靠伪装的坦克、飞机和机场，充分地利用了欺骗敌人的策略。利用无线电欺骗敌人证明也是有效的。"斯大林不等参谋人员回答，自己答道。

"在战争期间，真理是这样宝贵，因此必须经常用谎言来护卫。"丘吉尔说了一句富有哲理的话。

这句话经翻译以后，斯大林及其参谋人员看起来都非常欣赏。

当时，丘吉尔建议参谋人员拟定一项有关军事会谈的简短的公报，交给罗斯福、斯大林和他本人，他要求措辞应当简短、神秘，并且要预示德国即将灭亡。这项建议得到了美、苏首脑的赞同，因此，最后拟定了这项公报并经三巨头一致同意。

这次德黑兰三巨头聚会，对丘吉尔来说还有一个不同寻常的纪念意义，那就是他的生日是11月30日，恰在三巨头聚会期间。这天是丘吉尔的69岁寿辰，但是这一天他的全部时间几乎完全用于处理他一直关注的某些最重要的事务。

前两天，三巨头都是在苏联大使馆中开会或聚餐，这次丘吉尔要求第三次宴会由他作东，在英国大使馆举行。

这是丘吉尔一生中值得纪念的时刻。在他的右边，坐着美国总统，在他的左边坐着苏联的主人。他们联合在一起，控制了全世界大部分的海军和四分之三的空军，能够指挥将近2000万军队，而这些军队正进行着人类历史上罕见的一次最可怕的战争。

他们也谈了一些正事，然后到了适当的时候，丘吉尔提议为罗斯福和斯大林的健康干杯。罗斯福提议为丘吉尔的健康干杯，并祝他长寿，斯

< 苏美英三国首脑斯大林、罗斯福、丘吉尔在德黑兰会议上。

大林也以同样的言辞向丘吉尔表示祝福。

12月1日，是三巨头的"尤蕾卡"会议的最后一天。在这一天他们讨论了非常广泛的问题，得出了许多重要结论。

第一个是波兰问题。在三巨头的主持下，苏联最后取得战后从波兰东部取得一块领土的权利，作为补偿，波兰应从德国东部取得一块土地。这就牵涉到最重要的问题：如何分割德国。

罗斯福总统说出了他的分割德国的计划。计划中把德国分成五个部分：第一部分是普鲁士；第二部分是汉诺威和德国的西北部；第三部分是萨克森和莱比锡地区；第四部分包括黑森－达姆施塔特、黑森－卡塞尔以及莱茵河南面的地区；第五部分是巴伐利亚、巴登和符腾堡。另外，基尔及其运河与汉堡、鲁尔和萨尔两个地区要由联合国管辖。

丘吉尔赞成分裂德国，但把重点放在孤立普鲁士上面。他说："我希望把巴伐利亚、符腾堡、帕拉蒂纳特、萨克森和巴登分离出来，参加我所说的多瑙河联邦。德国这些地区的人民还不是穷凶极恶的，我希望他们的生活过得去。"

但斯大林赞成罗斯福的意见，因为那样更能削弱德国。

其实他们都是为了各自的利益提出的主张。丘吉尔不主张过分地分裂德国，是想让欧洲大陆上有一个强大的国家能在以后和强大的苏联抗衡，并使德国成为英国和苏联之间的缓冲地区。

斯大林和罗斯福虽然主张相同，但目的却大不一样。苏联主张削弱德国，是减少苏联以后来自西方的威胁。而罗斯福削弱德国，则是为了以后能更好地控制德国。

当天晚上，会议结束时，丘吉尔、斯大林、罗斯福草签了一个文件。这个文件说明了三国首脑会议关于军事方面的结论，这些结论包括支援南斯拉夫游击队；让土耳其参加盟国作战并支持土耳其抵抗德国的进攻；开辟欧洲第二战场；三国军事参谋人员就即将举行的欧洲战役，互相保持密切的接触，并协作拟订一个掩护计划。

>> 抱病工作

德黑兰会议结束了。12月1日上午，英美军事首脑们离开德黑兰，前往耶路撒冷，短暂地放松一下。一天后，他们将回到开罗。丘吉尔和罗斯福及他们的随行人员也将同时到达那里。

12月2日，英国首相丘吉尔和美国总统罗斯福先后从德黑兰回到开罗，着手举行"六分仪——发现"会议（又称"六分仪Ⅱ"会议），就战争全局和德黑兰会议上与斯大林的会谈结果，继续进行讨论。

英国的蒙巴顿海军上将回到了他在印度的南亚指挥所。他向开罗的丘吉尔递交了指定由他拟订的关于对安达曼群岛进行两栖战役的计划，即"海盗"作战计划。这个计划将把英军

∧ 德黑兰会议上，丘吉尔与罗斯福。

∧ 英国蒙巴顿海军上将。

从地中海调往南亚的登陆艇完全占用。而丘吉尔却希望能征得罗斯福的同意，取消这个计划，并极力说服他同意进攻罗得岛的另一个作战计划。

12月4日下午，他们举行了从德黑兰返回后的第一次全体会议。会议一开始，罗斯福便宣布："我必须在12月6日离开这里，所以，各项报告，都应该在12月5日，也就是星期日晚上准备好。除了土耳其是否参战的问题以外，我认为唯一悬而未决的似乎只是一个比较次要的问题，就如何更合理地利用10~20艘登陆艇的问题。"

丘吉尔立即反驳道："总统先生，我觉得我有义务使会议明确认识到，英国代表团对于我们早期那种分散实力的做法十分担忧。而且，另一方面，我认为还有许多头等重要的事情需要解决。"

"最近几天"，丘吉尔稍稍停顿了一下，说："发生了两件具有决定意义的事情。第一，斯大林元帅自动宣布，一旦德国被击溃以后，苏联将立即对日本宣战。这将会使我们获得比在中国所能找到的更好的基地，因此我们集中精力使'霸王'战役成功，就具有更加重要的意义了。第二，那便是德黑兰会议上所定的5月份横渡海峡。我本人认为，最好是在7月间选择一个日期，不过我会竭尽全力使已决定的5月的日期能够完全获得成功。这是压倒一切的任务。在这上面要投入100万美国军队，再加上50~60万英国军队。我们预料会发生猛烈的战斗，其规模肯定是空前的。为了使'霸王'战役能有最大机会获得成功，我们认为必须对在里维埃拉进行的"铁砧"登陆战时尽量加强力量，以分散德国人的力量。当参加'霸王'战役和'铁砧'战役的部队一旦进入同一地区，则由一个统帅指挥。"

丘吉尔滔滔不绝，想极力说服罗斯福，希望他放弃孟加拉湾的战役。

最后，罗斯福对讨论进行总结，他说："我认为大家在以下几点达成了共识：一、不得阻碍"霸王"作战计划的进行；二、不得阻碍"铁砧"作战计划的进行；三、如果土耳其参战，我们要千方百计地凑集足够的登陆艇，以便在地中海东部作战；四、指示蒙巴顿海军上将利用已经调拨给他的一切物资，以最大的努力执行计划。"罗斯福咬住"海盗"作战计划不放。

丘吉尔又站了起来，说："总统先生，我认为，关于最后一点，也许有必要削减拨给蒙巴顿的一部分兵力，以加强'霸王'和'铁砧'作战计划。"

"这一点我不能同意，温斯顿，因为我们在道义上有责任帮助中国，如果没有极其充分而又显而易见的理由，我不准备放弃这个两栖战役。"罗斯福争辩道。

"但是，总统先生，我们在法国的巨大冒险，极可能就构成这种'极其充分的理由'。我们准备进行的"霸王"战役，还是以一次登陆三师兵力为基础的，而我们在袭击西西里岛时，第一天就登陆了9个师。所以说，'霸王'作战计划目前的伸缩余地留得太小了。"丘吉尔紧逼不放。

继而，讨论的重心又移到了进攻里维埃拉的问题上。以丘吉尔为代表的英国代表团认为制定这次进攻计划至少应当以两师袭击部队为基础。这样就可能使足够的登陆艇在意大利进行两翼包围的战役，而且如果土耳其参战，还可以夺得罗汤得岛。而且东南亚的战役必须根据与具有压倒一切的重要性的"霸王"作战计划的关系来作判断。在斯大林提出苏联将会参战的诺言的情况下，东南亚指挥部指挥的战役已减少了许多价值。但是，罗斯福总统仍然反对英国放弃安达曼战役计划的愿望。

由于双方各有理由，又互不相让，第一次会议没有达成任何协议。会议决定由两国参谋人员详细讨论。

12月5日，再次举行会议。罗斯福宣读了联合参谋长委员会关于欧洲战场上各方面战役的报告，大家都表示同意。这样，除了远东战役之外，所有问题都解决了。于是，丘吉尔便集中全力争取"铁砧"战役和地中海战役所需的登陆艇。而且，关于远东战役的情况也有了转机。起先，罗斯福估计攻击安达曼群岛14000人就够用了。而东南亚指挥部提出攻击安达曼群岛的人数却大得惊人——50000人。根据这次会议的情况，远征安达曼的计划显然是无法实现的。但是，罗斯福还是没有让步，结果又是不欢而散。

下午，罗斯福在同他的顾问们磋商之后，决定放弃安达曼群岛战役计划。他给了丘吉尔一封简要的私人函件：

"'海盗'战役已取消了。"

于是，丘吉尔和罗斯福拟定了有关他们决议的联合总结，并于12月6日致电斯大林。

对于英美来说，这次开罗会议的另一个主要目的就是恢复同土耳其领导人的会谈。12月1日，丘吉尔致电土耳其总统伊诺努，建议他到开罗同罗斯福和自己会晤。于是，12月4日，伊诺努率领一个小规模的代表团到达开罗，与罗斯福和丘吉尔会谈。

5日晚，丘吉尔设宴招待土耳其总统。在会谈中，丘吉尔竭力敦促土耳其参加盟军作战。

为了表示英国方面对土耳其的诚心，丘吉尔于12月6日拟好一份备忘录，称之为"土星"计划★，交给英国参谋长委员会，详细规定了如果土耳其参加盟军作战，英国必须采取的政策与行动。伊诺努回国以后，向国会做了汇报，国会同意在此期间集中英国专家来完成"土星"计划的第一阶段工作。土耳其投向了英美盟军方面，土耳其问题得到了初步的解决。

这次开罗会议还有一个极其重要和迫切的任务，那就是确定"霸王"战役的最高统帅。在多次会谈中，罗斯福对这个问题只字未提。真到他要离开开罗的前一天，他与丘吉尔一同乘车前往金字塔，在汽车里，他几乎近似随意地对丘吉尔说："美国需要马歇尔，我不能让

∧ 开罗会议期间，丘吉尔与罗斯福交谈。

他离开华盛顿，所以我建议任命艾森豪威尔指挥'霸王'战役。温斯顿，你的意思呢？"

"就这样决定了。"说着，罗斯福向丘吉尔伸出右手，丘吉尔的右手迎了上去，两位伟大人物的手握在了一起。这次握手决定了艾森豪威尔在诺曼底登陆战役中的统帅地位。

罗斯福总统在丘吉尔的陪同下观看了那脸上永远挂着笑容的"狮身人面"古迹之后，于12月7日在金字塔边的机场起飞，前往突尼斯——艾森豪威尔的军营。

12月11日深夜，应艾森豪威尔的邀请，丘吉尔和他的随行人员乘坐"约克"式飞机，飞往突尼斯。

到达突尼斯的当天，丘吉尔就一直躺在床上，第二天便发起了高烧，莫兰勋爵诊断丘吉尔患的是肺炎。丘吉尔因此在古迦太基的废墟中卧床不起。

高烧中昏昏沉沉的丘吉尔从床上欠起半个身子说："我的身心都太疲倦了。"

★ "土星"计划

第二次世界大战期间，英国制定的一项作战计划的秘密代号。1943年12月4～6日，英美首脑举行第二次开罗会议。会议期间，美国总统罗斯福和英国首相丘吉尔特邀土耳其总统伊诺努到开罗会晤。土耳其不愿对盟国作出更多承诺，仅就配合英国的"土星"计划表示了支持。后在《美英土三国开罗会议公报》中确认了这一协议。"土星"计划的主要内容是在土耳其境内集结一支盟国军队，但土耳其最终也没有采取针对德国的军事行动。

< 1943 年，丘吉尔与夫人克莱门蒂娜在一起。

他看了看四周，问："这是哪里呀？"

"突尼斯。"

"突尼斯？是吗？这里是我的葬身之地吗？……"说着又昏睡过去。

地中海战场的贝德福德医生和其他高级医务负责人以及优秀的护士都像变魔术似地从四面八方赶来。

虽然患病，但丘吉尔从未因此放弃他指挥国事的责任，对于应该由他做出的决定，也从未因此而延误。

在病榻上，丘吉尔根据各个战场的报告材料，权衡力量，开始酝酿下一步战争中各个战场的军事首领，根据自己及参谋长委员会的想法，在12月18日再次致电罗斯福，向他说明自己的意见。他建议要威尔逊接替艾森豪威尔，任地中海盟军司令，由亚历山大任意大利盟军总司令，并提出了其他各个方面的军事将领的人选，且就其中一些细节问题，向他做了说明。

罗斯福接到电报，经过仔细研究，于20日回电。同意在1944年1月1日公布选任艾森豪威尔指挥"霸王"战役，特德任艾森豪威尔的副最高统帅，威尔逊接替艾森豪威尔为地中海最高统帅，埃克负责指挥地中海战区的联合空军。

病痛使丘吉尔感到不舒服。医生们设法不让他在病榻上工作，他们经常说的一句话是："不要工作，不必着急。"丘吉尔只得躺在床上，听助手为他朗诵简·奥斯汀的小说《傲慢与偏见》。他听着萨拉优美的朗诵，心中想的却依然是战争计划。

一天早晨，丘吉尔正想叫人拿来电报盒，准备偷偷工作时，他的妻子克莱门蒂娜走进了房间。她的到来，使丘吉尔非常激动，他一下子从床上跳起来，叫道："哦，亲爱的，你怎么来了？"

"当我得知你病倒的时候，我再也待不住了。"

"哦，谢谢你，亲爱的。"

克莱门蒂娜的到来，更有利于丘吉尔健康的恢复。罗斯福也来电说："请向克莱门蒂娜致意。她能够同你在一起并作为你的上级长官，我也就很放心了。"

从 12 月 19 日开始，丘吉尔恢复了工作，开始同他的三军参谋长讨论安齐奥登陆计划。

由于英国军队与德国军队在意大利东海岸到西海岸之间长 40 千米的前线上处于胶着状态，艾森豪威尔早就想从其侧翼发动两栖进攻。他曾计划以一个师的兵力在特韦雷河南面登陆，向罗马突进，同时以主力部队的进攻与之配合。但由于主力受阻，其他将领认为需要比一个师更多的兵力。

丘吉尔认为，用两个师的兵力进行这一两栖战役不但有全胜的把握，而且可以在意大利打开僵局。艾森豪威尔、亚历山大、比德·史密斯以及掌握海岸一切实力的约翰·坎宁安海军上将和空军上将特德也都同意这种做法。

但是，存在的问题是缺少在地中海运送军队及坦克的登陆艇。而恰在此时，用于已被取消的进攻安达曼群岛的战役的登陆艇正经地中海运回英国，这些登陆艇将用于原定在5月份进行的"霸王"战役。所以，丘吉尔提出了推迟登陆艇回国日期，借以进行安齐奥登陆战的想法。因为，要运载两师部队，至少需要 88 艘登陆艇，一旦南亚的登陆艇由地中海遣返英国，在"霸王"战役之前，要想在意大利发动两栖战役，已不可能凑足所需的登陆艇。所以，唯一的办法是把大部分的地中海登陆艇再留用五个星期。

三军参谋长们赞成这一计划，但是他们担心美国不会同意，要求征求联合参谋长委员会的意见。

12 月 24 日，丘吉尔召集了威尔逊、亚历山大、特德等司令官，同他们进行了详尽的讨论，结果一致认为至少有两个师参加安齐奥袭击，所以，必须把原定在1月间和2月1日离开地中海的一切英国坦克、登陆艇（共计 56 艘），暂缓调走，并于同日夜致电三军参谋长。

会议得出的结论是：56艘登陆艇延期三个星期返回英国——这一无情的事实必须得到正视。而且，又有一个内在的因素，给这一事实的存在创造了机会，那就是指挥"霸王"战役的艾森豪威尔和蒙哥马利都表露出对其日期的不满，并有要求延期的意向。丘吉尔在 26 日致三军参谋长的电报中说："……我可以非常秘密地告诉你们，艾森豪威尔和蒙哥马利两人，对于他们听到的有关'霸王'的现行计划，表示非常不满，而且据我了解，他们要求的第一批渡海进攻的兵力要多得多。我认为，他们研究了这一计划后，很可能会建议延期。……艾森豪威尔甚至说，在他一旦获得了实际的指挥权并且可以主管这一问题时，将立即亲自打电报给斯大林，要求适当延期。……"

同时，丘吉尔分别向罗斯福和英国国内发出电报，很慎重地、坦率地介绍基本事实，希冀能有更多的人赞同他、支持他，尤其是美国总统罗斯福。

随后，由于丘吉尔健康状态不佳，在莫兰勋爵的催促下，丘吉尔怀着忐忑的心情从迦太基飞往马拉喀什。

他开始了新的工作、新的征程。

第八章

筹谋划策

1874-1965 丘吉尔

对连续不断的空袭活动，丘吉尔一直感到不安。他经常要求将每天法国人的伤亡数字上报给他。他担心地说："为了打倒德国，法国人民做出的牺牲太大了。"作为战时首相，丘吉尔成立了专门的委员会，自己任主席，每周召开一次会议，由他自己亲自主持。因为在英国，他对战争负有极其重大的责任。

> 1943 年，盟军最高统帅艾森豪威尔登上一艘英国战舰。

>> 安齐奥战役

为了能使安齐奥袭击成功，争取战役所需的登陆艇，丘吉尔频频地开会，频频地发电报，频频地争论，使他刚刚恢复的身体又走向了低谷。

这时，海军部同意给亚历山大将军 87 艘登陆艇，这比起初的预计只少了 1 艘。亚历山大在同马克·克拉克和负责后勤补给的布赖恩·罗伯逊磋商之后，决定用一个美国师和一个英国师，装甲部队、伞兵部队和突击队也各占一半。在发动安齐奥战役之前，先对卡西诺展开一次大规模进攻，以便牵制德国的援军。事情有了突破性发展，丘吉尔来了精神。

丘吉尔的思绪又停留在"霸王"计划上了。因为艾森豪威尔是有意改变作战日期的，所以丘吉尔在考虑改变日期的可能性。他需要见到这次战役的最高统帅艾森豪威尔将军和作为前敌指挥的蒙哥马利元帅。

12 月 31 日下午，艾森豪威尔来到了马拉喀什。他准备回国，在就任"霸王"作战最高统帅以前晋谒总统。同天，蒙哥马利也来到了丘吉尔的居所。

1943 年的最后一天的晚上，艾森豪威尔、蒙哥马利及其随行的部下，和丘吉尔及其夫人一起吃了一顿相当轻松愉快的晚饭。晚宴后，蒙哥马利借口要研究"霸王"计划，请求首相批准他离席。第二天，他把自己研究的结果，呈给了丘吉尔，作为丘吉尔考虑"霸王"计划的参考。

看着自信的蒙哥马利，丘吉尔脸上露出了满意的笑容。

丘吉尔送走了艾森豪威尔和蒙哥马利，便又展开了对安齐奥战役计划的讨论。讨论从大的方面转向了各个细节。1944 年 1 月 4 日，他接到亚历山大关于安齐奥战役的详细报告。

这些计划的制定，都是以德黑兰会议上进行"霸王"计划的日期——5 月份为中心的，

∧ 向安齐奥进发的盟军舰船。

且都没有改变这个日期的明确意图。但是，通过与艾森豪威尔和蒙哥马利交换意见，丘吉尔觉得他们更倾向于把日期定在6月初。而且，考虑到安齐奥计划，丘吉尔更主张把"霸王"计划时间改到6月份。但是这些事情不是他一个人说了算的，而必须同罗斯福商量。

1944年1月6日，丘吉尔就"霸王"计划的问题，向罗斯福发电报，着重从兵力安排，天气变化等各方面分析，提出推迟计划时间的要求。而罗斯福考虑到与斯大林有约在先，没有答应丘吉尔更改日期的要求。丘吉尔却在另一封回电中说："我很高兴地看到，我们的意见是完全一致的。"事情就这样确定了。

15日，威尔逊和坎宁安送丘吉尔一行登上了"英王乔治五世"号。军舰驶出阿尔赫西拉斯湾，进入辽阔的大西洋，然后前往英国的普利茅斯。丘吉尔回到了他相别两个多月的英格兰、相别两个多月的伦敦、相别两个多月的家。

从1月份开始，英美两军便着手准备"海滨沙石"（安齐奥战役的密码代号）。同时，为了转移敌人的注意力，并诱使其后备军离开滩头堡，第5集团军已经采取初步行动。

为了达到吸引敌军注意力的目的，第5集团军进行了一系列的进攻，以便借机渡过加里利亚诺河和拉皮多河，使法国军团从右翼迂回，直逼卡西诺北面的高地。

卡西诺是古斯塔夫防线的中心点，是德军纵深防御地带的最后阵地。德国人在这些岩石重叠的群山之中，建造了壁垒森严的防御体系，使用了大量的钢筋水泥，并从设在高处的监视哨可以控制下面山谷中的一切变化。

在进行了初步的袭击之后，第5集团军开始了主要攻势，作为配合的法国军团则趁机从北部侧翼向前推进了5千米。三天后，美国第2军占领了利里河前面的最后屏障特罗基奥山，并很快渡过了利里河，建立了一个桥头堡，但由于德军的抗击，桥头堡没有守住。与此同时，英国第10军渡过了加里利亚诺河下游，夺取了明图尔诺和卡斯特尔福特的外围，但是由于受阻，不能再向北推进了。双方僵持了下来。

第5集团军在以卡西诺为中心的地区虽然没有取得很大的进展，但是，对于德军却产生了预期的效果，德军只注意到了第5集团军，而没有注意到靠海的脆弱侧翼即将遭到的威胁；而且还从其后备部队中调出了3个精锐师来挽回局势。这使德军后备力量减弱了许多，英美两军进

∧ 1944年6月5日，时任美第5集团军司令的克拉克进驻罗马。

★克拉克

美国上将，毕业于西点军校。参加过第一次世界大战，曾在美军总参谋部任职。1942年7月起任驻欧洲美军司令，10月到达阿尔及利亚，为盟军在北非登陆做准备。登陆时，任艾森豪威尔的副手。1943年至1944年底，任驻北非和意大利的美国第5集团军司令，此后至大战结束任驻意大利盟军第15集团军群司令。战后任驻奥地利美军司令。朝鲜战争期间曾任联合国部队司令。1953年退役。

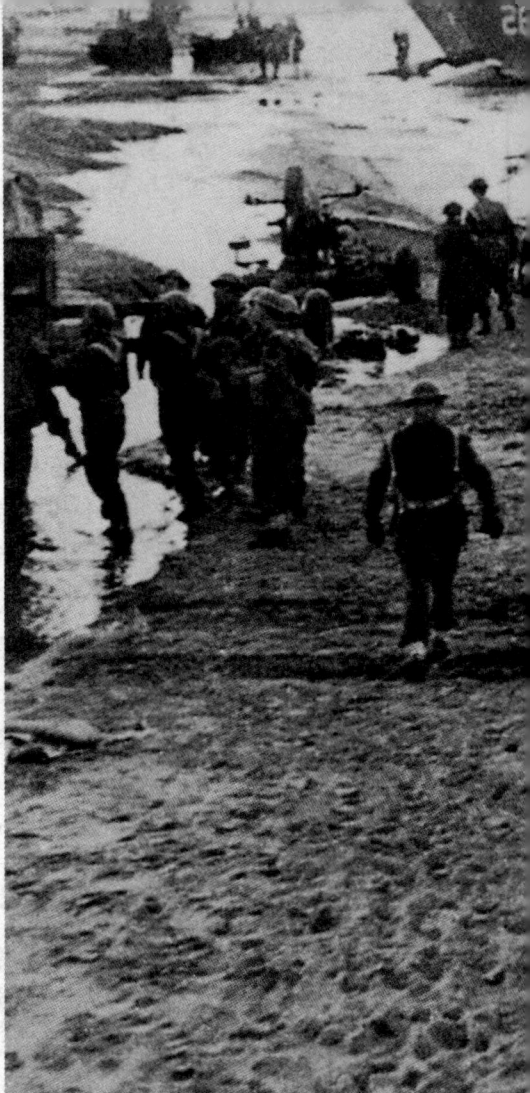

攻安齐奥的机会到来了。

1月21日下午，在盟军飞机的掩护下，突击安齐奥的舰队出发。天公作美，当时的天气对隐蔽前进的舰队非常有利，所以一切顺利。

为了破坏德军的侦察间谍系统，盟军空军先声夺人，对德军的机场，特别是在佩鲁贾的德国空军侦察机基地进行了猛烈地轰炸，使许多飞机不能起飞，致使德军的空中侦察及反间谍行动完全处于停滞状态。这为盟军的登陆争取了时间。

从战争一开始，丘吉尔便怀着极其紧张的心情，等待着这次重要袭击的结果。

22日晨，美国卢卡斯将军指挥的第6军在安齐奥海滩登陆，美国第3师在安齐奥南面登陆，英国第1师在北面登陆。在登陆过程中，几乎没有遇到抵抗，所以没有伤亡。到半夜，36000人和3000多车辆都已登陆。亚历山大立即向丘吉尔报告了情况。

∧ 在安齐奥登陆的英军部队。

丘吉尔得此消息，非常高兴。

不过，克拉克★将军对盟军前进的速度很不满意，准备亲临安齐奥滩头堡，去视察盟军的将士，激励他们的斗志。丘吉尔得到了这一消息，立即致电亚历山大，赞扬克拉克的做法：

"获悉克拉克将视察滩头堡，十分欣慰。倘若你们的军队被封锁在那里，而主力部队又不能从南面推进，则形势不妙。"

然而，这种形势却恰恰被丘吉尔言中了，盟军举步维艰。与此同时，卡西诺的战斗也在激烈进行。

英国第10军将德军增援部队的主力引到它的前线，然后向更北方向进攻，以便夺取俯瞰卡西诺的高地，从那边包围这个阵地。美国第2军在卡西诺的上游渡过了拉皮多河，法国

199

军团在其右翼并肩前进，夺取了卡斯特隆山和科勒马约拉。从那里向南，进攻修道院山。但德军已经获得了增援部队，并且疯狂地坚持抵抗。

2月初，美国第2军的实力已经耗尽。亚历山大认为需要生力军来恢复攻势。他命令从亚得里亚海岸第8集团军调出3个师，组成了一个新西兰军，由弗雷伯格将军指挥。事实上，原想用反攻将敌军紧紧困在其前线的第8集团军，却被迫调遣不下于5个师的兵力来支持在西海岸的激烈战斗，并且在以后几个月中，不得不保持守势。

丘吉尔也认识到了意大利东西海岸的情况不妙。

1月30日，卡西诺的战斗达到高潮。在安齐奥的美国第6军趁机发起了猛烈地进攻，并获得了某些进展。但是，奇斯泰尔纳和康波莱奥尼还掌握在德国人手里。而盟军兵力已由3个师增加到4个多师。盟军方面的空军对德国军队的交通线大肆轰炸，但是，德军仍能迅速而有力地增援兵力。8个师的主力部队盘踞在他们已获得时间加以巩固的阵地上与盟军对峙。盟军由于初来乍到，加上德军炮火的困扰，其营地拥挤零乱，停泊在海滩上的舰只也因德空军夜间的袭击而损失不小。

2月2日，亚历山大再度视察战场，并就战场情况，向丘吉尔做了详细汇报。在他的报告中，他告诉丘吉尔，德国人的抵抗已经加强。在奇斯泰尔纳和康波莱奥尼对英美军队的抵抗特别猛烈。在过去的几天中，第3师为夺取奇斯泰尔纳而竭力奋战，但还是没有奏效。士兵们已经精疲力竭了，但距离奇斯泰尔纳仍有半千米左右。第1师的一个旅正守在康波莱奥尼火车站，但他们处在一个十分狭长的突出阵地上，遭到来自三方面的攻击。看来双方在战场上争夺得非常激烈。

2月6日，丘吉尔向威尔逊将军和地中海总司令发电，责问他们为什么不使用伞兵，甚至把伞兵当步兵用。威尔逊回电解释，由于克拉克将军在进攻安齐奥的最后时刻，决定第504伞兵团由海运而不是由空运。同时，由于缺少步兵，便将英国伞兵派往前线作战。其他盟军将领对战役的形势也表示忧虑，尤其是身在华盛顿的马歇尔将军。

登陆的盟军的停滞不前，在英国和美国引起了很大的失望。稳定下来的德军则更加嚣张，2月26日开始了大规模地反攻，其目的是把盟军从安齐奥赶到海里去。

面对厄运，英美军队英勇奋战，争取复活的机会，这样竟使战役有了转机。在从16日起的3天中，双方展开了激烈地战斗。对德军的突出阵地，英美军队从侧翼出击，并使用所有的大炮进行轰炸，凡能起飞的飞机，也都全部出动，对德军阵地进行轰炸，将敌人的突出阵地消除了。双方损失都很重大，但是英美军队却打胜了这生死攸关的一仗。在3天之内迫使德军停止了进攻。

安齐奥战场和卡西诺战场的转机，增加了丘吉尔必胜的信心。

15日，英美盟军对卡西诺进行了第二次大规模进攻。这次进攻是从对修道院的轰炸开始的。

在这里指挥作战的军长弗雷伯格当然最希望先用空军对其进行猛烈轰炸，然后再用步兵进攻。集团军司令克拉克觉得这事很棘手，但又没有办法，只得硬着头皮向亚历山大请求批准。亚历山大答应了他的请求，并答应他自己对此事负责。

于是，弗雷伯格派人对修道院提出了警告，并劝里面的人立即离开修道院。此后，盟军空军大队向这里投掷了450多吨炸弹，使修道院遭到极大的破坏。但是轰炸效果不是非常理想，外面高大的城垣和其正门仍旧巍然屹立。德国军队可以充分利用这废墟上的断壁残垣，获得了比建筑物完整时更好的防御机会。

< 遭盟军轰炸前的卡西诺修道院。

这次承担进攻任务的是第4印度师，它刚刚接替了修道院北面山脊上的美军。印度师的将士们为了夺得坐落在他们的阵地和修道院山地之间的小山奋战了两天两夜，最终还是没有得手。

2月18日夜间，第4印度师发动了第三次进攻。战斗非常激烈，攻上那个小山的战士全部牺牲，无一幸免。当天深夜，一个旅摸索前进，由一条小路抄过小山，直接向修道院进攻，却闯入了敌人的雷区，并且受到敌人机枪的扫射。在损失惨重之后，被迫退回。

趁双方激战，新西兰师成功地渡过了在卡西诺镇下面的拉皮多河。但是，他们还没站稳脚跟，就遭到了敌人坦克的反攻，被迫退回。这样，正面进攻卡西诺又一次失败了。

∧ 英军与德军在卡西诺地区展开激战。

面对白热化的战争，丘吉尔对意大利的局势却更有了信心。

3月初，由于气候条件，战争不得不停滞下来，双方都被泥泞困住了。盟军无法突破卡西诺的主要阵地，德军也不能在安齐奥驱逐盟军下海。而且双方兵力相当，盟军有20个师，但美军和法军损失较重，德军在罗马以南有18~19个师，在意大利北部有5个多师，但他们都被战争拖得精疲力竭。

当战争进行时，一直担心的意大利出事了，巴多格利奥遭到了政治围攻。而且由于舆论的压力，罗斯福不得不支持意大利政府的重大变动，而且他建议丘吉尔暂时对舆论的压力表示让步。丘吉尔回电罗斯福要求坚持他们过去对待意大利的既定原则。

但是，在当时的情况下，丘吉尔和罗斯福的意见没有统一起来。正在此时，苏联在没有与英美协商的情况下，对巴多格利奥政府派遣了一个正式代表团，使事态复杂化了。这就等于说，苏联已承认了新政府的合法地位。

在这种情况下，丘吉尔也做出了快速反应，3月15日致电罗斯福，建议将计就计，应毫不迟疑地接受意大利新政府，等英美军队占领了意大利，成为罗马的主人时，再建立起一个更有代表性的、更有稳固基础的政府。意大利问题由此告一段落。

虽然安齐奥已经不像以前那样岌岌可危，但整个意大利战役却仍处于拖延停滞的局面。

卡西诺久攻不下，如果再相持下去，势必影响以后其他地区的作战计划，特别是"霸王"计划和"铁砧"计划。美国人建议调动军队着手实施"铁砧"计划，作为"霸王"计划的前奏，而英国三军参谋长则极力反对在占领罗马之前从意大利撤军。为了解决争执，美国三军参谋长委托艾森豪威尔作为他们的代表，与英国参谋长进行商议，以求达成协议。

丘吉尔从一开始就赞成在意大利作战，此时此刻，他当然坚决支持在意大利的战斗，4月16日致电华盛顿的马歇尔，要求对意大利战场进行支援。在阐述意大利战役的必要性的同时，劝告他暂时放弃"铁砧"计划。

丘吉尔的电报起了作用，美国方面接受了他的意见，重新重视意大利战场，而把"铁砧"计划淡忘了。

为了配合意大利的战斗，威尔逊将军调遣了他所率领的全部空军，对正利用喘息机会休整的德军进行干扰和轰炸。其目的是轰炸德军的陆上交通线，使之经常被切断，从而迫使德军在缺乏接济的情况下被迫撤退。为了封锁通往意大利北部的三条铁路干线，盟军空军对桥梁、高架桥及其他的铁路交叉点进行了猛烈的轰击。这使罗马北面很远的地方，铁路运输时常停顿，德国只能最大限度地利用它的海运再把物资转给汽车运输，并利用夜间来运输物资。但这不能使其建立充足的物资储备，力量大减。

英美盟军利用这种有利条件，以迅雷不及掩耳之势，向前挺进，并快速占领了罗马，把德军逼到了罗马北面，形成对峙的局面。到此为止，已是5月份，"霸王"计划的作战时机日渐成熟。

>> 制定"霸王"计划

而在遥远的西欧，一系列的准备工作正在紧锣密鼓地进行着。它是为一个伟大的创举作准备，为战败德国法西斯作准备。

在法国南部登陆的作战计划，早在1943年夏天就已制定出来，在丘

< 1943年突尼斯圣诞节聚会上，丘吉尔与艾森豪威尔等人合影。

吉尔前往魁北克出席"四分仪"会议的航程中，由摩根将军提交了这个计划。然后，这个计划提交"四分仪"会议讨论。除了一些细节需要商量以外，基本上被批准。

摩根将军的计划是使用3个师在卡昂和卡朗坦之间的海岸进行突击登陆。但是由于这片海岸没有重要的港口，蒙巴顿的参谋部提议建筑人工港，得到了会议的肯定。于是，盟军从1943年底便着手进行"霸王"计划的准备工作。

美国的德怀特·艾森豪威尔将军被任命为这次作战的海陆空三军最高统帅，他的副帅是特德空军上将。英国的蒙哥马利将军被任命为前敌总指挥，主要负责陆军方面的战斗，利马洛里空军中将指挥空军，拉姆齐海军上将负责指挥海军。艾森豪威尔将军带来了比德尔·史密斯将军，并任命他为参谋长，摩根将军被任命为副参谋长。1944年元旦过后，计划的准备工作便全面展开。

艾森豪威尔于1944年1月15日晚间经苏格兰的普雷斯蒂克机场抵达伦敦，驱车到达他的临时寓所——伯克利广场附近的海斯公寓。蒙哥马利于1944年1月1日晚搭乘艾森豪威尔为其提供的美国C-54型运输机，并用自己的"达科塔"号飞机满载着柑橘，启程回到了伦敦。

在到达伦敦之前，艾森豪威尔便打好了主意，准备把盟国远征军最高司令部的营房安排到伦敦郊外。许多人认为，盟国远征军最高统帅部应设在英国政府的心脏白厅附近，也曾有许多人向艾森豪威尔提出这种建议，也有许多人对此提出抗议。面对抗议，艾森豪威尔坚持把他的司令部迁到温布尔登附近布希公园里的一所学校。为了靠近这个地区，艾森豪威尔决定住在金斯顿的特利格拉夫别墅里，并且很快地迁到了这里。

关于大军在诺曼底上岸之后该如何发展，还一直没有一个明确的计划。蒙哥马利建议在欧洲大陆上开辟一个新的战区，在西欧大陆上展开攻势作战，以达到消灭敌人实力，攻占德国的目标。因此，首先要决定如何开展陆上作战，然后再研究如何确保盟军在海滩上的登陆行动的要求，但是，当时第21集团军群的作战计划的程序恰恰与之相反。

艾森豪威尔到达伦敦后的第六天，1月21日，他准备在诺福克旅馆举行盟军领导小组新成员的第一次正式会议。这次会议是第二次世界大战中最重要的会议之一，因为在这次会议上确定了"霸王"计划的早期实施区域。盟军计划在两处海滩实施同时突击，一处是卡里塘河北口侧的诺曼底海岸，另一处是这一带海岸和阿内河中间的地区。初期目标是为尔后的作战确保一处含有飞机场及瑟堡港口的基地，这一带基地的东翼应将卡昂的公路中心包括在内。

∧ 1944年1月，盟军最高统帅部成员在伦敦召开会议。自左至右为：布莱德雷、拉姆齐、泰德、艾森豪威尔、蒙哥马利、马洛里、史密斯。

有了初期的目标区域及初期行动的准则，摩根的参谋部便又着手相应的计划。由于摩根中将和其他参谋人员的勤奋工作，行动计划的制定工作大有进展。他们制定计划，依据的是艾森豪威尔根据盟军参谋长联席会议的精神所作的指示。盟军参谋长联席会议对艾森豪威尔的指示是，在法国海岸登陆，然后歼灭德国的地面部队。

遵照这一指示，摩根和此时的艾森豪威尔设想，在盟军向德国腹地发起决定性进攻之前，必然解放整个法国，并尽可能多地解放荷兰和比利时。为此，必须有足够的港口，接收来自美国的供给物资。所以，对马赛、安特卫普、布雷斯特、勒阿弗尔和许多其他港口，盟军必须占领、清理和扩建。

为了达到盟军能卸货和解放整个法国的目的，摩根及其计划人员打算在一个滩头占领区集结大批物资。这个滩头区北到塞纳河，南到卢瓦尔河，东距巴黎和奥尔良大约只有80千米。其形状好像一个岛，不仅包括诺曼底的一些海滩，而且还包括瑟堡港和布雷斯特港。

蒙哥马利负责指挥所有的地面部队的突击行动。他将部队分为两个集团军，要求他们一旦在诺曼底立足，便"佯"向东翼方面，攻打卡昂。其实，他是想借这种来势甚猛的佯攻，吸引敌人的主要预备兵力，尤其是他们的各装甲师，并将他们抑留东翼。然后，再在大范围内指向巴黎，横扫塞纳河南岸。

∧ 英国战时内阁会议室，丘吉尔许多决策就是在此作出的。

这个计划得到了各方的同意，蒙哥马利便着手在装备等方面进行准备。当时，需要解决的事情太多了，需要对各方面的情况及时交流，及时商量各种办法，协调各方面的相互关系。为了对各方面的情况得到及时了解，丘吉尔积极地参与对计划的研究。

作为盟军最高统帅，艾森豪威尔一直坚持重型轰炸机的指挥权应当归他指挥，其中包括两个司令部，一个是美军驻欧战略空军司令部，司令是斯帕茨；另一个是英军轰炸机司令部，司令是阿瑟·哈里斯空军中将。此时，这两个司令部至少在理论上是归盟军参谋长联席会议指挥。但

∧ 1944年4月，丘吉尔前往蒙哥马利司令部视察。

是，盟军最高统帅部在诺福克旅馆举行第一次会议后，艾森豪威尔获悉，丘吉尔对支持他统一指挥全部空军力量的建议，态度冷淡。

战略空军坚持主张打自己打，而这些"轰炸机霸王"把他们自己的部队视为独立王国，即使对他们在战术空军中的一些弟兄们，在感情上也格格不入。这些使问题复杂化了，英军轰炸机部队司令哈里斯主张远程摧毁德国，而美军轰炸机司令却对艾森豪威尔极其忠诚，所以，英美两国在策略上和意见上都出现了分歧。

一个星期后，丘吉尔出来公开反对艾森豪威尔控制轰炸机力量。

3月的第一个星期，讨论中产生了难解的"疙瘩"。特德接到一份电报，肯定利马洛里轰炸铁路枢纽的作用比英国高级军官认为的要大。他将此报告交给了比德尔，比德尔决定就此进行一次试验，由于轰炸机不能袭击铁路编组站的论点支持着哈里斯提出的各种论据。比德尔命令于3月6日夜轰炸巴黎西南的特拉斯铁路枢纽。结果，轰炸圆满成功。这个重要的铁路枢纽完全被摧毁，估计至少一个月不能使用。哈里斯获悉他的飞行员出色地完成了任务，心里很是不痛快。因为这次轰炸的胜利，证明特德的"运输计划"是可行的。

艾森豪威尔便断然行动了。他获得了指挥战略空军部队的权力，便命令着手实施"运输计划"，对法国境内的铁路枢纽要进行毁灭性轰炸。

但是，对连续不断的空袭活动，丘吉尔一直感到不安，总是要求比德尔：

"请你就每天法国人的伤亡数字，向我递交一份备忘录。"

确实像特德所说的那样，轰炸机司令部估计的数量是不真实的。根据战报，直到进攻发起之前的大约一个星期，死亡人数约为60000人，与原先估计的80000人相比，相去甚远。而且，战报上还说，尽管食物匮乏，运输紧张和电力不足，但人民的情绪非常高昂，他们只是谴责德国人。

最后，英国战时内阁起草了一份文件，呈送罗斯福。他们在权衡利弊的前提下得出的结论是，在进攻发起以前，法国估计要伤亡10000人，这将不利于争取"霸王"行动的胜利。罗斯福的答复是非常明确的，军事上的需要高于一切。

得到了这种答复，丘吉尔轻松了许多，因为罗斯福对这种情况有了明确的表态，这意味着对此的责任是他们两人平分的，而不是由他一个人承担。

但是，到了进攻发起前的一个星期，丘吉尔还在问特德：

"你突破了法国人民伤亡1万人的限额没有？为了打败德国，法国人民做出的牺牲太大了。"

作为战时首相，丘吉尔自从马拉喀什回到伦敦以后，使他把许多与意大利有关的事务完全放到了一边，马上成立委员会，自己任主席，每周召开一次会议，由他亲自主持。因为在英国方面，他对战争负有极其重大的责任。

在他接触到"霸王"计划时，正是"桑葚"计划开始实施的时候。

在"早期海员"计划中，人工港的建造是非常重要的一部分。因为在诺曼底附近没有港口，所以这将给登陆带来许多困难。为了顺利登陆，就必须建造若干个临时港口，以便登陆部队及时上岸。

在丘吉尔的多方努力下，建造人工港的工程又重新上马了。

4月7日，在圣保罗学校蒙哥马利将军的司令部中召开了一个简短的会议，介绍了各种计划。丘吉尔出席了这次会议。在会上，首先由蒙哥马利介绍了总体的情况，然后拉姆齐、利马洛里等司令也都概括地叙述了他们各自负责的各个方面的形势。

作为这次进攻的地面部队司令，蒙哥马利是满怀信心的。他决定要尽自己的最大努力，正确地全面指挥地面作战。

丘吉尔对蒙哥马利及其部下的汇报非常满意，他对蒙哥马利坚定不移的精神予以高度赞扬。

在准备登陆计划的过程中，一项巨大的任务就是集结兵力。从1943年底，英美盟军便着手向英国集结部队。截止1944年1月1日，美军在英国已集结了11个师，其中4个师在地中海地区参加战斗，另外7个师是来自美国和冰岛。以后，美国又调来8个师，其中1月份2个师，2月份2个师，4月份3个师，5月份1个师。这样，截止6月1日，美军在英国共有20个师，其中装甲师5个，空降师2个。美国战斗航空大队也以同样的速度来到英国，到5月底，从51个大队增加到102个。

英国方面，有15个战斗师，绝大部分已经准备就绪，其中3个师是从地中海战区调回来的，它们自阿拉曼战役以来，已经经历了多次战斗。由于他们具有丰富的作战经验，这些久经沙场的战斗师，在进攻发起日或稍后几天，将全部投入战斗。

★史末资

南非联邦总理。陆军元帅。1870年5月24日出生于好望角。1885年入维多利亚学院就学，后入剑桥大学学习法律，1894年获律师资格。1898年任德兰士瓦共和国检察长。1899年至1902年英布战争中任好望角地区布尔军总司令。战后主张布尔人自治和与英国合作的政策，是英联邦概念的提出者。第一次世界大战期间任英属东非英军司令。1919至1924年任总理。1933至1939年在联合政府中任司法部长。

>> 大战前夕

5月15日，距离进攻开始日，即"D日"还有三个星期的时间。盟军的最高领导层在蒙哥马利设在圣保罗学校的司令部里举行了有关盟军联合计划的最后一次会议。参加者包括英国国王乔治六世、首相丘吉尔、艾森豪威尔、史末资★元帅、蒙哥马利、英国三军参谋长、远征军的司令官以及他们的许多主要参谋官。

∧　盟军最高统帅部将领们在一起探讨诺曼底登陆计划。

　　会场的讲台上，放着一幅诺曼底海滩及其附近内陆的地图，地图放在一个斜面上，以便大家都可以看清楚。地图的构造非常巧妙，便于讲解作战计划的高级军官能在其上走动，并指出多个地点及界标。

　　会议开始，先由艾森豪威尔将军宣布了会议的程序并致开幕辞。关于将要进行的战斗，艾森豪威尔没有多讲，但是他的发言中肯、扼要，表达出了他能够战胜敌人的决心。

　　下午，先由丘吉尔做了发言，他的发言不长，其中最核心的一句是："我对这次战役的态度正在坚定起来。"

　　然后，蒙哥马利上台发表了鼓舞人心的讲话。在他讲话之后，几位海军、陆军和空军的司令官，以及首席后勤军官也讲了话。后勤军官讲述了为部队登陆以后在后勤方面所做的周密的准备工作。随军携带的各种装备和工具，数量之多，是令人吃惊的，后勤工作者无疑为战役的胜利默默无闻地做出了贡献。

　　这次会议总的来说是成功的，在战役发起之前，在盟军领导层心中，必胜的信心占了上风。

但是，丘吉尔对战争的前途感到有些让人捉摸不透，在表面上，他是乐观的。但是，他也不得不为之担心。他曾经用很不踏实的口气对艾森豪威尔说：

"我这次跟你一起干到底，如果失败了，咱们一起下台。"

"首相，我有胜利的把握，而且，我估计如果登陆顺利，到今年底，我们的盟军就可以打到离德国边境不远的地方。"艾森豪威尔说。

丘吉尔心里仍有些不踏实，说：

"将军，到今年冬季，如果你能把盟军36个师稳固地扎在欧洲大陆上，并把瑟堡和布列塔尼半岛牢牢地控制在手中，我将向全世界宣布，这次作战行动是这场战争中最成功的行动之一。"

"那您就走着瞧吧！"艾森豪威尔风趣地笑了笑。

"当然，除此之外，如果你能确保勒阿弗尔的安全和从敌人手中夺得美丽的巴黎城，我敢断言，这次胜利是当代最伟大的胜利。"丘吉尔紧追不放地说。

"那要靠我们两方密切的配合和艰苦的斗争。"艾森豪威尔略有所思地答道。

"会的，我相信我们会合作得非常愉快的。"丘吉尔说。

在盟国中，进攻的气氛越来越紧张，伦敦和朴茨茅斯的街道和旅馆以及索尔兹伯里平原的村舍里的气氛预示，进攻的日期不远了。这个时期的一个很重要的任务就是反间谍，盟军的情报部门竭尽全力欺骗纳粹。美军在英格兰南部设立了一个假司令部，番号是美军第1集团军群，该地区的空中无线电报务量相当于英国的其他司令部的报务量。但是，德国间谍无缝不入，一步一步地在挖掘盟军的机密。5月18日，纳粹的一个广播节目中宣称盟军的进攻"现在随时"都会来到。

5月15日的会议以后，英国国王乔治六世，曾经前往部队集结的港口视察每个突击部队。5月28日，各下级司令官接到通知：

"进攻开始日定为6月5日。"

从这时起，一切参加突击的人员就被封闭在他们的舰艇上，或在岸上的营地和集结地点。一切邮件都停止递送，并且除个人的紧急事务以外，禁止各种私人通信。

5月30日，好像一切都已准备就绪了，利马洛里来见艾森豪威尔，他对计划在卡朗坦半岛的底部实施空投的冒险行为一直感到不安。

其实，对战争的紧张气氛不仅仅限于利马洛里，而是人人都有这种

< 1944 年，丘吉尔与英王乔治六世合影。

感觉，就连作为盟军参谋长联席会议成员的布鲁克，虽然他只负间接责任，也是坐立不安，好像自己肩负千钧。

丘吉尔也同样放心不下。5月30日，当他参加国王每周举行一次的舞宴时，英王乔治六世问他：

"亲爱的温斯顿，进攻开始那天，你准备在什么地方度过？"

"尊敬的陛下，进攻开始时，我想乘我们的巡洋舰队的一艘军舰去看炮击实战的情况。"丘吉尔鞠躬身子说。

"我也想去看看。自从日德兰海战以来，我再也没有身临火线的机会，没能再重温我青年时代的经历。"国王说。

"这……尊敬的国王陛下，请允许我和内阁商议之后再作决定。"

按照既定的计划，6月1日，拉姆齐海军上将将开始指挥英吉利海峡的作战行动，英国本土各港口的司令官必须都根据他的需要和命令行事。

丘吉尔在获得内阁准许之后，来和拉姆齐商议。他说：

"将军，我作为英国的国务大臣，我认为我有资格和义务观看这个历史性的战役开始之前进行的轰击，因此，我想乘坐我们的巡洋舰队的一艘军舰。将军，你能帮我的忙吗？"

"首相，能和您一起观看这场战役的开始，我和我的部下会感到非常荣幸的。"拉姆齐有点受宠若惊。

"那就请你为我安排一艘军舰吧。"

"您可以在发起进攻的前一天傍晚登上我们的'贝尔法斯特'号。它将载着您从克莱德湾启航，途中在韦默斯湾停靠，然后以全速航行，和它的舰队会合。"

当拉姆齐将这个消息及自己所定的计划告诉艾森豪威尔时，别说国王要去观看战役，就连丘吉尔也要亲临火线，他也极力反对。与此同时，或许是国王自己的觉悟，或许是有人的劝告，国王做出了丘吉尔和他都不应该亲临火线的决定。

这使丘吉尔感到非常扫兴，有些闷闷不乐。

6月1日下午3点15分，国王在艾伦·拉塞尔斯爵士的陪同下，来到首相官邸附近的附属建筑里的地图室。丘吉尔和拉姆齐海早已在此迎候了。相互之间行了礼，拉姆齐并不了解国王来临此地的意图，于是说：

"禀告国王陛下，'贝尔法斯特号'军舰将在发起进攻时为您和首相服务，这是我感到非常荣幸的事情。但是，艾森豪威尔将军不同意这样做，他认为这样做是很大的冒险，而且，对战斗的实况也看不到什么。"

国王只向拉姆齐点点头，说：

"将军，请你暂时回避一下，我要和首相先生谈几句话。"

"是！"

拉姆齐走开了。国王说：

"温斯顿，我们要参观最初的战斗，是不是对战斗有很大的影响？"

"陛下，我觉得对战斗的影响是难免的，出于安全的考虑，您是不适合去的，而我可以代表您前往。"

"别急，我想我们还是先问一问拉姆齐将军的意见吧？"

"是的，陛下！"

于是，丘吉尔又叫来了拉姆齐。国王问他：

"拉姆齐将军，你觉得我乘坐'贝尔法斯特'号军舰出海是不是妥当，你可以谈谈你的意见。"

"陛下，坦诚地说，我不赞同这种做法。因为战场毕竟是战场。"

"陛下，我觉得这个问题应该先征求内阁的意见。"丘吉尔说。

"是的"，国王又转向拉姆齐★说："将军，只是因为战场上有危险吗？"

"当然不只是因为有危险，除此之外，还有许多问题，像派军舰接送陛下，维护陛下的人身安全，以及对敌人炮火的防御等很麻烦的问题。如果陛下放弃这次行动，战场的将士便会减少许多顾虑。"

"我相信内阁是一定不会答应陛下的这次行动的！"丘吉尔又说。

"我想是这样的，"说着，拉姆齐向国王一躬身说，"陛下，如果您再没有什么向我询问的话，我就告辞了。"

"去吧！将军，祝你成功！"国王摆了摆手，说道。

"谢谢！"拉姆齐向丘吉尔点了点头，走了。

国王看了一眼丘吉尔，说：

"既然我不应当去上火线，那么你也不应该去，温斯顿。"

"陛下，作为国防大臣，我觉得这是我应该履行的职责。"

这时，艾伦拉赛尔斯爵士说话了，他冷冰冰地说：

"陛下如果获悉他的首相葬身英吉利海峡的海底，一定会更加焦虑的。"

"但是，一切都已安排好了，而且我认为风险不是很大的。"丘吉尔争辩道。

> 诺曼底登陆前，拉姆齐（左）与艾森豪威尔、蒙哥马利在指挥舰上合影。

★拉姆齐

英国海军上将。"二战"初期，参加英国远征军在挪威、法国与德军作战。1940年5月参加组织领导敦刻尔克英国远征军的撤退。1942年，参与并统筹"火炬"计划，组织英军和美军配合在阿尔及利亚登陆。1943年组织在西西里登陆。1944年诺曼底登陆时，任盟军海军总司令，指挥大规模协同作战。1945年1月因飞机失事逝世。

∧ 1944年，艾森豪威尔和丘吉尔在一起时的情景。

"首相先生，我认为，国王陛下的任何大臣，在未获得国王的批准之前，绝不能离开本土一步。"

"但是，我并没有离开本土，因为我乘坐的是国王陛下的战舰。"

"但是，战舰不会只在我们的领海作战，它很可能要远航到领海以外。"

丘吉尔还不死心。

国王在临回白金汉宫之前说：

"温斯顿，我还是认为，既然我不能去，你也不能去，我们都不能去。"

丘吉尔沮丧极了，但他仍不死心。

6月2日早晨，在史末资、欧内斯特·贝文先生、伊斯梅等人的陪同下，丘吉尔乘坐他的专列前往朴茨茅斯近郊的艾森豪威尔司令部旁边的铁路侧线。火车停下之后，丘吉尔要通了艾森豪威尔的电话。

"喂，将军！"

"喂，首相！"

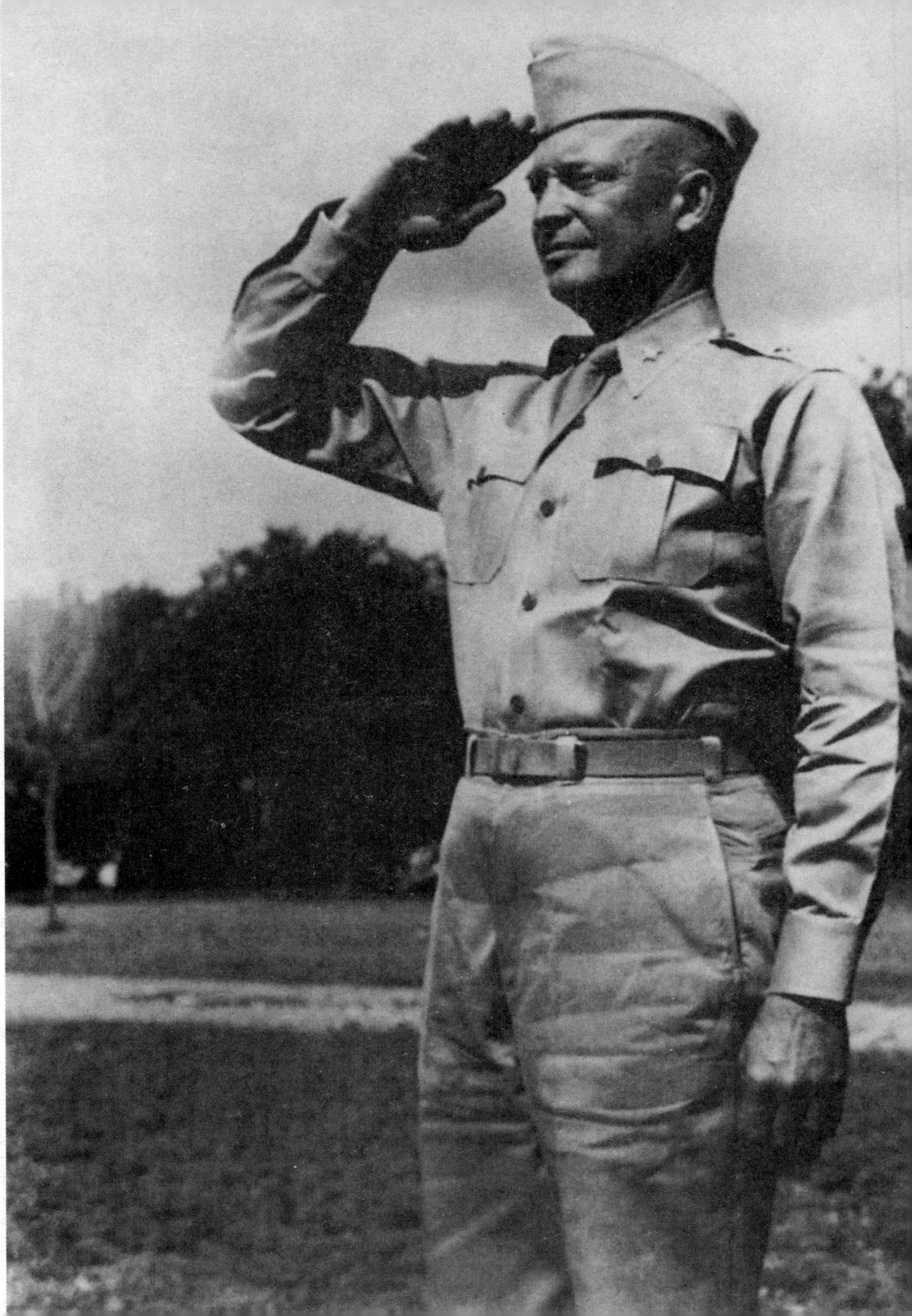

"将军，我现在正在视察盟军的部队，调查他们的运输和装备情况。"

下午，丘吉尔和他的随从来到了艾森豪威尔的司令部，他看到艾森豪威尔的帐篷和篷车都巧妙地隐蔽在附近的一片森林中。

"你好，首相，欢迎你！"艾森豪威尔向丘吉尔伸出了手。

丘吉尔也伸出了手，说："谢谢，将军，你这个地方很隐蔽，很安全，很不错嘛。"

"谢谢，作为盟军最高司令部，就应该这样。"

"好吧，我们谈正事吧。将军，我已经决定取消我原有的计划，在进攻的那一天不随军舰上前线了。"丘吉尔叼着一支雪茄说。

"你本来就不应该到前线去的，你的这种决定很正确。"

"是国王陛下一直要求我不要去，因为他为我的安全担心。"

"不只是他为你的安全担心，我也对你的安全担心，从我一知道你要登舰的消息，我始终都持的是反对意见。"

"尽管我不再去亲临战场了，但我觉得战场上的危险不会像大家所说的那样耸人听闻。"

"首相，战场上的事情是很难说的，虽然我们有信心打胜这一仗，但是，谁能保证我们一定能够取胜呢？"

沉默片刻以后，丘吉尔说：

"我早已经说过了，如果这一仗败了，我们一起下台。"

"所以"，艾森豪威尔说，"我们要竭尽所能去争取这一仗的胜利。所以，我在这里日夜研究我们的作战计划。"

艾森豪威尔是个喜欢隐居的人，他不愿住在人多的市区，而喜欢在郊外独处。所以，他和他贴身的几个参谋在伦敦郊外的这片树林中找了一个地方搭起了帐篷。在这里他可以独自忙工作。他除了早上和晚上的会议，以及夜晚和蒙哥马利及其他指挥官一起用餐之外，就一直是单独工作。

6月3日下午，丘吉尔和贝文先生还有史末资元帅驱车前往朴茨茅斯。此时，大批军队正在登船准备前往诺曼底。他们登上了第15师司令部所在的舰只，然后乘汽艇沿索伦特湾而下，依次登上每艘舰艇，进行

< 美国五星上将艾森豪威尔。

视察。丘吉尔觉得盟军的情况，比以前强多了，心中又增添了几分胜利的信心。

在归途中，丘吉尔要求到艾森豪威尔的活动营房里去看看他。这几天艾森豪威尔的压力很大，而且天气一直不是很好，他非常担心。

丘吉尔一行只向他打了个招呼，并说了声：

"祝你一切顺利，将军。"

"谢谢，首相，让我们共进晚餐。"艾森豪威尔说。

在共进晚餐的时候，比德尔·史密斯打来了电话，伊斯梅去接电话。丘吉尔对艾森豪威尔说：

"将军，我刚才视察了军队，我觉得士兵们的表现很不错。"

"但是，首相，现在我们担心的不是这个，而是天气。"艾森豪威尔说。

"史密斯打来电话，说天气情况越来越恶劣。"接电话回来的伊斯梅说。

根据天气预报，天气不太好。冰岛上空的低气压开始向南发展。另一个由亚速尔群岛北上的高气压带被这股低气压挡了回去。也就是说，原来所预期的从6月4日夜间到6月5日，笼罩在海峡地区的一条有利的高气压带将无法到达海峡地区。这种天气简直糟透了。

"如果天气还这样恶劣的话，进攻日期一旦拖延到6月7日以后，那么至少还要两个星期，才能再获得月亮与潮水相配合的必要条件。真是烦人。"

"那么如果天气条件恶劣，我们就只有把登陆的时间再往后推迟24小时了。"丘吉尔说。

"这得由今天晚上开的气象会议来决定。"艾森豪威尔显得很消沉。

晚餐之后，丘吉尔和他的随从们乘坐专列回去了。

晚上9点半，艾森豪威尔和蒙哥马利他们再次举行了气象会议。经过讨论，大家一致认为应该把6月5日定为"D日"，在没有极其特殊的情况下，不再有什么变化。

在火车里的餐桌上，每个人的焦虑都没有明显地表露出来，各位在餐桌上兴高采烈，谈笑风生。尤其是史末资元帅，他向大家讲述他在第二次世界大战爆发时的个人经历。直到凌晨1点半，才尽欢而散，各自回去就寝。

但是伊斯梅却仍然不睡，坐在餐桌旁等着什么。丘吉尔便问他：

"伊斯梅，都1点半了，怎么还不去休息，还等什么？"

"我要等待清晨举行的会议的结果出来以后才去睡。"

"你听到消息又能有什么用啊？伊斯梅，快去睡吧，一会儿天就亮了。"丘吉尔催他道。

"不，首相，你先去睡吧！我一定要等到结果出来。"

"好吧，那你等吧！不过，如果你得到了消息，不要唤醒我来听，因为我觉得我对此无能为力。"

6月4日凌晨4点，艾森豪威尔披星戴月，爬进了他的吉普车。吉普车在土路上颠簸着向索斯威克公寓驶去。此时，海军行动较慢的一些编队也早已经出海了。

凌晨4点15分，艾森豪威尔同他的司令官们都已来到索斯威克公寓，各就各位，听取气象专家们的天气预报。气象专家今天给大家带来了不祥的消息：

"天空阴云密布，云层很低，强烈的西南风，有雨，海浪不大。"

清瘦而严肃的气象队长斯塔格上校的这个消息，使与会的每个人脸上都浮上了一层阴云。因为这就说明6月5日的登陆将是一个极为冒险的行动。

艾森豪威尔环视了一下，没有人说话，大家都在各自沉思。看来他只能一个个地提问了，首先被问的当然应该是蒙哥马利。

"蒙哥马利将军，在这种条件下，你能谈谈你的看法吗？"

"总司令，我认为一切已经准备就绪了，再等就会失去士气，以我看来，我们不如不管三七二十一，出发前进算了。这样让军队一天天地耗着，也不是回事。"蒙哥马利的态度非常明确。

"不，我认为这样做太冒险了。我觉得这个时候，我们必须保持冷静的头脑，在这种天气条件下，我认为，空军是绝对不能执行任务的。"特德起来反驳蒙哥马利。

"如果没有空军配合，又是西南风，我认为在这种条件下登陆是一个极大的冒险。"利·马洛里支持特德。

"特德和利·马洛里的说法是正确的，但是，海上的护航已经出发了，如果要推迟时间，就必须把他们又都召回来，舰队将不得不至少在港内要多等一天。这不能不说是一种浪费，也不能不说是一种遗憾。"拉姆齐摆出了不偏不倚的样子。

众说纷纭，在这种情况下，要达成统一的意见，真的是太难了。艾森豪威尔心里烦透了。他在散会之后回到了他在树林中的活动营房中。在那里，他焦虑不安，来回地踱步，时而找找这个，时而又问问那个，把助手全部问了一遍，也没有得到他所希望的答案。他双手插在衣袋里，独自到屋外去散步，似乎周围一切都不存在了，而存在的，只有他的思索。

6月4日下午，丘吉尔和史末资又来到了艾森豪威尔的活动营房。这时他们身边多了一位客人，那就是法国的戴高乐将军。戴高乐将军是刚从阿尔及尔乘飞机到达英国的。

丘吉尔暗暗希望艾森豪威尔能够比他更善于对付戴高乐。

艾森豪威尔虽然很忙，但他还是耐心而热诚地接待了戴高乐。丘吉尔和史末资在这里稍事问候后，便离开了军营。艾森豪威尔把戴高乐带到了他的地图车上，向他详细解释了"霸王"行动计划。而后问他对这个计划的印象。戴高乐说：

"这个计划给我的第一印象是：我觉得这真是一个天才的设想。"

"那你对这个计划有什么意见，我欢迎你能直截了当地讲出来。"

"这……"

"希望你能直言不讳。"

"如果要我讲出我的意见，我觉得不能再等下去了。因为如果再推迟几星期，气氛的危险性则会变得更加严重，而且，还会延长执行者在精神上的紧张和泄露机密。"

艾森豪威尔也不比丘吉尔高明多少，面对强硬而自负的戴高乐，他也是无能为力。戴高乐和法国官员们乘汽车回到了伦敦。

时间在非常缓慢地流逝。直到6月4日晚上9点15分，在索斯威克公寓的艾森豪威尔的作战司令部才召开了一次具有决定意义的会议。在会上，得到了罗马被攻克的消息，这是一个吉祥的预兆。

再看斯塔格，往日严肃的脸上，今天似乎挂着一丝笑颜。这就表明近期肯定会有理想的天气条件。艾森豪威尔先让斯塔格介绍天气情况。

斯塔格站起身来，说：

"报告将军，预报表明，从明天，也就是5日夜间开始，天气会有所好转。"

"这还不好办，明天晚上天气开始好转，我们就可以在6日凌晨发起进攻。这次可不能再犹豫了。"蒙哥马利★说。

"是的，再不能拖了。"

"再拖可就没有机会了……"

……

今天也真是奇怪，没有让艾森豪威尔一个一个地提问，各位司令官都积极主动地讨论起来了，倒是艾森豪威尔缄口不言了。他抱着双手，低着头，独自坐在椅子上，倾听着各方面的意见。这可是个生死攸关的抉择，可得要慎重。他一边想，一边嘴里咕哝着："看来除此之外别无他法了。"

但是，要做出这样的决定太让人为难了，艾森豪威尔在会议结束时说：

"我认为我们应该继续进行作战行动，发起进攻的时间不能现在就定下来。我建议大家再等几个小时，等到明天凌晨4点，我们再在这里会合，做出最后决定。"

艾森豪威尔和他的高级军官们，都在等着，连一眼都没合，就又回到了索斯威克公寓。天气不出斯塔格所料，乌云密布，细雨蒙蒙，狂风呼啸。这样的天气条件下，显然不能

∧ 蒙哥马利元帅。

★蒙哥马利

英国军事家。参加过第一次世界大战。1938年10月，蒙哥马利被调到巴勒斯坦，任新编第8师师长，升为少将。"二战"爆发后，蒙哥马利率部出征西欧大陆，失利后随英军从敦刻尔克撤退。1942年8月，被任命为英驻中东军第8集团军司令，并因功被提升为上将。1944年9月1日，被英国王室晋升为元帅。

> 艾森豪威尔与戴高乐握手交谈。

> 艾森豪威尔正在进行诺曼低登陆前的最后部署。

发动进攻。然而，这种天气状况是斯塔格在碧空万里的晴天里做出的预报，这就更加坚定了他对天气正确预报的信心，所以，他对6月6日的天气重新进行了一次预测。其结果与昨天晚上的相同。

艾森豪威尔再次征求各位指挥官的意见。蒙哥马利说：

"我的意见和往日一样，不能再等了。"

拉姆齐也说：

"我同意在明天早上发起进攻。"

特德和利马洛里说：

"我们对这次进攻充满了信心，总司令，决定吧。"

艾森豪威尔环视了一下大家，然后做出了成败在此一举的决定：

"6月6日发起进攻。"

6月5日一整天，运送进攻的先锋部队的船队，都集结在怀特岛南面的集合地点。在这里，有史以来的一支最大的舰队，将浩浩荡荡的直抵法国海岸。它的前面有扫雷艇在广阔的海域内为它开路，又有强大的盟国海军和空军的掩护。

在英国的整个沿海地带，盟军的防御体系已进入了高度戒备状态。

盟军的舰队警惕地注视着法国海面舰只的任何动向，同时空军巡逻机监视着从挪威直到英吉利海峡一带的敌方沿海地区。

在遥远的海域，盟军空军海防总队的大批飞机，在驱逐舰队的支援下，密切监视着敌人可能产生的反应。

盟军的士兵们，已经准备好了一切，只要最高统帅艾森豪威尔将军一声令下，他们便会义无反顾地冲上前去，为反法西斯而英勇战斗。

决战的时刻就在眼前了。

05

赫斯事件

1941年5月10日，德国纳粹党的三号人物赫斯出人意料地单独驾机飞往英国。当时的事实是，希特勒正在加紧侵苏的最后准备，因而有引诱英国媾和、联合英国反苏、解除西线后顾之忧的考虑。丘吉尔对赫斯飞英采取了"保持缄默、搁在一边"的做法。这反映了当时英国联合美苏、坚持抗德的政策。第二次世界大战结束后，纽伦堡国际军事法庭于1946年判处赫斯无期徒刑。

"四大自由"演说

1941年1月6日，罗斯福总统在美国国会发表著名的"四大自由"演说。第一，有言论自由；第二，有以自己的方式崇奉上帝的自由；第三，有不虞匮乏的自由；第四，有不虞恐惧的自由。他要求授权并拨给充分的款项，制造更多的军火和军用物资，供应同侵略国家战斗的国家。经过两个月的辩论，国会通过了租借法案，援助反法西斯国家。

> 德国纳粹战犯赫斯在纽伦堡国际军事法庭接受审判。

美国建成第一座核反应堆

根据美国制造原子弹的"曼哈顿工程"计划，责成流亡到美国的意大利核物理学家费米领导研制原子反应堆，这是研制原子弹的关键步骤和组成部分。费米等人以石墨为主要材料，用铀作燃料、可以人工控制的核裂变链式反应装置，1942年10月2日试行运转，获得成功。

甘地发起"撤离印度"运动

甘地发动的旨在赶走英国殖民者、争取印度独立运动的群众运动。1942年3月克利普斯计划破产，国大党准备采取反英行动。同年4月甘地发表文章，对英国提出挑战："英国撤出印度，把印度留给上帝。"8月7日国大党全印委员会通过"撤离印度"的决议，并向英国殖民当局发出最后通牒，如果英国拒绝成立国民责任政府，国大党就立即发动大规模的群众非暴力斗争。8月底大规模斗争基本被镇压。

黎巴嫩正式独立

1940年夏天法国维西政府向德国投降，黎巴嫩处于德意控制之下。1941年6月，戴高乐领导的自由法国军队协助英国军队向黎巴嫩和叙利亚进攻。6月8日，自由法国驻地中海东岸委任统治区高级专员贾特鲁将军，在开罗宣布结束法国对黎巴嫩等国的委任统治。1943年11月21日法国当局解除对黎巴嫩的戒严令，释放了总统和政府官员。11月22日，黎巴嫩政府成员复职，这一天被命名为黎巴嫩独立日。

< 从事原子弹研究的美国芝加哥大学研究人员。
> 1942年，印度国大党领袖、圣雄甘地（中）与党内其他领导人合影。

07

苏军1943年秋季攻势

1943年8月，苏军取得了库尔斯克会战的决定性胜利。苏军最高统帅部决定，乘胜继续发动进攻，以尽快将德寇从苏联的国土上赶出去。从9月起，苏联军队在苏德战场中部和南部全线出击。9月25日，中路苏军解放了斯摩棱斯克。11月6日，苏军又解放了乌克兰首都基辅。年底，攻克戈梅利。至此，苏军解放了大片国土，沉重地打击了德军，为1944年的大反攻创造了有利的条件。

意大利投降

1943年7月10日，盟军发动了代号"哈斯基"的西西里战役。8月16日，盟军占领了整个西西里。意军在北非、西西里德惨败加深了意大利法西斯政权的危机，也激化了德意之间的矛盾。意大利统治集团内部发生分裂，7月25日，意大利国王拘禁了墨索里尼。同日晚，巴多里奥组织了新内阁。8月19日，巴多里奥政府同盟军在里斯本正式谈判，9月3日，双方在西西里岛的锡腊库札附近的橄榄林中举行了签字仪式，意大利向盟军投降。

∨ 1943年，苏军战士在坦克掩护下向基辅德军发起反击。

苏军1944年"十次打击"

1944年，苏军在苏德战场上连续发动10次重大的战略性进攻，在苏军史上称为"十次打击"。苏军的"十次打击"消灭了德军的大量有生力量，解放了几乎整个国土和几乎整个东欧，为最后消灭德国法西斯创造了条件。

retrieval

巴黎起义

盟军在诺曼底登陆后，急速向以巴黎为主要目标的法国内地挺进。法国内地军和广大人民纷纷起来配合盟军的行动。巴黎起义的形势成熟了。法国共产党、社会党及天主教的代表共同组成了巴黎解放委员会。巴黎解放委员会组织了约5万武装人员会同巴黎地区的3.5万内地军，由戴高乐的代表波诺第统一指挥，于1944年8月19日晨发动了起义。8月25日，法国第2装甲师开进巴黎，接受了德军的投降，巴黎解放了。

第九章

果断出击

1874-1965 丘吉尔

8月15日清晨,丘吉尔登上了英国驱逐舰"金伯利"号,去观看盟军登陆的实况……

由于海岸上根本无人把守,刚才还轰鸣着的战列舰上的大炮也停止了轰击,在远处听起来战场上寂然无声,只能看到军队在行动。

在返航中,丘吉尔走进了舰长室,在里面发现了一部情节动人的小说,名叫《大旅馆》,一路之上,他看得非常投入……

>> 诺曼底登陆

1944 年 6 月 6 日，伟大的横渡英吉利海峡的进攻开始了。

艾森豪威尔一声令下：

"我们出发吧！"

这场历史上规模最宏大的一次两栖作战，经过多年的准备和策划，终于付诸实施了。由英军、加拿大军和美军组成的联合登陆部队，在蒙哥马利的指挥下，开始了具有历史意义的进攻。盟军方面的陆军、海军和空军紧密配合，冲锋陷阵。

在登陆之前，盟军的舰队和护航舰已经在敌人不知不觉的时候由怀特岛沿着已经扫过雷的海峡水道，驶达诺曼底海岸。英国皇家空军的重轰炸机对敌人的混凝土掩体内的海防大炮进行袭击，向其掩体内投下了 5000 吨的炸弹。美国空军在破晓发起总攻之前又以中型轰炸机和战斗轰炸机飞临战场，轰炸岸上的敌军防御工事。

一切准备就绪，总攻命令发出之后，盟军便在其空军的配合下，在诺曼底地区的海滩上强行登陆。

在 6 月 6 日的 24 小时内，盟国的空军共出动了 14600 多架次，在空中占了绝对优势，又是先发制人，而白天德军飞机的势力显得微乎其微，根本对盟军的滩头阵地造不成威胁。从海峡对面杀将过来的英美盟军，可以说是养精蓄锐了许久，对登陆作战已经训练得纯熟；在法国海岸防御的德军，则大多素质不高，而且大多是在东线被俘而又被赶到西线来服役的各国杂牌军；他们的装备很差，有各种型号的杂牌机枪，甚至运输依靠马拉车，对他们来说，仅有的优势就是那海岸上完备的防御体系。

但是，防御体系如果没有强兵把守，也是没有用处，当年的马奇诺防线还不是那样不堪一击吗？而且为了使登陆顺利进行，盟军的轰炸机群对其防御体系狂轰滥炸，使其对登陆基本上没有形成阻力。

早晨6点30分左右，美军开始在奥马哈和犹他滩头登陆，美国和加拿大军队也陆续在事先选定的海峡登陆，对希特勒大肆吹嘘的"大西洋壁垒"★发起攻击。

　　为了准备这次战役，艾森豪威尔和蒙哥马利等高级军官不知度过了多少不眠之夜，他们的努力总算没有白费。

　　而且，由于6月5日狂风大作，英吉利海峡恶浪翻腾，西线大部分德军将领认为盟军不可能在此时发动进攻。6月4日，德国驻巴黎的空军气象站认为，由于气候恶劣，至少在半个月内盟军不可能对法国海岸发动进攻。再加上天气不好，德国空军已不能对英国南部海岸线进行空中侦察，德国的海军也因为海浪太大，撤到了海峡中巡逻舰艇上，可以说是毫无防备。

　　仓促应战的德军，对登陆的盟军来说没有形成太大的威胁。盟军的驱逐舰和登陆艇上的大炮和火箭炮，不断地对滩头防御工事进行猛轰。在海中较远的地方，那些战列舰和巡洋舰压住了德军海防炮台上的炮火。

　　在炮火掩护下，最前面的士兵，刚一登陆，便向他们的目标猛冲过去，除了奥马哈海滩外，其他各方面都进展顺利。在奥马哈，美国第5师遭到了激烈的抵抗，这一防区，是前不久刚由一个满额的德国师接防戒备，对盟军的进攻，顽强抵抗。

　　虽然有不尽如人意的地方，盟军受到各个方面的阻击，特别是没有按照原订的计划，夺

< 诺曼底登陆前，德军隆美尔元帅视察"大西洋堡垒"。

★"大西洋壁垒"

第二次世界大战期间，德军为防止盟军进攻欧洲大陆而沿从丹麦至西班牙的大西洋海岸构筑的战略防线。又称"大西洋墙"。该防线北至丹麦，经德、荷、比、法等国，南至西班牙。防线于1942年8月由德军工程兵部队开始修建，至1944年，全部工程并未如期完工，而其防御系统也并不完善。1944年6月，盟军成功突破"大西洋壁垒"并进占欧洲。

∨ 在诺曼底登陆的英军部队。

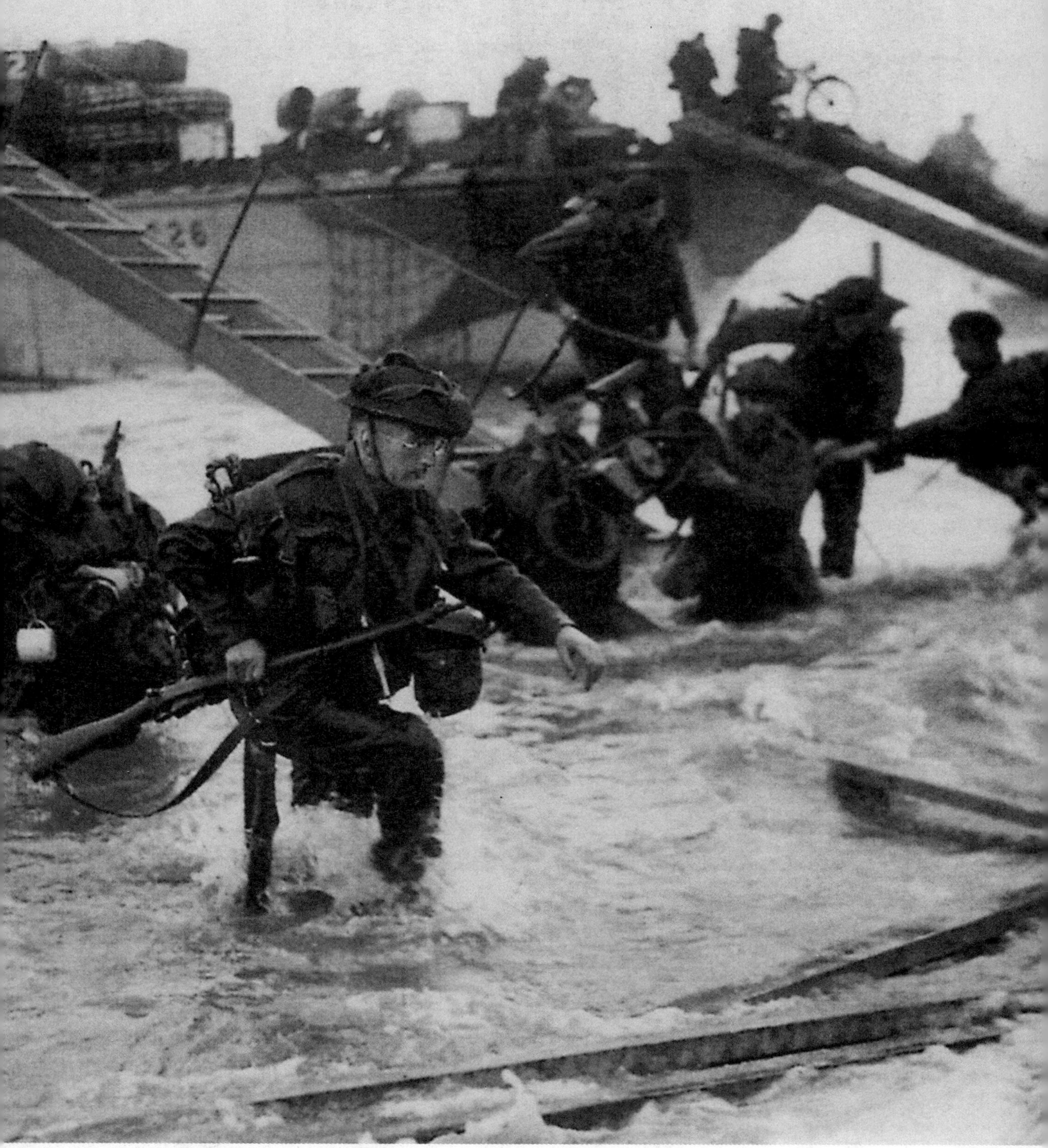

< 英军坦克部队通过卡昂城。

得卡昂城，但是盟军在刚一开始进攻就能在法国海滩立稳脚跟，这就足以让人满意了。

　　为了阻止盟军前进，德军从比斯开湾的各个港口调来一批潜艇，命令其冒险露出水面，高速行驶，尽最大努力破坏这次进攻。对此，盟军方面早就做好了准备，在英吉利海峡的西岸入口处早就聚集了大批的飞机，对从北面开来的潜艇构成了第一道防线。在这道防线后面，是掩护登陆的海军舰队，这可以说是第二道防线。所以登陆进行得非常顺利。

　　6月6日中午，丘吉尔来到下院，发表演说，他说：

　　"我得对本院宣布：

　　在昨晚和今天大清早，我们已在欧洲大陆开始了一系列大规模登陆行动中的第一个行动。"

　　"啪啪………"议员们兴奋地鼓起掌来。

　　当天下午，丘吉尔又把诺曼底登陆的消息致电告诉了斯大林。

　　斯大林得到这个振奋人心的消息，立即回电，向丘吉尔表达了自己的喜悦，并说明自己进攻德国的决心。

　　美军从诺曼底突破之后，接着便是英军开进卡昂，盟军节节推进。巴顿将军向东推进，邓普塞爵士将军和英国第2军往北攻陷布鲁塞尔。希特勒同时面临着法国和比利时的丢失和东方战场的强大攻势。

< 蒙哥马利等英军将领欢迎前来视察的丘吉尔。

此时，在东线战场上，由于苏军的反攻，在形势对德国不利的情况下，德军被迫转入战略防御来稳定战局。斯大林从1943年底就多次召开会议，研究如何利用有利形势扩大胜利战果的问题。苏联最高统帅部想在1944年把德军全部赶出苏联，并迫使其仆从国退出战争。为此，苏军计划集中兵力，连续实施一些高速度、大规模的战略性进攻。从1944年1月开始，从北起马伦支海，南到黑海大约4500千米的战线上，与德军作战。到了夏天，形势对德国更加不利，斯大林决定实施"夏季攻势"。在西线盟军登陆之际，斯大林的"夏季攻势"也已准备就绪了。

这可是个喜人的消息，丘吉尔当即拍电报给罗斯福总统，告诉他苏联即将开始在东线的"夏季攻势"。罗斯福得到盟军登陆的消息，心中乐滋滋的。从诺曼底发动进攻的时刻起，这位身残志坚的三军总司令，就一直坐在白宫的地图室里，精心地注视着前线的进展情况。胜利，增加了他生活的勇气，也增强了他必胜的信心。在他得知斯大林将在6月10日在东线展开新的攻势时，他的心中激动万千，汹涌澎湃。

为了能够在紧急情况下对重大军事行动做出决定，罗斯福命令美国三军参谋长于6月8日飞往英国。他们受到了丘吉尔的热烈欢迎。

6月10日，在英国对岸的蒙哥马利向丘吉尔报告说，他"欢迎首相到这边来看看"。

战斗还没开始，丘吉尔就想要到军舰上看看盟军进攻的壮举，由于国王的反对，他没有如愿，心中就憋着一口气。现在有人邀请他到战场上去看看，他当然是一百个愿意。正巧美国三军参谋长也在英国，大家都想到战场上视察，亲眼看看盟军的阵地。

于是，丘吉尔偕同他的老朋友史末资和布鲁克，以及从美国飞来的马歇尔将军和金海海军上将乘坐自己的专列，前往朴茨茅斯港口。在那里，一艘英国驱逐舰和一艘美国驱逐舰正等候着他们。

丘吉尔和史末资、布鲁克登上了英国的驱逐舰，马歇尔他们则登上了他们的军舰。6月12日，丘吉尔一行渡过海峡，安然到达了法国西海岸。当他们从登陆艇上纷纷攀缘而出时，蒙哥马利已经满脸微笑地在海滩上迎接他们了。

上车之后，汽车便在英军占领的那片土地上奔驰了。在法国肥沃的土地上，呈现出一派富庶的景象。金色的太阳洒在绿色的田野里。一群群可爱的黄白色母牛在阳光下吃草、散步，看上去是那么的安逸，自由自在。居民们看上去也很高兴，向着飞驰的汽车招手。丘吉尔不禁叹道："啊，这里真美。"

∧ 英军在卡昂与德军展开激战。

在视察中，丘吉尔对波尔安贝散、库尔塞尔、伍伊斯特朗等港口特别感兴趣。这些小港在制定"霸王"计划时，都没有被考虑，但是，在登陆战役中，这些小港都发挥了极大的作用，每天在这些小港卸下的货物达2000吨左右。丘吉尔对它们一一进行了视察。在这块范围狭窄的收复地上体味了胜利的滋味之后，他和史末资、布鲁克搭乘"克尔文号"驱逐舰，向英国驶去。

很快，他们便驶出了危险区、向着朴茨茅斯航去。丘吉尔则在这艘驱逐舰上酣然入睡了。

4小时后，他们到达了朴茨茅斯，美国三军参谋长也从彼岸回来了。两支队伍在丘吉尔的专列上又会合了。

"怎么样，马歇尔将军？"布鲁克问道。

"很好！我们对在美军滩头阵地上所见到的一切感到非常高兴，而且，我始终对我们策划已久的计划的执行满怀信心。"马歇尔有些激动。

"很好！我们对英军的进展也非常满意。"丘吉尔高兴地说。

在欢欣之余，丘吉尔还总忘不了与那两个伟大的伙伴斯大林和罗斯福通信，相互祝贺、相互鼓励。

盟军登陆后，第一个目的就是巩固各滩头阵地附近的防御工事，并扩展这些防御工事，以构成一条连绵不断的战线。经过几天的激战，到6月11日，盟军除了卡昂城没有夺取外，在内陆已基本上结成了一条连绵不断的战线。下一步，就是争夺卡昂城了。

不论对哪一方来说，卡昂都是至关重要的。对英美盟军来说，按照原来的计划，卡昂城是整个计划的枢纽地带，蒙哥马利的打算是以卡昂城为左枢轴，由美国部队围绕它转动；对于德国方面来说，如果敌方在卡昂城突破了他们的战线，他们的整个第7集团军就会被迫移向东南方面的卢瓦尔河，使第7集团军与北方的第15集团军之间打开了一缺口，到那时，通往巴黎的大门便敞开了。

因此，卡昂城变成了两方争夺激烈的地方。德军方面，到6月12日，投入战斗的有12个师，其中4个是装甲师；而盟军方面，利用巨大的空中优势，阻碍了敌人的一切交通。同时，利用优势兵力切断了卡朗坦半岛，夺取了重要港口瑟堡。这样便形成了对卡昂城左右两翼的包抄之势。

6月下旬，英军越过了卡昂城南面的奥东河，建立了一个桥头阵地。并在空军的配合下大败德军。7月8日，盟军再从北面和西北面向卡昂城发动了猛烈进攻。到7月10日攻占了整个卡昂城。丘吉尔立即发来贺电。

在盟军登陆以后，德国方面为了报复，在英国东南部发动了新型的空中攻势。这就是导弹。从6月13日起使用，在以后5个星期内发射了3000多枚，对伦敦街道进行轰炸，给伦敦居民带来了极大的恐慌。

导弹是一种无人驾驶飞机，每个里面装有炸药，当飞到事先计算的距离时，就自动切断引擎，导弹从高空垂直落下，到达地面时发生爆炸。6月18日上午，一个导弹落在了警卫部队的礼拜堂，炸死了很多优秀的军官，还有许多人受伤。这使丘吉尔非常难受。

导弹的飞行速度并不是非常快的，所以，在其飞行过程中可以被击

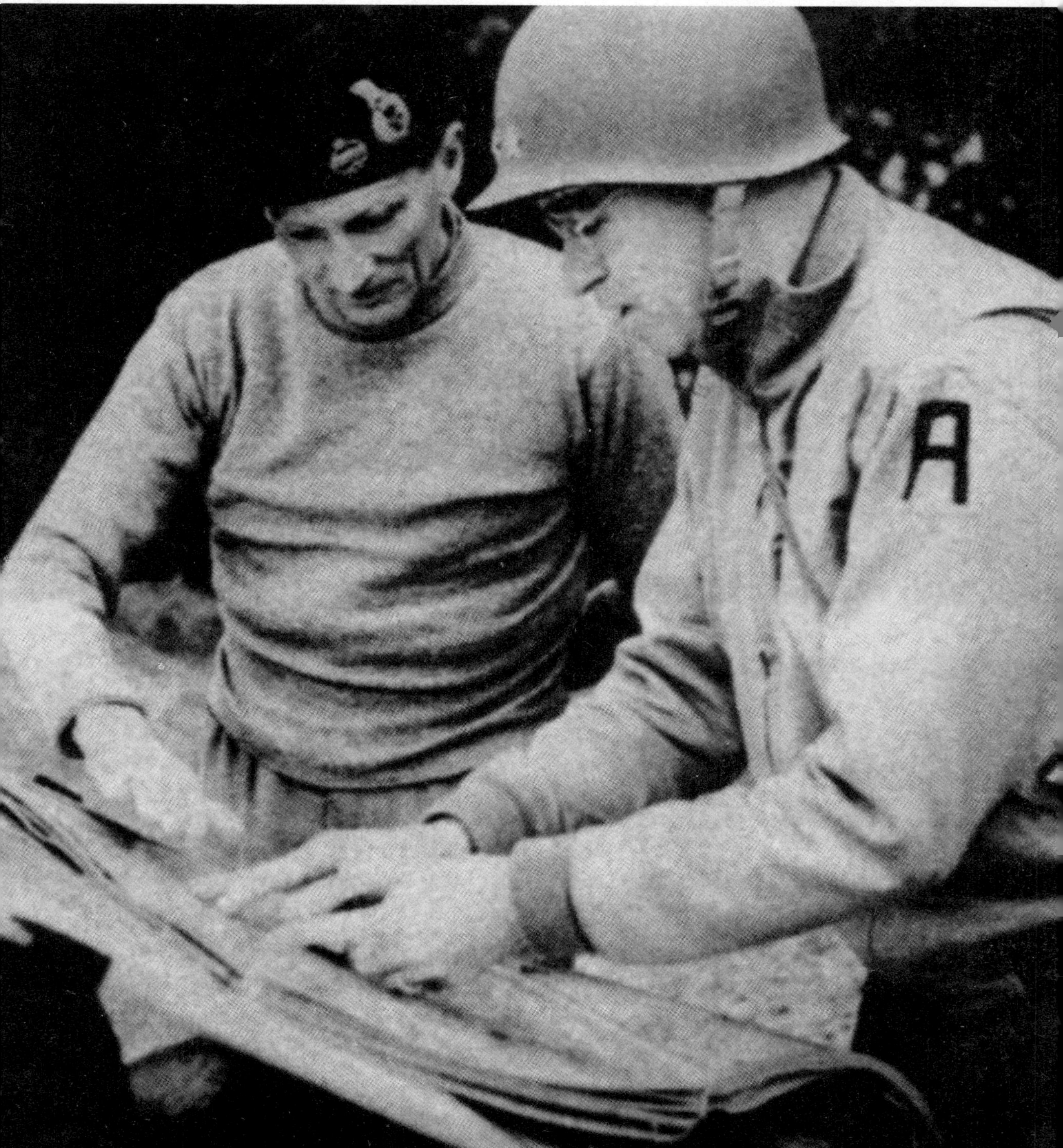
A

落。因此，丘吉尔命令用高射炮对导弹进行轰击，阻止其落入伦敦市区。6月20日，成立了一个由丘吉尔亲自主持的防备新武器的联防委员会，专门研究导弹问题。后来他把这个委员会，亦被称为石弓委员会交给他的女婿邓肯·桑兹主持。

邓肯·桑兹经过观察研究，向战时内阁提出了防御导弹的四个方案，对其分地带进行拦截，这才最后控制住了德国导弹的攻势。同时，盟军空军也在大量出动，轰炸设在德国的导弹发射场和供应点，使其在数量上大大减少。

导弹的干扰，只引起了英国国内的暂时紧张，它并没有阻止住盟军的进攻。

7月18日，英军向德军发动进攻，扩大了他们的桥头堡，并使队伍越过了奥恩河。德军对这些进攻，根本无法阻拦。但是由于天气不好，乌云密布，飞机无法起飞，英军的进攻只得推迟。

战场上进展顺利，丘吉尔便又产生了视察的念头。7月22日，他搭乘一架美军达科塔型飞机，到达瑟堡半岛上的美军降落场。

然后，他乘鱼雷快艇到英国各部队视察，并登上英国皇家海军的巡洋舰"企业"号离岸，到达阿罗芝什港，并在此舰上驻留了3天。这个港口，几乎供应了全军所需。

接着，他便听军官们向他汇报了港口的复修、使用，以及人工港口的许多事情。他听得饶有趣味，关于许多细节，他都一一盘问。

在舰艇上，他主要是对码头上的事务进行研究。白天，他仔细地观察车辆、坦克及补给品怎么从船艇上到达海滩上，又看着它们被一批批地运走。夜里，港口上非常嘈杂，丘吉尔在嘈杂声中对白天的所见所闻进行思索并处理他作为首相的各种事务。

在法国的最后一天，丘吉尔视察了蒙哥马利的总部。

之后，蒙哥马利把掳获的一架施托希型敌机交给丘吉尔使用。丘吉尔登上了飞机，进了机舱，空军司令官亲自为他驾驶。飞机在英国阵地上转了一圈。他走下飞机时，蒙哥马利问：

"首相，感觉怎么样？"

"这种飞机能在这么低的低空飞行，这比使用其他任何方法都能更好地视察和了解阵地上的情况。"丘吉尔说。

视察了阵地，丘吉尔又视察了战场医院。7月23日黄昏，丘吉尔飞回伦敦。对他的法国之行总结之后，他致电管理阿罗芒什的海岸军官希克林上校，对他的优异工作给予表彰。

< 蒙哥马利元帅正在法国研究作战计划。

　　港口的英国官兵接到表彰他们的电报，非常激动，有人提议把这个人工港命名为"丘吉尔港"，但丘吉尔没有答应。

　　在丘吉尔回国后不久，7月25日，美国第7军在布莱德雷★将军的指挥下，在右翼开始向南突破，美军开始了大规模的突击。次日，美军第8军加入作战。美国空军的轰炸，更是极尽摧毁之能事，使步兵的进攻获得很大的成功，使德军完全处于混乱状态。希特勒下令反攻，但德军力不从心，伤亡很大。

　　从8月初开始，英美军队便向巴黎周围集结，在法莱兹的袋形地区形成了包围圈。8月20日高度机动的美军封闭了法莱兹附近地带，开始对德军围歼。8月23日艾森豪威尔发出攻占巴黎的命令。8月24日，盟军全线向巴黎推进，当晚一支坦克部队到达奥尔良门，9点22

★布莱德雷

美国五星上将。西点军校毕业。1939～1942年任步兵学校校长和步兵师师长。1943年任驻北非盟军司令艾森豪威尔助理、第2军军长。1944年任驻西欧美国第1集团军司令，参加指挥诺曼底登陆战役。1944年8月，任驻欧洲第12集团军群司令，攻占德国本土，强渡莱茵河。1947～1949年任美国陆军参谋长。1949年任美国参谋长联席会议主席和北大西洋公约组织军事委员会主席。1953年退役。

分，开进市政府前面的广场。次日，这支部队一个师进驻巴黎。8月25日下午，德国司令部冯·肖利茨向盟军勒克莱尔将军签订了驻防军投降书。巴黎解放。

巴黎城到处沉浸在狂欢和游行之中。戴高乐将军便在此时出现在这个推延已久的胜利场面上了。他于下午5点到达圣多米尼克道，并在陆军部地址设立了总部。两小时以后，他在抵抗运动的一些主要人物及勒克莱尔将军等的陪同下，以"自由法国"领导人的身份首次出现在市政府处兴高采烈的群众面前。

8月26日，戴高乐举行正式的入城式，徒步从爱丽舍田园大街走到协和广场，然后又到了圣母院，最后举行了庄严的巴黎解放奉献仪式。法国本土上有了自己的抗战政府。

至此，诺曼底登陆彻底地成功了，西线由英美盟军所开辟的欧洲第二战场，正一步步地向德国推进。

>> "铁砧" 计划

在德黑兰会议上，盟国的首脑曾达成协议，即在进行"霸王"计划的同时，还要进行一次牵制敌人兵力的"铁砧"计划。

但是，由于意大利战事的紧张，"霸王"计划实施的日期迫近，各方面的兵力全都各有其用，要想实施"铁砧"计划，不可能从任何一方抽出兵力。所以，"铁砧"作战计划被暂时搁置起来。

诺曼底登陆成功以后，美国方面再次提出从法国南部登陆的建议。因为此时意大利的战役也有了很大的进展，罗马已被盟军攻克。而英国方面，以丘吉尔为首，认为没有必要在里维埃拉登陆，而应该把进攻转向西边的布列塔尼。因为里维埃拉已是德军重点把守之地，要从敌人的重兵面前强行登陆，其难度一定很大。

从 6 月份开始，丘吉尔便和罗斯福通电，讨论这个问题，同时又和在英国的艾森豪威尔进行探讨。但美国人一直没有让步，而且开始做在里维埃拉的作战准备。尽管丘吉尔多方努力，还是无济于事，罗斯福还是坚持要在法国南部进行战斗。

丘吉尔做了让步，他只好指示威尔逊将军，准备在 8 月 15 日攻击法国南部海岸。由于防止敌方获取原来的代号——"铁砧"的含义，将"铁砧"改为"龙骑兵"。

8 月初，丘吉尔又向罗斯福提出把"龙骑兵"移到西面的要求。他认为，盟军不应在敌方设有强固的防御工事的地方强行登陆，而可以轻而易举地从布列塔尼半岛的某些地点登陆，与法境的美军会师，然后协同作战，双方在平原上的战役，总的来说要比从海上登陆作战容易得多。同时他又致电哈里·霍普金斯，请他在罗斯福面前美言。但得到的只有遗憾，哈里也不赞同他的意见。

看来木已成舟，而且大量的美军源源不断地运往欧洲。美国在欧洲的势力越来越强，美国人给英国人带来的潜在威胁越来越大。为了不致在大方向上出现差错，丘吉尔不得不以隐忍为本。

意大利战场的巨大变化，使美国人实施"铁砧"——"龙骑兵"计划的信心更足了。6 月 4 日，罗马被攻克，凯塞林的残兵败将在一片混乱中向北溃退，盟军的空军对其时时轰击，弄得德军狼狈不堪。美英军队迅速地向罗马以北推进。

亚历山大对自己的军队取得的成绩是满意的。但是，他认为现在只能乘胜追击，这些胜利了的军队应该继续往前冲，而不能被抽调一部分去准备"铁砧"计划，所以他主张他手下的部队原封不动，"铁砧"计划也应该搁一段时间。

德军虽然从罗马方面败退了，但凯塞林又在构筑新的防线。从佛罗伦萨以北的群山之间，向西延伸到北萨之上的西海岸，向东转入了亚得里亚海滨的佩扎罗，形成了一条新的哥特防线。德军退到哥特防线之后，便在此驻防，与原来驻军会合、严阵以待。

但是，盟军越战越勇，接连胜利，而德军的抵抗力量也越来越强，西方又快到了决战的时刻。恰在此时，美国方面坚持要进行"铁砧"计划

∧ 1944 年 8 月 12 日，丘吉尔在意大利那不勒斯与南斯拉夫领导人铁托会面。

的准备工作，亚历山大接到命令，为"铁砧"计划抽调兵力，最后的总兵力要达到 7 个师。这样，便使意大利战场上的盟军数量锐减。

而同时，罗斯福命令亚历山大要与以往相同的力量来追击敌人，牵制意大利的德军，以便有利于从法国南部的登陆。亚历山大一如既往，以很大的劲头和热情坚持他的追击任务和作战计划。而德军经过整编和重建，集结了 14 个师，在从罗齐尼亚诺到阿雷佐，又从阿雷佐到安科纳以南的亚得里亚海的战线上，与亚历山大的军队形成了对峙形势。

在空军的配合下，亚历山大的军队进展迅速，不到两个月的时间，盟军已向前推进了 400 千米。但因许多问题需要解决，丘吉尔决定亲自前往意大利。他认为，亚历山大目前的担子很重，应该去安慰安慰他，去看看在意大利苦战的士兵们。而更重要的是，他觉得意大利和南斯拉夫的政治问题不能再拖下去了，自己应该到地中海着手解决这些问题。他迫切希望能和铁托元帅以及南斯拉夫彼得国王政府的首脑帕潘德里欧会谈。

7 月 30 日，他致电给正在卡塞塔的威尔逊将军，说他将在近期飞往意大利，并在那里逗留一段时间，就各种政治问题和铁托会谈，要求威尔逊能与铁托联系，约他到意大利来会面。8 月，他来到了那不勒斯。

8 月 12 日早晨，穿着苏联制的元帅服的铁托来到了丘吉尔的别墅。那身绣着金边的蓝色制服，绷得很紧，在炎热的夏天，看到它并未使人感到亲切和凉爽，而倒觉得气氛紧张，浑身不舒服。但是，铁托脸上表露的却是一种自豪刚勇的气质。

铁托在走廊迎来了从屋里出来的丘吉尔。丘吉尔待他非常热情，寒暄之后，丘吉尔说："铁托元帅，我想请你参观一下我的将军威尔逊的作战办公室，不知你是否愿意？"

"这边请。"威尔逊做出了主人的姿态。

威尔逊带着丘吉尔、铁托及一名翻译，走进了一间大房子。房子的墙壁上，挂满了各战线的地图，铁托看看这张，又瞅瞅那张。丘吉尔走到一幅盟军在诺曼底登陆地图前，说：

"元帅，你看看这张地图。"

然后，他指着地图上的地名，向铁托介绍盟军在西线同德军的作战情况以及盟军的战略计划。

次日清晨，威尔逊将军的参谋长甘默尔交给铁托一份关于盟军在伊斯的利亚半岛及其附近作战的重要备忘录。当天下午，丘吉尔再次会见了铁托，会见时英国驻南斯拉夫大使史蒂文森和苏巴希奇都在场。丘吉尔对他说：

"进攻伊斯的利亚是军事行动方面的问题，不但需要仔细研究，而且还要和美国总统进行密切的磋商。"

"这是应该的，我们必须采取统一行动。"铁托说。

"但是，有一点你们必须知道，"丘吉尔继续说，"美国政府是反对在战争期间随便改变领土主权的，况且，意大利正在为战争做出贡献，我们应当鼓励他们，不能分割他们的领土使他们感到沮丧。所以，我认为最好的解决办法就是当这些地区从德国人手中夺出来后，置于盟军政府的管辖之下。"

铁托说："首相，我要指出的是，我们的民族解放运动的力量已经控制了这里的许多地方，我认为至少我也能够参加这个地区的行政管理。"

"元帅，你还不能代表南斯拉夫政府，只能代表民族解放运动组织，所以……"

"这个我已经和苏巴希奇先生谈过了，他愿意同我共同签署一份关于伊斯的利亚的联合备忘录。"

丘吉尔用询问的目光看了看苏巴希奇，苏巴希奇点了点头。

"很好。"丘吉尔脸上露出了满意的笑容，接着他话题一转，说：

"铁托元帅，民主制度是代表进步的制度，它早已在大英帝国的君主立宪形式下发挥着作用，我认为，南斯拉夫的国际地位在君主制度下要比在共和制度下强得多，所以我希望南斯拉夫能走大英帝国的道路。"

铁托★沉默了一会儿，说：

"首相，我的国家在国王的统治下，曾经有过一段极其不幸的经历，人民因为国王而深受苦难。而且彼得国王和米哈伊洛维奇还有着千丝万缕的联系，想割断这种丑恶的联系，让国王过上新生活，还需要相当长的一段时间。"

"那你现在是否愿意和国王会面？"丘吉尔又问道。

"原则上，我是不反对同国王见面的，不过现在，我觉得时机还不成熟。我想如果时机成熟，我主动和苏巴希奇先生商量的。"

会谈在平和的气氛中结束了。丘吉尔设宴款待了铁托。铁托能够受到如此款待，高兴而去。

8月15日清晨，丘吉尔登上了英国驱逐舰"金伯利"号，从科西嘉出发，去观看盟军登陆的实况。

★铁托(1892～1980)

南斯拉夫民族解放运动领袖，生于克罗地亚，参加过第一次世界大战，1934年当选为南斯拉夫共产党党中央政治局委员。1935年赴苏联参加共产国际的工作。1941年6月27日，南共中央成立了南斯拉夫人民游击司令部，铁托任总司令，开展反法西斯斗争。同年12月，创建了南斯拉夫第一支正规军——"第1无产阶级旅"。1943年11月，铁托被授予元帅称号，宣布成立南斯拉夫临时政府。1945年11月29日，南斯拉夫联邦人民共和国宣告成立，铁托任联邦政府主席、最高统帅。

∧ 丘吉尔与铁托、流亡到伦敦的南斯拉夫总理苏巴希奇（前左）等人合影。

在这里，他们可以看到一长列、一长列的满载着美国突击部队的船只，络绎不绝地驶进了圣特罗佩海湾。丘吉尔屏住呼吸，等待海岸上发出枪炮声的那一刻，但是，等了许久，还是没有听到还击的枪炮声。他觉得非常奇怪，眼看着一艘登陆艇靠岸了，一队队盟军士兵冲上了海岸，但听不到敌人的反击声。

由于海岸上根本无人把守，刚才还轰鸣着的战列舰上的大炮也停止了轰击，在远处听起来战场上寂然无声，只能看到军队在行动。由于没有了枪炮声，战斗就变得索然无味，丘吉尔命令返回阿雅肖克。

在返航中，丘吉尔走进了舰长室，在里面发现了一部情节动人的小说，名叫《大旅馆》。一路之上，他看得非常投入，不知不觉地回到了他的两位将军那里。两位将军待在舰尾舱里，听不到枪炮声，只能无奈地等待。蓄谋已久的"铁砧"行动计划，就这样在无声无息之中胜利了。

到 8 月 16 日中午，美军三个师已全部登陆，其中，一个师向北方的锡斯特龙方向移动，直逼罗纳河谷；另两个师则向西北方的阿维尼翁方向进攻。两个方面的进展一直都很迅速。9 月 3 日攻克里昂，8 日攻克贝桑松。11 日，执行"龙骑兵"和"霸王"两个作战行动的部队在松贝尔农会师了。

德国第 1 集团军的两万多残余部队，被围困在了法国西南部的三角地带，走投无路，只得缴械投降。

但是，远在好望角的史末资寄来了意味深长的信。在信中，他提醒丘吉尔，"请不要让战略问题吸引了你的全部注意力，以致妨碍你注意开始露出苗头的更为重大的问题"。

"从现在起，较聪明的做法是密切注意一切与将来解决欧洲问题有关的事件。这是和未来世世代代的世界有关的重大问题。你的眼光、经验和巨大的社会影响对于解决这一重大问题将是个主要的因素。"

>> 意大利之行

1944年8月17日上午，丘吉尔乘汽车到亚历山大的指挥部去看望他。自从罗马攻克之后，这是丘吉尔首次见到亚历山大。见到了首相，亚历山大更是高兴。

"亚历山大，"丘吉尔说，"我认为你应该带我到你们曾经战斗过的地方去看看。"

"当然可以。"

亚历山大驾着车，带着丘吉尔沿着旧的卡西诺战线视察。每到一处，他都向首相说明这是什么地方，曾经发生什么样的战斗。最后，他下了车，指着远处山顶上的一堆废墟，说："首相，那就是寺院，但是现在已经是废墟了。当时那里的战斗可真激烈。"亚历山大好像陷入了沉思。

丘吉尔下了车，远望着那堆废墟，看了许久许久。

视察完毕，正赶上吃午饭，亚历山大命令部下在指挥部旁边的小树林里准备了野餐的桌椅。饭后，亚历山大用自己的飞机把丘吉尔送到锡耶纳。丘吉尔被安排住在一家没有家具的别墅里。

晚上，亚历山大带着他的主要指挥官来和首相一起吃晚饭。在餐桌上，他们详细地向丘吉尔说出了他的计划和困难。亚历山大说："第15集团军群真像一个人被剥了皮，又挨了饿一样。"

"我们所向往的宏伟的目标现在必须放弃。但是我们仍然要把最大数量的德军拖在我们的战线上，真苦呀。"一个军官也叹道。

"要想达到拖住敌人的目的，就必须发动攻势，但现在，敌军已经整编起来了，他们也是非常强大的，我们应该及早进攻。"另一个军官分析道。

亚历山大看了看丘吉尔，说：

"我们决定26日清晨全线发动进攻。右翼将攻亚得里亚海这边，直接目标为里米尼。西边是美国第5集团军，为了支援'铁砧'作战，它已经被抽调得七零八落了。"

"你们说我是不是应该去看看马克·克拉克将军？"丘吉尔问。

"当然，如果你愿意。"亚历山大答道。

8月19日，丘吉尔乘汽车前往里窝那，探望美军第5集团军的马克·克拉克将军。沿途每到一处，他都要从车上下来，看看这个旅的情况，问问那个师的困难，对士兵也问寒问暖，一路向里窝那开去。

< 丘吉尔在罗马与外交大臣艾登、亚历山大将军等人参与下调停希腊内战。

　　丘吉尔的到来，使马克·克拉克非常感动，非常高兴。他热情地接待了丘吉尔一行，并和他进行了推心置腹的长谈。马克·克拉克谈出了自己的困难，他显得非常烦恼。因为他那优秀的军队被搞得支离破碎，作为一个统帅，他能不伤心吗？！

　　长谈之后，丘吉尔检阅这里的部队，同时，他只能用耐心和谈话来安慰这位将军。克拉克将军则表示，尽管形势对他来说很严峻，但是他还要尽自己最大的努力，在英军的左翼前进，使战线始终炮火不断。

　　访问完了克拉克，丘吉尔把手头的事务清理了一下，于21日飞往罗马。在那里，他将处理一些关于意大利和希腊的政治问题。在他还没有到达以前，一些重要人物已经先到了。

　　首先，他必须处理的是迫在眉睫的希腊危机。7月7日，希腊国王在开罗致电丘吉尔，说，经过两个多月的争议，希腊民族解放阵线的极端分子，已经推翻了民族解放阵线的领袖们在5月底签署的《黎巴嫩协定》，不承认现政府。他请求丘吉尔再次宣布，英国支持帕潘得里欧所领导的政府。只有这样才能代表绝大多数人的利益，使希腊人民团结起来，对付共同的敌人德国法西斯。

　　英国政府当然同意支持帕潘得里欧的政府。但是，德国人要撤出希腊的谣传使帕潘得里欧的内阁出现了极大的分歧，这就使丘吉尔对这个具有脆弱性和虚假性的内阁不得不抱怀疑态度。所以，他决定要亲自会见帕潘得里欧以及他的亲信们。

　　同时，为了稳定希腊的局势，一方面，丘吉尔命英国外交大臣从思想方面稳住帕潘得里欧，压制他的共产主义企图；另一方面，为了不致使希腊一发不可收拾，他命英国参谋长向雅典调遣军队。

　　到达那不勒斯的时候，丘吉尔又开始了新的部署。他命外交大臣把希腊国王接到伦敦，静观事态发展，并命其通知英国驻希腊大使利珀于21日到罗马开会。同时要求做好远征希腊的准备。

8 月 21 日，丘吉尔到达罗马时，帝国总参谋长布鲁克先生，空军参谋长波特尔先生，英国驻埃及大使沃尔特·莫因先生和英国驻希腊大使利珀先生已经在这里等待他了。

当天晚上，丘吉尔会见了帕潘得里欧先生。

"帕潘得里欧先生，听说希腊民族解放阵线对你所领导的政府不服从？"丘吉尔试探性地问了一句。

"首相先生，不是这样的，希腊民族解放阵线已经在 5 月份加入了我的政府，因为英国对他们的态度很强硬，但是由于希腊政府没有自己的兵力和警察，一些不安全分子经常进行捣乱和煽动。"

"哦，是这样。"

"所以，希腊一直不能完全团结起来，我请求你们能够帮助希腊人民联合起来，共同抗击德国。而且现在，只是一些不应该有武器的人有武器。"帕潘得里欧向丘吉尔提出了请求。

"先生，我认为我们英国政府不能向你做出这种承诺，我们也不能承担派遣英军进入希腊的义务，就连这种可能性，都不应该在公开的场合谈论。"丘吉尔讲得很坚决。

"这……"

"但是，我觉得你有必要把你的政府立即从充满阴谋气氛的开罗迁到意大利一个靠近盟军最高司令部的地方。这样可能要更安全。"

"是的。"帕潘得里欧似乎恍然大悟。

"帕潘得里欧先生，我想知道你对希腊国王的地位是怎么看的？"英国驻埃及大使莫因问道。

"这……"帕潘得里欧还没有来得及回答，就被丘吉尔打断了，他说："我认为国王再不需要发表任何新的声明，因为他已经声明过，关于回国的问题，他要按照他的政府的意见行事。由于他在我们两国历史上困难时刻的表现，英国对他是友好和讲义气的。我们不想干涉希腊人民选择君主制或共和制的神圣权利。但是，要决定这么重大的问题，必须由全体希腊人民来决定，而不是由个别人来决定。"

"是，是！"帕潘得里欧迭迭称道。

"那是因为，"丘吉尔继续说，"这是牵涉到希腊人民全体的事情，而不是少数人的事情。虽然我个人效忠于在英国形成的君主立宪制，但是，英王陛下政府对于希腊的问题如何决定，不抱任何成见，只要有一个公正的公民投票就可以了。"

★弗雷伯格

英国陆军中将。幼年随父母移居新西兰，曾在惠灵顿学习。1913年赴美国。第一次世界大战时在美军服役任29师师长，在法国作战，多次受伤，以骁勇善战闻名，获维多利亚勋章。1942至1952年任新西兰总督。第二次世界大战中，指挥新西兰远征军第2师在地中海沿岸各战场作战，又获高级军功章。1942年获爵士称号。1951年被授予男爵爵位。

"我应该代表希腊人民对英王陛下的宽厚仁慈表示敬意。"帕潘得里欧说。

"谢谢，我会把你的心意转达给英王陛下的。"接着，丘吉尔说，"我觉得，现在希腊民族解放阵线已经停止和你的政府作对，并且要求加入你的政府，这就充分说明你是一位真正的国家首脑了。"

"谢谢。"

"但是，我要警告你，你必须提防颠覆的势力。而且我们要支援希腊，帮助希腊建立起一支国家军队。"

"首相，谢谢你。但是，直到现在保加利亚的军队仍然占领着我们国家的领土。"帕潘得里欧有点得寸进尺。

"这个你先不要急，现在我们还没有取得对它发号施令的权力。一旦我们能让他们听从我们的命令时，我们会立即命令他们退回到他们自己的边境上去的。"

"但愿这一天能早点来临。"

"当然，我们都希望这一天早点来临，但是目前，我们愿意尽我们最大的可能来帮助希腊。因为你的国家受害太深，应该得到尽可能多的援助。"丘吉尔说。

"谢谢，我们也会尽我们最大努力，尽量做好自己的本职工作，而且，我们必须明确我们的首要任务是在希腊建立一个希腊政府，把全体希腊人民团结起来。"

"是的，绝对正确。"丘吉尔称赞道。

希腊的危机就这样在丘吉尔和帕潘得里欧的唇舌之间化险为夷了。丘吉尔把这里会谈的详情电致外交大臣艾登先生。

8月23日，在梵蒂冈，丘吉尔受到了教皇庇护十二世最隆重礼仪的接见。

晋见完毕后，英国驻梵蒂冈的公使达西·奥斯本爵士亲自开车把丘吉尔接回大使馆。在使馆里，丘吉尔会见了王储翁伯托亲王。

次日清晨，丘吉尔结束了他对罗马的访问，乘飞机回到了亚历山大在锡耶纳的司令部，住在离司令部不远的别墅里，他的私人办公室也随他设在这里。为了鼓舞士气，他决定再次视察新西兰师。

∧ 1944年，丘吉尔在法国境内视察。

    当丘吉尔的车到达新西兰师的军营里时，士兵们夹道欢迎，弗雷伯格更是喜出望外。

    接着，经弗雷伯格★介绍，丘吉尔和他的几个部下一一握手，军官们真可谓受宠若惊。丘吉尔向鼓掌欢迎的士兵们喊道：

    "士兵们，为了盟国的胜利，你们辛苦了。"

    士兵们发出一阵阵欢呼。

    "但是，你们的任务还很重，德国人就在你们前面，你们一定要和他们英勇作战，现在意大利的战争对我们非常重要。"丘吉尔顿了顿，又说，"当然，你们高昂的士气，我已经看到了，我相信你们的能力。士兵们，为了消灭德国法西斯，战斗吧！"

    "哗……"他的精彩讲话一结束，一切便被这雷鸣般的掌声淹没了。

弗雷伯格代表大家说：

"首相，我们会尽最大努力的，法西斯一定会被我们消灭的。"

"很好，到了作战的那一天，我也会在前线看着你们把德国法西斯一个一个地消灭的。士兵们，我祝你们成功！"

8月25日，他致电新西兰总理弗雷泽，赞扬了优秀的新西兰师，称赞了以弗雷伯格为首的军官们。

下午，丘吉尔待在亚历山大的营帐里，他说：

"将军，明天就要发起进攻了，我觉得我应该到前线去看看，对我来说，这是一个非常难得的机会。"

∨ "二战"期间，丘吉尔与英军高级将领们合影。

"当然可以，但你必须和我一起，待在利斯将军的战场司令部里。到那里就离前线不远了。我也将在那里指挥战斗。"

"很好，在那里我可以看到我们英勇的第8集团军。那我们什么时候出发，我想我们应该今天就到那里去。"

"是的，不过还得等几个小时再去。"亚历山大说。

"能在亚得里亚海边看打仗，真是一种享受。"

两小时后，亚历山大和丘吉尔到达了洛雷托，利斯将军的车早就在此等候了。

"首相，上车吧。"利斯向刚下飞机的丘吉尔热情地打招呼。

汽车绕过了蒙特马乔列山，到达了山后的利斯将军的营地。帐篷设在山腰上，丘吉尔站在旁边向北俯瞰，说：

"这里真是个好地方，但是怎么看不见亚得里亚海呀？是不是它离这里还很远？"

"首相"，利斯将军说，"这里离亚得里亚海只有30千米，但是，它被这高耸的豪特马乔列群山挡住了，是看不见的。"

"将军，战斗什么时候打响？"丘吉尔问道。

"掩护我们部队前进的弹幕将在午夜开始，夜里去观看炮火，是一件非常兴奋的事。首相，到时候我一定为你找一个非常安全而且看得非常清楚的地方。"

"谢谢，但愿我的到来不会给你们带来麻烦。"

"不会的。"

午夜，炮轰开始了，一发发炮弹带着哨音从天空中飞了过去，接着便是冲天的火光，震耳轰鸣。丘吉尔被安置在一个非常好的地方，观看远处的炮火闪光带。这炮声，使他陷入了对第一次世界大战的回忆。

亚历山大来催他了，说：

"首相，天已经很晚了，你还是早点去睡吧！"

"是应该去睡了，可是这炮火太令人兴奋了。"

"但是我们明天清早就要到前线去，如果你休息不好，明天怎么能够吃得消？"

"我要看到的是真真正正的前线。"丘吉尔强调道。

"是的，明天我将带你去真真正正的前线，而且去你想去的任何地方，而且在前线呆一整天。"

"很好，听到这个消息我很高兴，不过在睡以前我必须给史末资元帅发封电报。"

发完电报，丘吉尔带着喜悦，心满意足地入睡了。

第二天早晨9点整，在亚历山大等人的陪同下，丘吉尔向前线出发了。跟他同路的除了亚历山大和其副官之外，还有汤米。丘吉尔和亚历山大同坐一辆吉普车，副官和汤米则乘另一辆车，跟在后面。

汽车行驶了 6 个小时，还没有到达前线，丘吉尔不耐烦了，问："还有多久才能到达前线呀？我们是不是朝着前线的方向前进？"

"没错，首相，你不要着急，马上就会到的。"亚历山大劝道。

说话间，汽车爬上了一个高高的岩石小山，在山顶上发现了教堂和村庄。但是，看不见人迹。亚历山大很是纳闷，怎么会没有人呢？

忽然间，在他们的周围出现了一群男男女女，他们对南边来的盟军将领表示热烈的欢迎。这更让人觉得奇怪了，刚才看不见人影，怎么一下子就出来这么多人？

"你们都藏到哪里去了，这么快又都回来了？这里究竟发生了什么？"亚历山大问。

"我们都藏在地窖里，刚才德国对我们这里进行了轰炸。"

"你看看，把房子都炸成什么样了，街道上全是石头瓦砾。"丘吉尔把头伸出车窗，看了看，低声说道。

"轰炸什么时候停止的？"亚历山大带着苦笑问村民们。

"大约，大约一刻钟以前。"村民们说。

亚历山大向远处望了望，第 8 集团军的整条战线的前方看得一清二楚。远处的阵地上浓烟滚滚。他想了想，回过头来说：

"我们最好还是离开这里，这个地方太引人注目了，敌人对这样的观察哨所会不断轰击的，我估计他们还会轰击这里。"

于是，汽车继续向西行驶了三四千米，到了半山腰的一块宽阔的坡地上。

这时，从前线传来消息，盟军的部队已经渡过了梅托罗河，并向前推进了两三千米。丘吉尔说：

"将军，这是值得高兴的，我们也应该渡过河去。"

"好吧。"亚历山大的语气中显然有些顾虑。

半小时之后，他们渡过了河。在橄榄树簇拥着的公路上行驶。亚历山大建议找一个向导，他的副官便驱车向附近的一个作战营地驶去，一会儿带着一名军官回来了。

吉普车继续往前行驶，不一会儿，便听到了步枪声和机枪"哒，哒，哒……"的扫射声。离前线已经很近了。前面有人挥手，示意不要再往前去了。那位向导说：

"前面就是布雷区，把车随便开进去是非常危险的。"

亚历山大和他的副官下了车，向一所灰白色的石砌的房子走去。向导对丘吉尔说：

"这所房子是刚刚夺得的，它建筑在半山坡上，是近距离观察作战的好地方。"

"首相、将军请你们到那所房子里去。"亚历山大的副官走到汽车旁边，说。

丘吉尔在副官和向导的陪同下来到那所房子中，亚历山大对向导说：

"你可以离开了。"

"是，首相，再见。"

∧ 英军亚历山大将军（右三）在意大利境内作战时与手下将领一起研究作战部署。

"再见，小伙子，谢谢你。"

"首相，这是一个非常好的地方，我们可以从这里看到战场的全貌。来，从这里往外面看。"说着，扶着丘吉尔走了过去，丘吉尔眯着眼睛，向前方看去。

"看到了吗，首相？"

"看到了，在那边，德军的步枪和机枪正从树林中向我们这边射击。但是看起来并不激烈。"丘吉尔说。

"是的，因为我们的增援部队还没有到。"亚历山大说。

"不管怎么说，这是我离战场最近的一次。"

"当然，这也是你听到枪声最多的一次。"亚历山大补充道。

"是的。"

半个小时以后，他们已经在归途中了。沿途，他们遇到了一批一批增援部队，这些部队是加强前方战线的。傍晚，他们回到了利斯将军的司令部。

"首相，感觉怎么样？"利斯问道。

"很好，不过我总觉得战斗不够激烈，枪声总是稀稀拉拉的。"

"已经不错了，你看这里，"利斯指了指地图，集团军整条战线的战果已经标在上面了，"从拂晓到现在，我们的第8集团军已经在20～30千米的战线上向前推进了6300米，而且伤亡很小。"

"这不能不说是个鼓舞人心的开端。"亚历山大笑着说。

"是的。"

8月28日，丘吉尔乘飞机前往那不勒斯，在那里发出了他起草的电报。这样，他的意大利之行该结束了，因为还有许多事情要他回去处理。

第十章
夺得胜利果实

1874-1965 丘吉尔

丘吉尔老谋深算，提出希腊、南斯拉夫的事务主要由英国负责处理，而罗马尼亚、保加利亚则由苏联负责。而斯大林更加深思熟虑，他要求将此事与美国直接磋商……

12月24日，圣诞前夕，丘吉尔在伦敦的家中，举行了一个家庭和儿童的晚会。他们拥有一棵不同寻常的圣诞树，这是美国总统罗斯福送给他们的。大家怀着欢乐的心情，等待着夜晚的到来。在茫茫的黑夜里，那棵圣诞树显得格外明亮……

但是，次年4月12日，罗斯福突然去世了……

>> 苏联渗透东欧

从1944年夏天开始，中欧和东欧的形势发生了变化。随着苏军的西进，苏联逐渐地插手巴尔干各国和意大利及波兰等国，使丘吉尔觉察出了来自东方的压力。

所以，他认为必须马上就如何处理波兰、匈牙利、南斯拉夫、罗马尼亚、保加利亚、希腊等国的问题，同莫斯科进行磋商，达成一致行动，在欧洲大陆上保持一种均势，不致在战后的局势中对英国不利。于是从5月开始，双方便你来我往地磋商。

丘吉尔老谋深算，提出希腊、南斯拉夫的事务主要由英国负责处理，而罗马尼亚、保加利亚则由苏联负责。而斯大林更加深思熟虑，他要求将此事与美国直接磋商。

无奈，丘吉尔只得去电报和他的老盟友罗斯福商量。罗斯福则对他这种没有与自己事先商议，便单独与苏联交涉的做法很是不满。但为了盟国共同的利益和美国战后在欧洲的势力范围有所保障，他还是和丘吉尔联合起来了。但是，为了不致和苏联关系搞僵，他一直强调：

"我必须谨慎声明，我们不是在建立任何战后势力范围。"

丘吉尔也承认，这不是预先建立战后势力范围。同时，他又将自己提倡分治的建议，提出试行3个月的建议。斯大林却仍坚持要就此事与罗斯福直接磋商。

这时，苏联已经陈兵罗马尼亚边境。而且在它的"夏季攻势"中处于节节胜利的地步。8月下旬，摧毁了德军指挥下的芬兰军队，并且使德军从切尔诺夫到黑海之间的防线迅速崩溃。8月23日，年轻的米凯尔国王率领心腹在布加勒斯特发动政变，在苏军到达南斯拉夫前的3天之内，解除了德军武装。9月1日，德军全部撤出布加勒斯特。

更加严重的是华沙方面的变化。7月下旬，苏军越过了维斯杜拉河，向华沙推进,而且在广播电台上号召波兰共产党的民族解放委员会在华沙发动反对德国军队的总起义。波兰共产党也积极进行起义的宣传和号召。

7月31日傍晚，华沙地下军司令部得到苏军坦克部队已在华沙东面突入德军防线的消息，便决定发动总起义。

8月1日下午5点，总起义开始了。猛然间，千万面窗户打开了，一阵弹雨从四面八方落在了德军头上，全城的百万军民都参加了战斗。

而此时，苏军故意停止了前进。

∧ 苏军向波兰境内的德军发起攻击。

　　这样，8月9日，德国人打出了一条楔形通道，穿过城市通向维斯杜拉河，把波兰军占
领的地区分成了若干孤立的小块。波兰总理米料来契克到达莫斯科，与斯大林进行会谈，寻
求援助，但是毫无结果。

　　8月12日，丘吉尔致电斯大林，并附上波兰副总理发给他的电报，说明华沙事态的严重，
并请求斯大林对华沙进一步援助。8月16日，苏联政府声称，不允许英美飞机向华沙空援物
资。出于无奈，丘吉尔只得把这种情况告诉罗斯福。20日，罗斯福和丘吉尔联名呼吁，但
是，他们得到的答复都是令人极其不满的。

　　苏联的各种表现，使丘吉尔感到担心，8月底他回国以后，便准备就许多至关重要的问
题与美国进行商议，这便是9月份的第二次魁北克会议。

　　在华沙居民遭受深重苦难的时候，9月5日，星期二，丘吉尔和他的参谋长乘坐英国"玛
丽皇后"号轮船，从克莱德港启航前往加拿大。

　　在船上，他们度过了6天。在这6天里，他们每天都召开会议，对当前的形势进行分析，
对各方面的计划做通盘的协调和考虑。

∧ 实施"吸血鬼"作战计划的东南亚盟军总司令蒙巴顿。

↑

★"吸血鬼"作战行动计划

第二次世界大战后期，东南亚盟军制订的在缅甸作战的军事行动计划。1944年6月，英美联合参谋部向东南亚盟军总司令蒙巴顿将军发出命令，要求东南亚盟军在缅甸发起反攻。6月6日，蒙巴顿决定实施两项重要军事行动。"吸血鬼"作战计划即为其一，目标是以登陆作战占领缅甸南部。同年10月中旬，东南亚盟军开始实施"首都"作战计划。1945年5月1日，盟军开始实施"吸血鬼"作战计划。至5月6日，计划完成，缅甸全境解放。

在欧洲，"霸王"行动已经取得了胜利，欧洲方面的前景可以说是乐观的。但是，对东方的日本，究竟在何时、何地，用什么样的方法来打击日本，并且能够确保英国的战争最后胜利时在东方也有不可取代的地位呢！

在东方，英国为了抗击日本付出的代价也不是很小。在过去的三年里，英国一直奉行的是"首攻德国"的政策。现在德国受到了来自法国、意大利和苏联几个方面的攻击，已经不足为忧了，该是在亚洲采取行动时候了。所以，在到达魁北克以前，他们必须研究怎样才能使英国在战争中起到与美国对等的作用。

作为在世界上有着广泛领地的大英帝国，它必须在战场上收复它在远东的合法属地，而不能再靠美国的力量，更不应该让美国在和平会议桌上把这些属地像施舍一样，或附加条件地交给它。

当然，英国如果要想在战争中有所作为，特别是在东方，其优势只能在海军和空军方面。在欧洲各方面的登陆完成之后，海军便可以毫无保留地调往东方。所以，他们决定要求美国同意他们的舰队全面参加对日本的作战。在德国被打败后，英国皇家空军也要跟随美军，立即参加对日作战。

至于陆军，其情况就有点复杂了。蒙巴顿将军被催逼着迅速向缅甸中部挺进，进行"首都"作战行动。目的是打通滇缅公路，并增加飞越喜马拉雅山的空运补给。另外，就是准备在东南亚进行两栖远征，渡过孟加拉湾，上岸攻占仰光，向内地推进，截断日军和他们在泰国的基地及交通线的联系，这被称为"吸血鬼"作战行动计划★。然后，在缅甸中部的英军挥戈南下，与在仰光登陆的部队会合，这样便可扫平缅甸全境，为在苏门答腊进行两栖作战做准备。

但是，要发动这样那样的进攻，必须有足够的人员和物资，这些都必须从西欧远远地运来，这是一次非常艰巨的任务。而且，是不是能在1944年一年之内完全打败德国，还不能肯定。

9月10日，丘吉尔一行到达哈利法克斯港，他们在这

＞ 1944年9月，第二次魁北克会议期间，丘吉尔与罗斯福以及英美高级将领合影。

里上岸。次日早晨，到达魁北克。罗斯福总统和夫人先到一步，当丘吉尔一行到达魁北克城堡时，总统的车在那里迎接他们。他的参谋长们又一次住进了弗朗特纳克别墅。他们在魁北克讨论了一系列问题。

在这次会议上，根据共同建议，盟军在多个战场上对日军和德军展开了新的攻势。

在东南亚，在缅甸境内向前推进，以原来据有的密支那-孟拱和英帕尔-科希百为基础，分别向南和向东奋力战斗，直指伊洛瓦底江上的曼德勒，同时积极准备在仰光的雨季前夕之战。

在太平洋，美国海军和空军的攻势越来越强，10月间，在菲律宾与日军展开了一场激战，在把日本的空军打得七零八落之后，开始对菲律宾的莱特湾发起总攻，重创日本海军，极大地削弱了日本海空力量。

在西欧，从9月1日起，艾森豪威尔就任统帅，盟军分路猛攻。9月3日，解放布鲁塞尔，9月12日，勒阿弗尔的德军投降。此后盟军陆续占领了迪埃普、布洛涅、加莱、布鲁日、根特、沙勒罗瓦、蒙斯、列日、卢森堡城。

在盟军集中力量，在各条战线上奋战的时候，与他们有着特殊关系的苏联军队也在极力推进。夏季以来，在罗马尼亚革命军的协助下，苏军已从多瑙河流域进攻到匈牙利边境；到了秋末，北面波罗的海沿岸诸国的德军的去路，已被向南深入进攻的苏军切断。起初，苏军只是从楚德湖西端发起进攻，后来攻势迅速向前扩展，很快伸展到从里加湾至北部的整个波罗的海沿岸。

9月下旬，南部战线战火又起，苏军展开猛烈的攻势，意欲从多瑙河南岸攻入南斯拉夫境内。在左翼，苏军得到了保加利亚军队的支援，接着他们又跟铁托的非正规军队取得了联

257

系，这就从一定程度上扰乱了德军从希腊所进行的艰苦而又巧妙的撤退。希特勒不顾波兰起义迫在眉睫的危险，却对匈牙利表现出了极大的重视，并且对其进行援助。

10月6日，苏联军队在罗马尼亚军队的协助下，发动进攻，从东南面直指布达佩斯，并以从北面喀尔巴阡山区进行突击作为助攻，越过多瑙河两岸，解放了贝尔格莱德。这一地区的德军则被一举歼灭。

这样，东欧的局势便变得紧张了许多，共产主义的势力简直要风靡东欧。丘吉尔越来越觉得，为了盟军的共同利益以及战后的局势，他有必要同斯大林会面了。

自从德黑兰会议以后，丘吉尔再也没有见到过斯大林，两个人之间的联系仅限于信函往来，他们之间有分也有合，有过华沙悲剧之中的争吵，也有过"霸王"行动成功之后的新的联系。他认为，苏联军队正在巴尔干战场上穷追猛打，罗马尼亚和保加利亚已经落在他们的手中，在炮声隆隆的战场背后，共产主义正在抬头，如果有朝一日遍布欧洲或西方，那对于英国和美国来说，可以说是一种耻辱和失败。所以，丘吉尔觉得自己有义务利用同苏联的较好关系，把这些新问题得以圆满的解决。

另外，世界组织的问题，也无时不在丘吉尔的脑海中萦绕。8月到10月，在华盛顿附近的敦巴顿橡树园已经召开了一个为期不短的会议，由美国、英国、苏联和中国制定了维持世界和平的方案。在会上，各国代表都同意一切爱好和平的国家参加建立一个被称为联合国的新组织。

这个组织由联合国大会和一个安全理事会组成。它的大会的任务是要讨论和研究如何促进和保持世界和平，并向安全理事会建议如何实行。每个国家都是大会的成员国，并皆有投票权，但是大会只能提出建议和通过宣言，没有任何执行权。安全理事会要调查联合国成员之间的任何争端，并且实际上可以在无法和平解决时采取武力解决争端。

根据这种方案，联合国大会只能讨论和建议，而只有安全理事会才能够采取行动。理事会的自由裁决不受"侵略"定义的限制，也不受什么时候可以使用武力，什么时候可以实行制裁条例的限制。

曾经进行过大量讨论的是，谁应该成为安全理事会的理事，以及他们应该如何行使其重大权力的问题。讨论之后，最后确定下来：由美国、英国、苏联三国和中国任常任理事国，而且一致同意，到必要的时候，法国也可以参加进来。另外由大会选出六个国家，作为理事国参加该理事会，一届任期两年。

在讨论中，英、美、苏三国之间的分歧显而易见。苏联不愿意加入任何一个国际组织，因为在组织中他将被一大批小国家的多数票压倒，尽管这些国家不能影响战争的进程，但是他们在胜利时肯定会要求平等。丘吉尔认为，希特勒是注定要灭亡的，但希特勒之后，又会出现什么呢？这个世界会太平吗？这些难解而又可怕的问题，更增加了丘吉尔会见斯大林的欲望。

丘吉尔感到他应该见见斯大林，与他像一个普通人同另一个普通人那样谈一谈。于是他要求空军参谋长纳特尔向他递交一份报告和明确的计划，他将和艾登先生前往莫斯科。

10月9日，丘吉尔一行飞抵莫斯科。

当天夜里10点，他们被接到克里姆林宫，举行第一次重要会议。不过这次会议是高层次小范围的，只有斯大林、丘吉尔、莫洛托夫和艾登参加，另外由伯尔斯少校和巴甫洛夫任翻译。

斯大林还是那样严肃，那样不苟言笑，当丘吉尔提出要邀请波兰总理罗默、外交部长格腊布斯基先生立即前来莫斯科时，斯大林听完翻译后只点了点头表示同意。

丘吉尔瞅准了时机，在半张纸上写道：

罗马尼亚——苏联……90%　其他国家……10%

希腊——英国……90%（与美国一致）苏联……10%

南斯拉夫——50～50%

匈牙利——50～50%

保加利亚——苏联……75%　其他国家……25%

然后，把字条递给他。斯大林听完翻译，稍停片刻，他拿起红蓝船笔在纸上画了一个勾，表示同意，然后把字条递给丘吉尔。丘吉尔一直很担心的问题，这么简单就解决了。

此后是一段很长时间的沉默。铅笔画出的决定巴尔干命运的纸条就放在桌子中央，大家都没有话说。最后丘吉尔说：

"斯大林先生，我们在处理这些与千百万人生命攸关的问题上，采用的态度似乎过于草率了，难道这不会被别人认为我们是玩世不恭吗？我建议我们把这字条烧掉算了。"

"不，你保存着它。"斯大林的态度非常坚决。

"好，我就保存着它。斯大林先生，我觉得现在特别该研究对溃败以后的德国如何处置的问题了。"

"是的，我想这个问题可以由我们两国的外长和美国的哈里曼先生进行深入研究。"斯大林说。

10月10日，丘吉尔向罗斯福发去了两封电报。一封说明意大利的发展局势，要求美国调出两个师，最好是3个师，到意大利前线增援美国第5集团军；另一封电报则是由他汇报第一次会谈的情况。

10月13日傍晚，在斯皮里多诺夫卡的苏联国家迎宾馆里，苏联、英国、美国以及波兰的代表召开会议，讨论解决波兰问题。在这次会议上，代表们将听取波兰总统米科莱契克及其同僚们关于波兰统一的立场，同时，英美代表会见了卢布林波兰人的代表。

卢布林波兰人明显是苏联人的附属。他们的谈话，无一不偏向苏联，而且表现得非常做作。领头的贝鲁特先生首先表明了他的态度：

"我们在这里代表波兰人民提出要求，利沃夫必须属于苏联。这是波兰人民的意志。"

接着便由卢布林头目奥索布卡·莫腊斯基作了长篇的发言。当他们的发言被翻译成英语和俄语时，英国人和美国人的脸露出了失望和惊愕，而斯大林却心中乐滋滋地眨着他那富有表情的眼睛。

看来丘吉尔想在很短时期解决波兰的统一问题不大可能了。整个会议开了 6 个多钟头，但是收效甚微。波兰也落到了苏联的手中。艾登先生对卢布林波兰人的印象坏透了，他不停地低声咒骂。

14 日，在莫斯科大剧场举行招待演出，开始是一场芭蕾舞，接着是一场歌剧，最后由红军歌舞团表演精彩的歌舞。丘吉尔在斯大林的陪同下坐在贵宾包厢里，全体观众对他们发出了一阵热烈的掌声。这场演出和掌声，扫去了丘吉尔昨日的不快，他的心情好多了，在包厢中和斯大林笑着交谈。

看完戏，他们一同回到了克里姆林宫。在这里他们进行了一次最有趣、最成功的军事讨论。斯大林由莫洛托夫和安东诺夫将军陪同，哈里曼先生带着迪恩将军，丘吉尔由布鲁克、伊斯梅，以及英国在莫斯科的军事使团团长伯罗斯将军等人陪同。

讨论一开始，英国代表便把他们以及盟军对西北欧、意大利以及缅甸的进攻目标告诉给斯大林，迪恩将军代表美国，发表了关于太平洋战役的讲话，并指出一旦苏联对日作战，将会对盟军提供特殊价值的支援，所以，要求苏联遵守德黑兰的诺言。

斯大林听了盟军方面的进展及下一步的目标，对他的安东诺夫将军说：

"安东诺夫，你可以向他们介绍介绍东线的情况。"

安东诺夫★对东线的形势作了一番坦率的阐述，并指出了苏军所面临的困难以及他们今后的计划。斯大林兴致很高，不时地插话，对于特别重要的内容加以强调。

在会晤的这些天里，双方在很小的范围内，进行了从未有的无拘无束的和诚心诚意的交谈。而且，此行的成果也可以说是丰硕的，对日作战问题、巴尔干问题以及对德问题，都有了初步的结果。丘吉尔于 10 月 16 日致电英王乔治六世，对莫斯科的情况向他做了汇报。在他的汇报中，洋溢着愉快的心情，充满了信心十足的话语。

10月17日晚上，举行了最后一次会议，结束了这次愉快融洽的会晤，丘吉尔乘飞机回国。在回国途中，他把这次会谈的详细情况向罗斯福作了通报。

经过两周时间的友好接触，在度过了这段有趣的时光之后，丘吉尔觉得他和他的苏联的关系更加密切了。

∨ 斯大林与到访的丘吉尔愉快地交谈。

>> 稳定法国和希腊

在这样的情况下，成立一个统一的、有广泛的代表性的法国政府便变得越来越迫切了。

在法国大陆上，法国游击队的集会以及社会舆论都趋向于支持戴高乐将军领导的民族委员会。到了9月底，这种迹象就更加明显了。

经过丘吉尔和罗斯福的磋商，10月20日公布：经盟军最高司令部同意，包括巴黎在内的拥有大部分法国领土的内政地区业已建立。这样，民族解放委员会变成了法国临时政府。

为了对法国新政府表示祝贺，丘吉尔计划前往巴黎访问。

11月10日下午，丘吉尔和妻子、女儿乘坐的飞机在奥利机场降落，戴高乐安排了盛大的仪仗队迎接了他们。

11月11日上午11点，戴高乐陪着丘吉尔乘坐敞篷汽车，在全副武装、身披胸铠的雄伟的共和国警卫队的护卫下，驶过塞纳河，经过协和广场。在明媚的阳光下，几百名威武的警卫队员显得分外壮观。著名的爱丽舍田园大街的整条林荫道两旁，挤满了巴黎市民，排列着整齐的军队。道旁房屋的每个窗口都挤满了观看的人，悬挂着国旗，使人突然想起了几千年前女英雄贞德的回归。

穿过狂热地欢呼人群，丘吉尔和戴高乐来到了凯旋门。他们向无名战士陵墓敬献了花圈。

仪式完毕，在一群法国政界要人的跟随下，丘吉尔在戴高乐的陪同下在公路上步行了大约1千米，然后登上了一座高台，检阅雄壮的法国和英国军队分列式。警卫团分遣队最为雄壮。检阅完毕后，丘吉尔又向克里孟梭的塑像敬献了花圈。

12日晚，在大使馆举行宴会以后，戴高乐邀请丘吉尔去贝桑松，参观即将发动的法军反击战，法国士兵高涨的士气，气宇轩昂的精神风貌，给丘吉尔留下了很深的印象。

是夜，丘吉尔与戴高乐作别，前往兰斯，次日清晨到达，前往艾森豪尔的司令部。下午，乘飞机回到诺索尔特机场。

丘吉尔回国后向罗斯福和斯大林分别写了一份报告，说明他与戴高乐的关系有所转变，并向他们汇报了法国的基本情况。此后，戴高乐便活跃在世界政坛之上，他力图在国际交往中为法国争得一席之地，跻身大国行列。他向苏联表示，愿意到莫斯科与苏联领导人建立联系，得到

∧ 1944 年 12 月，在法国阿登地区作战的德军。

斯大林的应允之后，他迅速抵达莫斯科，要求与苏联签订互助条约，并要求法国东部边界扩至莱茵河左岸。

针对这些问题，斯大林不能擅自处理，只得求助于罗斯福和丘吉尔。丘吉尔认为，可以与法国签订英法苏条约，而对于边界问题，应在德国崩溃以后，在和平会议上解决，现在提及还为时尚早。罗斯福的意见与之基本相同。于是，12 月 10 日，在莫斯科签订了类似《英苏条约》的《法苏条约》。

正在此时，在法国战场上，却酝酿着一场危机。

德国方面有一个大的进攻计划。伦德施泰特集合了第 5 和第 6 装甲集团军以及第 7 集团军，企图在时机成熟时突破盟军阿登地区直达默兹河的薄弱中心，再转向北方和西北方，把盟军战线切成两半，攻占安特卫普港，把盟军北方军队的生命线切断。

在 12 月初的短期沉寂之后，12 月 16 日，在猛烈的炮火掩护下，德国这个野心勃勃的进攻计划开始实施了。德军的进攻非常迅猛，盟军虽然总体上阻止了德军的攻势。但布莱德雷将军的第 12 集团军群的阵地却被切断了，使他无法在卢森堡司令部有效地指挥突出部队以北的两个集团军。到 12 月底，德军的进攻被有效地遏制住了。但盟军的损失却是极其惨重的。

12 月 24 日，圣诞节前夕，丘吉尔在伦敦的家中，举行了一个家庭和儿童的晚会。他们拥有一棵不同寻常的圣诞树，这是美国总统罗斯福送给他们的。大家怀着欢乐的心情，等待着夜晚的到来。在茫茫的黑夜里，那棵圣诞树显得格外明亮。

丘吉尔无时无刻不关心着战争，当他看到刚刚接到的电报时，他意识到，他必须马上飞到雅典去看看当地的局势，特别是要认识一下大主教，因为大主教在希腊人民心目中的地位是无可替代的，有许多事都需要他的配合。于是他立即拨通了诺索尔特机场的电话。

丘吉尔为什么要在圣诞除夕夜飞往雅典呢？原来早在 8 月份，丘吉尔离开意大利之前，他就曾要求英国总参谋长拟订一份英国远征希腊的详细计划，以便在德国在希腊崩溃时可以马上付诸实施，在密电中，这个计划被称为"灵粮"。

但是，由于在各方面的战斗，物资力量紧张，加之德国在巴尔干半岛各国中的战略地位动荡不定，要拟订这种计划，难度相当大。希腊受共产党的影响，有发生倾苏的可能。为此，丘吉尔决定更直接地干涉希腊内政。

他亲自来到了希腊。

12 月 26 日下午 6 点，在希腊外交部，关于希腊问题的会议开始了。

夜幕降临以后，各国的代表们以及大主教在一间宽阔而寒冷的房间里就座。在寒冷的冬天里，室内没有取暖的设备，只有几盏风灯在会场上发出暗淡、幽远的光芒。

丘吉尔和艾登坐在大主教的右边，亚历山大坐在他的左边。其余在座的是受邀而来的美国大使麦克维先生、法国公使巴朗先生以及苏联的军事代表。三位希腊共产党的领袖迟到了，当他们走进会议室时，丘吉尔已经开始讲话了。

丘吉尔在会议一开始，便发表了长篇讲话。他说：

"我们认为，最好是让每一分努力都用于重建希腊。因此虽然大战还在比利时和德国边界猛烈进行，但我和艾登先生到这里来了，想要做这样的努力来把希腊从悲惨的命运中挽救过来。因此，我们大家现在才聚集在此地，聚集在这个每分钟都可以听到离此不远发出的枪炮声的城市。

"英国方面的下一个步骤是邀请大主教担任这个希腊人会议的主席。我们不想妨碍你们的讨论。我们英国和其他联合在一起的胜利国家的代表们将让你们希腊自己在这个最卓越和最可敬的公民的领导下，进行讨论。我们不来打扰你们，除非你们再请我们来。我们可以等待一会儿，但是在这个狂风暴雨的世界里，我们还有许多其他的任务要完成。

"无论如何，我的希望是，今天下午在雅典这里开始的这个会议，将会使希腊在同盟国和全世界爱好和平的人民中间，再次恢复它的声誉和力量，会保障希腊的国境不受来自北方的任何危险的侵扰。全世界的眼睛此刻都在注视着这张桌子，而我们英国相信不论在激烈的战争期间曾经发生过什么事情，不论可能有什么误会，我们将保持希腊跟大不列颠之间的传

< 1945年，由于没有暖气和电，这家希腊市民只好围着一个小小的火炉，燃烧碎纸来取暖。

统友谊，这友谊在希腊取得独立之际，发挥过十分显著的作用。"

亚历山大补充道：

"我认为，希腊军队应该在意大利前线与德国作战，而不应该在希腊同英国的军队打仗。因为德国是你们、也是我们共同的敌人，而英国和希腊始终都是友好相处的。"

这两段立场明确的开场白，为这次大会开了头，使本来自相残杀的希腊人在大主教的主持下围在了一张桌子上，而且他们已经开始了谈判，并且都开始了正式的发言，因此丘吉尔向会场上的下属们示意，共同退出了希腊人的会场。

直到现在，丘吉尔才放下心来，高高兴兴地回到了大使馆。在等待会议结果和晚餐的时间里，他才想起来他是在圣诞除夕夜前从家里出来的，应该向妻子说声抱歉，于是他借此机会向妻子发出电报，向她说明情况，希望她能够原谅他。

希腊各党派之间的激烈讨论，占去了第二天整整一天的时间，最后同意由大主教任摄政。

大主教接受了摄政的任务，希腊有了一个新政府。

12月，在雅典的继续战斗终于把叛乱军队驱逐出了首都。到1945年1月中旬，英国军队完全控制了阿提卡。希腊的社会秩序和军事形势逐步趋于平稳。

>> 雅尔塔会议

战争的局势已经相当明显了，德国的失败只是时间问题了。

1945年1月，苏联军队已经越过边境，深深地插入到上西里西亚的大工业盆地，并且渡过维斯杜拉河，攻占了华沙，而且在围攻波森的同时，以扇形阵势向奥得河下游前进，直指

→

★美国军舰"昆西"号
美国海军第二次世界大战时期的重型巡洋舰之一。该舰长179.3米，宽18.8米，吃水深6.8米，标准排水量9950吨，主机动力为10.7万马力，最大航速每小时31海里。舰载武器装备有203毫米主炮9门、127毫米副炮8门及中小口径火炮等。第二次世界大战时期，该舰曾在太平洋水域作战，1942年8月在萨沃岛海战中被日本海军击沉，后被修复。

什切青和但泽。同时又向东攻入了东普鲁士。东线德军一直在溃败，虽然希特勒强令他们顶住，他们还是一个劲地向后撤退。

在西线，盟军也日益迫近德国边境。到1945年1月底，希特勒的军队，除了在匈牙利和意大利北部仅有一些弱小的据点之外，基本上被压回到德国境内。

这样，人们便又看到了欧洲胜利的希望。但是，一旦纳粹德国被击败了，应该怎样处理德国？在最后击败日本的战争中，苏联能向盟军提供什么样的帮助？军事上胜利以后，为了世界将来的和平和有效的管理，三大同盟国能够提供什么样的措施和组织？而且美国敦巴顿橡树园的讨论，也没有在所有问题上达成圆满的协议。还有许多非常微妙的关系都还需要进一步协调。所以，三国共同商讨世界未来的会议，已是迫在眉睫的事情了。

从1944年底起，罗斯福便同斯大林和丘吉尔交换意见，要求在近期召开三巨头的会议，得到了斯大林和丘吉尔的同意。会议初步定于1月末2月初召开，并且把会场设在雅尔塔。

这次会议，迫切要解决的另一个问题，那就是波兰问题。英美和苏联都以自己的利益为基础，英美支持米科莱契克，而斯大林则支持卢布林委员会，而且在1945年1月5日承认卢布林委员会为波兰的临时政府。这引起了罗斯福和丘吉尔的惊慌，他们与斯大林频繁地在电报中交涉，但是收效令人不满意，所以盼望着早日会晤。

罗斯福决定先到马耳他，然后再由此飞抵雅尔塔，同时他邀请丘吉尔也同时到马耳他。

2月2日早晨，罗斯福一行乘坐美国军舰"昆西"号★，到达马耳他。当天晚上，他和丘吉尔便在"昆西"号上举行了第一次正式会议。

在会上，他们审阅了联合参谋长委员会会议的报告，以及在此前他们在马耳他所进行的军事讨论的汇报。着重讨论了关于艾森豪威尔的渡过莱茵河的作战计划，对德国的潜水艇的作战，将来在东南亚和太平洋的战役以及地中海的局势。

丘吉尔认为：

"英美应该尽可能多地占领奥地利，因为在西欧方面，除必要外，被苏联占领得过多是不适宜的。"

这样，就使联合参谋长委员会在与他们的苏联对手交锋之前，明确了各自的立场，在军事问题上，也基本上取得了一致意见。这样他们感到可以放心地到雅尔塔去了。

当天夜里，他们便动身前往雅尔塔。

苏联在雅尔塔的总部设在约索波夫宫内，斯大林和莫洛托夫以及他们的将领们就在这里处理国家的政务，并指挥军队正在进行着激烈的广大战线上的军事行动。

他们到达雅尔塔的第二天，2月4日，斯大林前往沃隆佐夫别墅，看望丘吉尔。他们畅谈了对德战争的问题。

斯大林显然对战争的发展非常乐观。

1945年2月5日下午4点许，在利瓦吉亚宫的一张圆桌旁，三国代表就座，开始了雅尔塔的正式会议。

连同3个翻译人员在内，参加会议的共23人。

具有重大意义的国际会议一开始，就谈到了德国的前途问题。

斯大林首先发言：

"我们应该早日决定下来，对战后的德国怎样分解。在德黑兰的时候，罗斯福先生曾经建议把德国分成五个部分，而丘吉尔先生只希望把它分成两部分。现在是时候了，我认为我们应该有个明确的决定，不能再耽搁了。"

丘吉尔说：

"我认为我们大家都同意把德国肢解，但要考虑的事情很多很多。例如，普鲁士该怎样处置？哪些领土应当归于波兰和苏联？莱茵河流域和鲁尔及萨尔大工业区应该由谁来管？这些问题是需要深入地研究的。我认为，应该设立一个机构来研究这些事情，而且我们在作出最后决议之前应该先听取它的报告。"

两人在这个问题上一开始便不一致。

2月6日的第二次会议一开始，丘吉尔便竭力主张德国帮助英国挑起欧洲的重担，因为昨天罗斯福说美国在欧洲只能驻守两年的发言还萦绕在耳边，他对美国撤兵之后的西欧真的不放心。他要极力培养德国，使它强大起来，作为对付苏联的帮手。

而其他人则把话题转到了关于谋求和平的世界组织方面。又有人提出了敦巴顿橡树园的提议，美国的斯退丁纽斯提出了关于世界组织的新建议。这个建议曾在去年12月5日罗斯福向斯大林提出过。

2月8日，再次举行会议，一致同意支持苏联请求让它的两个加盟共和国加入联合国，并且同意世界组织的第一次会议于4月25日召开。邀请出席的国家仅限于1945年3月1日以前对共同敌人宣战的国家，或者已经在联合国宣言上签字的国家。

当天晚上，丘吉尔及其随从都和斯大林一起参加了约索波夫宫里的晚餐会。在这里他们都发表了极其漂亮的讲话。

这样，整个宴会活跃起来了，英国和苏联的国家首脑以及他们的下属们都活跃了起来，他们为相互的健康干杯、为他们的友好关系干杯、为世界未来的和平干杯。

世界组织问题可以说告一段落，但导致召开雅尔塔会议的直接原因——波兰问题还没有明确的进展。

自从斯大林承认卢布林委员会为波兰的临时政府以后，波兰又出现了一个伦敦流亡政府。而且，由于苏联和英国的原因，这两个波兰政府越来越仇视。但是作为英国，它认为有义务帮助流亡政府，建立统一的波兰。所以，在雅尔塔会议以前，波兰已成为问题的焦点。

罗斯福在和丘吉尔商量之后，向斯大林写了一封信，主张应该由卢布林政府的两个代表和从伦敦来的或从波兰国内来的两个代表一起参加会议，并着手协商建立一个大家都承认的临时政府，并尽快举行自由选举。在2月7日的会议上，得到了大家的同意。斯大林又提出了莫洛托夫制定的一个新建议，其中一些意见与罗斯福的意见相同。建议规定：

以寇松线作为波兰的东部边界；波兰西部边界从什切青城起，向南沿奥得河及西尼斯河划界。接纳波兰流亡政府的某些民主领袖入波兰临时政府，扩大波兰临时政府，并尽快举行波兰人民投票，经过普选建立波兰政府的永久机构。

接下来讨论波兰政府的问题。罗斯福建议由三个波兰领袖组成一个总统委员会到莫斯科去，组织一个包括华沙、伦敦和波兰本土各个方面代表的临时政府。

经过激烈的讨论，甚至争吵，于2月11日，英、美、苏三国关于波兰问题达成协议。他们重申他们的共同愿望是："要看到建立起一个强大、自由、独立和民主的波兰。"

他们达成协议，在广大的基础上改组华沙临时政府，吸收国内外的

> 雅尔塔会议期间,丘吉尔、罗斯福、斯大林等合影。

民主领袖,建议三国外长和大使在莫斯科与各界领袖商谈,决定改组方针,并称新政府为波兰全国统一临时政府。

关于波兰东西边界问题,一致同意其东疆依照寇松线,但若干区域作出对波兰有利的5~8千米的让出。西部边界,应当在听取了新的波兰全国统一临时政府的意见后,再作最后解决。

在雅尔塔会议上,还曾产生过一个秘密的协议。这个协议是有关苏联对日作战方面的。美国要求苏联在打败德国以后参加对日作战。斯大林却认为参战并非难事,但是苏联需要像旅顺那样的海岸基地,而且,在对日战争胜利后,对1904年日俄战争中苏联的损失加以补偿。于是,2月10日,斯大林和罗斯福草拟了一个协定,这也是苏联在参加对日作战方面的条件。

2月10日晚上,在丘吉尔的住处沃隆佐夫别墅里,三巨头举行了最后一次宴会。

餐桌上的气氛非常和谐,而且三巨头们谈资颇丰,内容极其广泛,其中和睦、友善的关系不言自明,于轻松愉快之中度过了一个夜晚。在斯大林离开的时候,许多英国代表团的成员都聚集在别墅的客厅里,一睹斯大林的风采。丘吉尔对他们喊道:

"为斯大林元帅欢呼三声!"

客厅顿时被一声高过一声的欢呼淹没了。

2月11日,三巨头在最后定稿的文件上和正式的公报上签了名。雅尔塔会议结束。

2月13日，丘吉尔在他的参谋长们和苏联黑海舰队的指挥官的陪同下，参观了巴拉克抗瓦战场，瞻仰了苏联红军和德国法西斯曾经战斗的地方。

次日清晨，他们乘车到达萨基，登上了在此等待他们的飞机，飞往雅典。在那里，他受到了热烈的欢迎，看到希腊国内稳定的形势，安居乐业的人民。他发表了长篇的演讲。在他的演讲中，他大声高呼：

"祝希腊万古长青！祝希腊全国同舟共济！"

在希腊人民的欢呼声中，丘吉尔离开了雅典，回伦敦去了。

>> 罗斯福溘然长逝

在西线的德军，尽管在阿登地区吃了大败仗，但是他们仍然决定在莱茵河以西作战，不想撤到河东去休整。但是，英、美、法的军队不答应他们这样。艾森豪威尔将军不但决心把德军赶过河去，而且要杀过河去。

到3月中旬，盟军已经基本上把德军全部逼到了莱茵河东岸。而且，蒙哥马利将军已经做好了渡河的准备。大量军需品、水陆两栖车辆、突击船只和搭桥的材料已经搬到了作战地区，军队也在烟幕的掩护下向莱茵河边集结。

3月下旬，经过激烈的战斗，斗志昂扬的盟军击败了打不起精神的在河东的德国人，渡过了莱茵河，并在河上架起了十多座桥，盟军通往德国的大门打开了。在科布伦茨以南和沃尔姆斯地区渡河的部队越来越多。

3月25日，美国第3集团军到达达姆施塔特，29日到达法兰克福。同一天，美国第7集团军占领了曼海姆。此时，美国第1集团军已经到了吉森，并向北推进。4月2日，法军也渡过了莱茵河，越过海德尔贝格向东挺进。卡塞尔被攻陷了，鲁尔和它的32万名守军也被包围了。德军的西线已经崩溃。

但是，苏联破坏了雅尔塔协定。在雅尔塔会议结束的近一个月时间里，苏联对在雅尔塔的承诺没有去实施。莫洛托夫极力阻挠关于波兰问题在莫斯科的会谈。苏联依然支持着卢布林政府，而且帮助它打击它的政敌们。丘吉尔和罗斯福多次向斯大林发电报，要求尽早解决波兰问题，尽早建立起统一的波兰政府，但斯大林置之不理。

英国国内各党派对苏联的这种做法大为不满，议论纷纷，甚至有人指责丘吉尔。在这种情况下，丘吉尔决定出面与斯大林交涉，但被罗斯福劝阻了。英美之间商量着对策，但是莫斯科的僵局还在继续着。

3月27日，丘吉尔再次致电罗斯福，要求直接出面与斯大林交涉。

于是他们先后向斯大林发去了电报，要求他秉持雅尔塔精神，按照他们三个人一起签署的文件办事。

然而，斯大林认为，卢布林政府必须加以改造而不应一笔勾销，需要的只是在现有的部长中，从外面掉换几个新人进来；只邀请8个波兰人参加协商，其中5个来自波兰本国，3个来自伦敦，所有这些人都必须接受雅尔塔决定，并且对苏联政府是友好的；而且，这些都应该先和卢布林政府协商，因为它在波兰有极大的影响。

　　对此，丘吉尔和罗斯福都觉得波兰问题堪忧。

　　与此同时，由于苏军的挺进，亚历山大在意大利的胜利，以及艾森豪威尔向莱茵河的进军，除了希特勒和他最亲信的党羽之外，人们全都相信德国的投降迫在眉睫了。驻意大利的纳粹党卫军的头子卡尔·沃尔夫更是先行一步，要求与英美谈判。

　　虽然英美强调只能以无条件投降为基础与卡尔·沃尔夫谈判，并同时就各个方面的问题向苏联通报，还是遭到了苏联的怀疑，而且苏联对英美的做法非常愤怒，就连莫洛托夫也对英美的行为出言不逊。

　　罗斯福和丘吉尔致电斯大林向他解释，但越解释，越引起了斯大林的疑心。英美和苏联的关系正经受着严峻的考验。

　　胜利就在眼前了，然而面对胜利，需要考虑和计划的事情还有很多。各种迹象表明，斯大林是非常有想法的，共产主义对英国，甚至整个欧洲来说，都是一个非常大的威胁，所以，英国必须立即建立一条新阵线去阻止苏联向前推进，而且这条战线应尽可能地深入到东方。这些都需要他的美国盟友的通力合作，都需要罗斯福的指导。

　　然而，就在这个关键的节点，罗斯福逝世了。

　　1945年4月9日，罗斯福在佐治亚温泉休养时，他年轻的女友露西·拉瑟弗德夫人带着著名的女画家舒玛托娃来为他画像。

　　4月12日，当罗斯福坐在皮椅上，画家正在紧张的为他画像时，总统看着露西，说："我头痛得厉害。"

　　这是他一生说的最后一句话。没等像画完，总统的头已经垂在了胸前。他就这样默默地去了，告别了战争，告别了他所热爱的事业。享年63岁。

　　4月13日凌晨5点，噩耗传到了丘吉尔的耳中。他觉得仿佛当头一棒，不但痛苦，更多的是一种难言的失落。这位卓越的人物，在过去的充满惊涛骇浪的岁月里，曾和他并肩而行，曾经为战胜法西斯敌人建立过多少丰功伟绩？但是，他现在不再存在了，那么多的是是非非，他没有处理好就匆匆地去了。丘吉尔觉得很孤单，觉得肩上有千斤的重担。

　　由于罗斯福的逝世，副总统杜鲁门成了美国总统。

　　丘吉尔想亲自飞到美国去参加罗斯福的葬礼，他命令下属准备好了飞机。

　　但是，由于许多公务都等着他去处理，而且正处于最危急、最困难的时候，他不能离开。于是，他只向杜鲁门发了封电报，表示悲痛和遗憾。

　　杜鲁门★向丘吉尔保证，他将尽力促进罗斯福总统为之献身的事业，并维护和增进他同

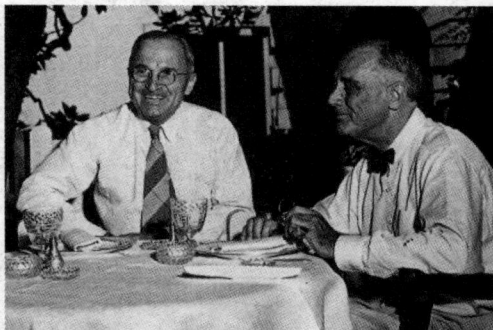

> 1945年，罗斯福与继任者杜鲁门在一起。

*杜鲁门（1884～1972）

美国总统，民主党人。1884年5月8日出生于密苏里州。1917年4月，在美国宣布参加第一次世界大战时应征入伍。战争结束时晋升为上校。后进入政界。1934年首次竞选参议员成功。1941年2月，担任参议院国防计划特别调查委员会主席。1945年1月就任副总统兼参议院议长。1945年4月，罗斯福逝世后继任总统。

丘吉尔所缔造的两国之间亲密牢固的关系。他已经从罗斯福肩上接过了美国统帅的担子，他必须把罗斯福未竟的事业进行到底。

在短暂的悲痛之后，丘吉尔便又同杜鲁门相互电报往来，继续进行争取和平、自由的战斗。在遭逢共同损失的情况下，他们又重新开始迈向了艰苦的征途。

杜鲁门总统采取的第一个政治行动，就是着手处理仅仅48小时以前罗斯福逝世时留下来的波兰问题。他建议由他和丘吉尔向斯大林发出联合声明。

于是，丘吉尔和杜鲁门向斯大林发出了联合电报，要求贝鲁特·奥索都卡－莫腊斯基、罗拉－济米耶斯基、萨皮耶哈主教，一个由斯大林提名的与现在的华沙政府无关而有代表性的波兰领袖，以及伦敦方面的米科莱契克，格腊布斯基和斯坦奇克，都应该立即被邀请到莫斯科。

斯大林接到声明之后，答复说他反对米科莱契克参加会议，因为他不承认波兰东部的边界，这也就是说他不是真心诚意地遵守雅尔塔精神。

丘吉尔急忙把米科莱契克关于承认波兰东部边界的公开声明送给斯大林，这才使斯大林对米科莱契克没再提出什么异议。

4月23日，斯退丁纽斯和艾登跟莫洛托夫就波兰问题进行了一个多小时的讨论，但没有任何进展。

　　同一天，丘吉尔又致电斯大林，要求他对他和杜鲁门的联合声明应该重视，希望能解决这些纠纷，以免"使胜利的时刻蒙上阴影"。

　　斯大林的答复，实际上是说，英美不是把波兰临时政府看作全国统一的波兰政府的核心，而只把它看作几个集团中的一个，等同于波兰的任何其他集团。他说他认为这不是三巨头在雅尔塔所作出的决议。

　　这在丘吉尔看来，完全是背弃了雅尔塔的宗旨。因为，召开雅尔塔的目的，就是把伦敦和卢布林的波兰政府一起撤销，而从有代表性的波兰人中间组成一个新的政府。在新政府中，贝鲁特政府的成员可以占显著的地位。但是斯大林不喜欢这个方案，他只承认卢布林政府，而对伦敦、波兰政府的三名代表严加阻挠，不许他们进入新政府。这让人不难看出苏联的目的。

4月29日，丘吉尔就整个事件，致电斯大林，在电报中他对斯大林认为英美会赞成成立一个敌视苏联的波兰政府表示震惊。他说，1939年英国参战，也是为了波兰，英国一直希望波兰能够早日得到它的主权和独立，同时希望波兰能与苏联保持友好关系。

他还说英国乃至整个英语世界的国家，都希望在平等的基础上与苏联交朋友。

他还指出，从波兰传出了各式各样的消息。其中有一种说法是说在4个多星期以前，有15个波兰人曾会见了苏联当局，进行了商谈，关于维托斯先生也有类似的报道，此外还有许多其他关于把一些人驱逐出境等说法。

接着，在电报中又说，苏联既然不提供给英美关于波兰的任何情况，又不让英美派人到波兰去了解情况，他们只能相信这种谣传。而在英美的占领区内，没有一个地方不让苏联派代表去的。

在给斯大林的电报中，丘吉尔提到了关于波兰人失踪的事件。事件的原委是这样的：

1945年3月初，苏联政治警察邀请波兰的地下工作者派一个代表团到莫斯科去，商讨依据雅尔塔协定的方针组织一个统一的波兰政府。在邀请时还附有一个对于个人安全的书面保证，并且有约在先，如果谈判成功，可以由他们派代表到伦敦和流亡政府洽谈。

3月27日，接替了博尔·科马罗夫斯基将军指挥地下军的利奥波德·奥库利茨基将军，其他2名领袖和1名翻译员在华沙市郊与一个苏联代表会见。第二天，又有代表波兰各主要党派的11个领袖加入了他们的行列。这些人没有一个从约定地点回来，而是全部失踪。

4月6日，波兰流亡政府在伦敦发表了一个声明，叙述了这一事件的概况。虽然他们有苏联官员发给的正式通行证，但这些地下工作中最受人尊敬的代表们却都失踪了。

直到5月4日，莫洛托夫才承认，这些人正在苏联拘留之中。次日，苏联的一个官方通讯社宣称，他们因被控在红军后方搞牵制性破坏活动一案正在审理之中。

5月18日，斯大林公开否认这些被捕的波兰领袖被邀请到莫斯科的事，而且坚持说，他们只不过是"牵制性破坏活动分子"，将受到"一种类似英国保卫国土法案的法律"的处理。此后这些被诱捕者一直没有消息。

一直到6月18日，对他们被控的案件开始审理。这些"犯人"被控告犯了颠覆、搞恐怖活动和间谍等罪名。除一个人外，其他全部或部分地承认了被指控的罪状。除了3个人被开释外，其他人分别被处以4个月到10年的有期徒刑。

战争还没有胜利，苏联和英、美之间的裂痕却日渐加深了。

第十一章
胜利之后的 "败退"

1874-1965 丘吉尔

希特勒安静地和他的随员们一起吃午饭。饭后，他和与他共同战斗的人们一一握了手，然后回到自己的休息室去休息。下午 3 点半，随从们听到了一声枪响。

德国虽然投降了，丘吉尔却没有感到一点轻松。在激动喧闹、庆祝胜利的日子里，这位饱经战争考验的首相向全国人民讲话。他在讲话中，向沉浸在胜利中的全国人民发出了警告⋯⋯

但他想不到的是，战争胜利结束了，他却被人民抛下了首相的宝座⋯⋯

>> 最后一次攻击

　　罗斯福逝世的时刻，正是各国在政治、军事等方面角逐之际。希特勒的西线已经崩溃，艾森豪威尔已经渡过了莱茵河，并长驱直入德国和中欧，东线的苏联军队已经逼到了离柏林只有56千米的地方。希特勒和他的法西斯军队的崩溃就在眼前了。

　　苏联红军的"冬季攻势"使他们越过了德国的东部边界而进入了西里西亚工业区和波美拉尼亚。在以后的两个月里，他们攻占了从什切青到格沃戈这一段的奥得河下游，并且再往南在渡过奥得河之后建立了稳固的阵地。

　　在奥珀林、波森和施奈德米尔等地，苏军包围并降服了这些地方的守军，并于3月底攻克但泽。科尼希斯贝格的守军仗恃着坚固的现代化堡垒，一直坚守到4月9日，最终被苏军攻克。只有在布雷斯和遥远的库尔兰德，还有大批德军在苏军战线的后方坚持着。

　　在多瑙河前线，布达佩斯的残杀到2月15日已告结束，但是在巴拉顿湖两端的德军的剧烈反扑却持续到3月份，但他们最终被苏军击退。此后苏军便进入了奥地利。他们从东南两路向维也纳进逼，并于4月13日完全占领维也纳，并沿多瑙河溯河而上，直捣林茨。

　　而西面的盟军，在渡过莱茵河和包围了鲁尔区之后，艾森豪威尔把美国第1和第9两个集团军的侧翼各军留下来对付这里的守军。布莱德雷的第12集团军群，即第9、第1和第3各集团军向马格德堡、莱比锡和拜罗伊特进逼。他们所遇到的抵抗是零零星星的，到4月19日，他们所到之处，无一不克，第3集团军的先头部队已经跨进了捷克斯洛伐克。第9集团军行动非常迅速，4月12日已在罗格德堡附近渡过易北河，大约距柏林只有90多千米。

　　4月16日，在奥得河边拥有雄厚兵力的苏联红军，在离柏林56千米的地方，沿着一条300多千米宽的战线上发动了攻击，并于4月25日包围了柏林城。同一天，从来比锡攻来的美国第1集团军的先头部队，在易北河畔的托尔附近与苏联红军会师。第9和第1集团军就此停留下来，在易北河边和穆尔德河边与苏联红军隔岸相对。这样，德军就被切成了两半，在苏、英、美军队的包围下瓦解。

　　柏林城的陷落是毋庸置疑的了。所以，丘吉尔出于政治方面的考虑，开始制订阻拦苏军的计划。4月30日，他致电杜鲁门，要求他指示艾森豪威尔迅速占领捷克斯洛伐克。但是艾森豪威尔却认为那是"军事上不明智的行动",但他许诺,"如果认为应当进入捷克斯洛伐克,而且这里的情况又许可",他的军队可以向捷克斯洛伐克的比尔森和卡尔斯巴德推进。

为了催促艾森豪威尔,丘吉尔于8月7日又致电艾森豪威尔,让他在不妨碍他进军计划的前提下进军布拉格,因为这里还没有被任何国家占领,包括苏联,正处于真空状态。但是艾森豪威尔的进军计划是在易北河西岸,沿着1937年的捷克斯洛伐克的边界停止进军,以观战局发展,如果情况允许,才会渡易北河进占卡尔斯巴德-比尔森-布杰约一线。

苏联很赞同这个计划,但是坚决反对美国第3集团军继续前进到达伏尔塔瓦河。因此美国军队停止了前进,而苏军则很快肃清了伏尔塔瓦河东西两岸,并占领了布拉格。

现在便遇到了一个非常实际的问题,那就是对战败的德国如何占领和管理的问题。

∨ 英军士兵正准备渡过莱茵河。

1944年9月的魁北克会议上，这个问题就提出来了，美国总统要求越过英占区的地方为美国辟一海港，会议决定把不莱梅和不莱梅港的控制权交给美国。1945年2月的雅尔塔会议也基本上对这个问题没有争议。而正在此时，苏联军队大批攻过了苏联边界，向西逼近，英美向斯大林提出了一个关于奥地利占领区的协定；而斯大林则建议在英占区和美占区应该划一部分给法国，并且在盟军管制委员会上给法国一个席位。而且，大家都明白，议定下来的占领区不应妨碍军队的作战，因为盟军不论是谁都必须尽全力不断地和德国作战，所以，柏林、布拉格、维也纳，谁先到达那里，谁就先把它拿下来。

但是，从那以后的两个月里，战局发生了惊人的变化，希特勒肯定是完蛋了，苏联军队不但在柏林作战，而且掌握了维也纳和大部分奥地利，又有占领布拉格的势头，可以说是占尽了优势。这在丘吉尔看来，对他们是一种威胁，而且是关系重大的威胁。

从4月份开始，丘吉尔便积极发动对德占领的磋商。4月27日，他致电斯大林，申明自己对此问题的态度。他建议，盟军最迫切的任务是彻底击败德国，所以，在德军战败以前，在作战中，不应有占领区的分别；而在德军被击败之后，首要任务是在柏林和维也纳建立盟国管制委员会，并把军队重新部署，各自接管各自的占领区。

5月2日，丘吉尔收到斯大林的答复，他建议在苏军和盟军会师时，苏军司令就应同盟军方面的司令共同协商，划定一条临时的战术分界线，并且采取措施来制服他们临时分界线以内德军的任何反抗。

与此同时，盟国军队以越来越猛的势头向前推进。德弗斯★将军的集团军群中的美国第7军于4月30日经过慕尼黑，并于5月3日到达因斯布鲁克，法国第1军沿着康斯坦茨湖的北岸挺进以后，转而向南，已经越过了奥地利边界。还有一支军队从意大利方面赶过来。这样，曾经相隔数千里的各方军队，在这里终于汇集在一起了。再加上北方蒙哥马利的部队，便形成了一个完整的包围圈。

★德弗斯

美国陆军上将。1909年毕业于美国西点军校。1936年至1939年在美军参谋部任职。1940年至1943年受命担任地中海战区盟军副司令，1944年至1945年，任盟军第6集团军群司令。率部在1945年春解放阿尔萨斯并进入德国本土。

英国第2军第8军团于4月19日到达了离汉堡50千米的易北河上游。第30军向不莱梅进军，并于4月26日攻占不莱梅。第8军的左翼有第12军，其右翼有美国第18空降兵团的保护，在4月29日渡过易北河，向波罗的海方面前进。5月3日，第12军进入汉堡。

　　在东、西两面的夹击正进行到高潮时，在南面的意大利战场上，盟军的各个战役都取得了辉煌的成果。

　　1944年12月，亚历山大接替威尔逊担任地中海战区最高统帅，美国的马克·克拉克将军接任了第25集团军群的司令。在秋季攻势之后，意大利的盟军进行了休整。

∧　在意大利境内作战的英军工兵正在架设浮桥。

　　在意大利，德军在各条战线上的持久而顽强的抵抗，使英美盟军的损失很大，而没有力量发动"冬季攻势"而只得把总攻势推迟到1945年春天。在此期间，盟国的空军利用他们30∶1的优势对维持德军给养的补给线进行了猛烈的袭击，使得从维罗纳到勃伦纳山口的许多地方在整整几个月都中断了交通。

　　4月9日晚上，经过一天的大规模空袭和炮轰，第8集团军以第5军和波兰军团为先锋，攻过了塞尼欧河。11日，他们到达了桑特尔诺河。第56师最前面的一个旅和突击队使用一种叫作"水牛"的新式两栖运兵坦克，出其不意地在敌人后方5千米的梅纳特登陆。14日，波兰人占领伊莫拉的消息传遍了第8集团军，新西兰师渡过了锡拉罗河，第78师在向北的进攻中，拿下了巴斯蒂亚的桥梁，然后同第56师一起向阿尔勒塔公路进攻。德军明白这是生死攸关的一战，所以抵抗非常顽强，拼死相争。

14日，第5集团军开始在皮斯托亚——波伦亚的公路以西发动中路的攻击。经过一周的激战，在盟国空军的配合下，冲出了山区，跨过了波伦亚以西的大道，向北推进。20日第5集团军继续向波河逼近，天上有战术空军在前面为他们开道。美国第10山地师于23日渡过了波河，第5集团军的右翼，第6南非师与第8集团军的左翼已经会师。

∧ 向威尼斯挺进的盟军部队。

这样，在他们后面的数千名德军不得不放下武器，被带进了俘虏营，或被押往后方。

在敌人撤退期间，盟军空军对一些永久性的桥梁、渡船以及临时浮桥都进行了轰炸，使德军乱成一团，溃不成军。许多辎重都留在了后面，而撤到对岸的军队也偃旗息鼓了。盟军一直把他们追赶到阿迪杰河，而意大利游击队则对山区和他们背后地区的敌人实施不断的袭扰。

4月25日，发出总攻信号，意大利游击队便进行了广泛的袭击，米兰、威尼斯等城市，都已经在他们的控制之下。而在意大利西北部，德军的零星投降变成了整批整批的投降。热

> 被倒挂在米兰洛雷托广场上的墨索里尼及其同伙的尸体。

那亚的4000名守军，被迫向一个英国联络军官和游击队投降。

27日，第8军渡过了阿迪杰河，向帕多瓦、特雷维佐和威尼斯挺进。第5军已经从维罗纳出发，向维琴察和特兰托前进，它的左翼伸展到了布里西亚和亚历山大里亚。

海军方面，也进展得非常顺利。在1月份中，斯普利特和扎达尔的港口已被游击队占领，而这些基地上的海防部队袭扰了达尔马提亚海岸。4月份，他们至少发动了10次海战，使德军受到重创，丧失大量的战斗力，而英国军队的船舰却无一损失。

在最后的战斗中，盟国军队分海、陆两处作战。在西海岸，英国、美国和法国的海军不断地活动，他们不断干扰敌人，同时击退了敌人利用轻型舰只和蚊式潜艇进行的不断袭击，并扫清了已占港口的水雷，为最后真正的驱逐舰作战扫清了道路。但是，由于陆上的战斗进展很快，海上的战斗很快就失去了存在的意义。

3月时，意大利的德军看到不能再坚持多久，为了寻求出路，由德国驻意大利党卫军的高级官员沃尔夫将军到达瑞士的伯尔尼，要求与盟国谈判，商谈投降事宜。

5月2日，近100万德国士兵变成了俘虏，在意大利的战争获得了全胜。

这样，意大利的法西斯魔头墨索里尼的末日也就临头了。他和他的德国伙伴希特勒一样，把幻想一直抱到了最后灭亡的一刻。

3月底，他最后一次访问了希特勒。希特勒向他透露了秘密武器即将问世的消息，这使墨索里尼对胜利抱有一线希望。他洋洋得意地回到了他在加尔达湖畔的总部。但是，盟军从亚平宁山脉迅速向北推进，使墨索里尼对战争胜利的信心越来越小。他已经从内心丧失了斗志。

目前意大利的情况已经很危急了，墨索里尼必须先找条活路。他和他的死党开车到达莫县政府，然后谋划出逃的计划。当天晚上，他便与拥护他的一小撮人跟着一个德国小护送队向瑞士边境出发。

为了不致惹出麻烦，车队的指挥建议墨索里尼穿上德军的服装。但是，这支护送队还是被游击队拦截住了，而且，穿着大衣、戴着钢盔的墨索里尼被认了出来。他立即被捕。随他而行的，他的爪牙，他的情妇贝塔西，全部被游击队捕获。

游击队把墨索里尼和贝塔西在第二天就用一辆车带出去枪毙了。他们俩的尸体被运送到了米兰，先被丢在路旁的排水沟里，后在洛雷托广场的一个加油站上，人们又把他俩的尸体用肉钩倒挂在路灯柱上。曾经作威作福的意大利法西斯头子，大概从来没有想到自己会落得个如此悲惨、可耻的下场。

这样，到4月中旬，德国即将灭亡的迹象已经非常明显了。

>> 德国的败亡

希特勒对这一切，也已完全了解并接受了。

4月29日，希特勒立下了遗嘱，指定海军上将邓尼茨为其继承人。

4月30日，希特勒安静地和他的随员们一起吃午饭。饭后，他和与他共同战斗的人们一一握了手，然后回到自己的休息室去休息。下午3点半，随从们听到了一声枪响。

德国的独裁者，发动第二次世界大战的罪魁祸首，就这样饮弹而亡了。他的尸体很快就在庭院里被焚化。燃烧的火葬堆，伴随着越来越大、越来越近的苏联红军的枪炮声，构成了第三帝国阴惨的结局。

遗留下来的纳粹首领们接着召开了最后一次会议。他们同意和苏联进行谈判，但是苏联的朱可夫元帅坚决要求德国纳粹们无条件投降。对此，他们失望了。

其实，在纳粹内部，关于投降的风已经刮过好几次了。在几个月前就有人建议希姆莱主动和西方盟国进行个人接触，希望能够与希特勒分开，向盟军投降。当时纳粹党卫队的舍伦贝格将军曾向希姆莱建议让经常到柏林访问的瑞典红十字会会长伯尔纳多特伯爵作为中间人，而且，希姆莱也曾与伯尔纳多特密谈过。但是，希姆莱誓死效忠希特勒，所以一直不投降。直到4月22日，希特勒宣布要在柏林坚持到底，希姆莱才觉得该自谋出路了。

4月23日晚上，希姆莱在吕贝克会见了伯尔纳多特，就投降问题和他交谈。

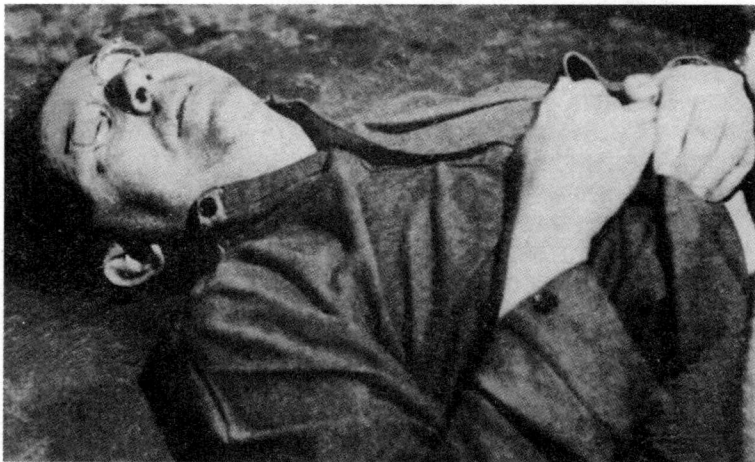

> 服毒自杀的希姆莱。

4月24日11点，英国驻瑞典大使维克托·马利特爵士和美国驻瑞典大使赫谢尔·约翰逊先生被邀请去会见瑞典外交部长博尔曼先生。在这里，他们见到了负有特殊使命的伯尔纳多特伯爵，向他进行了交谈。

两位大使对这个建议持不赞成的态度。他们说：

"希姆莱★拒绝在东线投降，而拉拢西线这显然是在他们失败之前在西方盟国和苏联之间制造矛盾。我们觉得德国应该向全体盟国投降。"

"这一点我是相信的。"瑞典外交部长说，"但是，希姆莱如果在整个西线放下武器，而且还答应在挪威和丹麦投降，这样对包括苏联在内的所有盟国不是很有用吗？我认为这样更会促进德国及早的全面投降。"

"但是，不论它对盟国多么有用，这样做会降低英美在苏联的威信。"美国大使说。

"我认为，无论如何，应该把伯尔纳多特伯爵的情报传递给英国和美国政府。就我们政府来说，我们完全有自由把这一情况告诉苏联，因为，我们瑞典人决不愿意，也不会被别人认为是在盟国之间挑拨离间。但是，瑞典政府没有，也不能直接通知苏联，其唯一的原因是希姆莱曾经和我们约定，他的情报只能提供给西方国家。"

于是，4月25日清晨，丘吉尔便收到了维克托·马利特爵士的有关汇报。他立即召集战时内阁开会研究，并且即刻拍电报给杜鲁门，表明英国立场。英国战时内阁认为，这件事应该通知斯大林，做到三大国共同处理，同时，应该给予艾森豪威尔将军或亚历山大将军接受局部投降的权力，并且对这些事件的处理进行详细的记录，以消除大国之间的怀疑。

当天晚上，丘吉尔与杜鲁门总统通了电话。当丘吉尔要求和他通话时，杜鲁门却尚未觉察到斯德哥尔摩所发生的事情，当然更谈不上了解。他还对此事一无所知，他还没有收到美国大使关于此事的报告。于是，丘吉尔在电话中将马利特爵士的电报全文向他读了一遍。

"那么这种只面向西线的投降，斯大林元帅能够同意吗？"杜鲁门发出了质疑。

"我相信这个投降一定会是无条件的，而且是同时向三大国提出来的。"丘吉尔说。

"而且"，丘吉尔继续说，"我和战时内阁已经研究过了，已经做出了决议，我已经把它传给了斯大林元帅。"

在给斯大林的电报中，丘吉尔一再强调：

就英国政府而言，毫无疑问，我完全能做到非同时向我们三个国家无条件投降不可。

但是，这些都必须要有希姆莱的答应才有效，然而，伯尔纳多特伯爵向他传去了盟国对投降的要求之后，再也没有得到过希姆莱的回答。投降之事不了了之。

直到5月21日，希姆莱在布来福尔特被一个英国的监视哨所士兵逮捕。5月23日，这位对希特勒无限忠实的纳粹首领服毒自杀。

在德国的西北面，5月2日，正当意大利投降的消息传来时，盟国的军队正好到达波罗的海沿岸的吕贝克，与苏联红军会师，切断了所有在丹麦和挪威的德军的退路。5月3日，盟军没有遇到任何抵抗便进入了汉堡，那里的守军无条件投降了。

同一天，由邓尼茨的密使海军上将弗里德堡率领的一个德国代表团来到了蒙哥马利的吕内堡荒原上的总部。他们企图得到一个包括北部和苏军对抗的德军在内的投降协议。这件事遭到蒙哥马利的拒绝。他说：

"这超过了一个集团军群司令的权限，我只能处理我自己战线以内的事。"

★希姆莱

纳粹德国首领之一，党卫军和秘密警察首领。主要战犯。生于慕尼黑。1917年就读于巴伐利亚陆军学校。1923年参与"啤酒馆暴动"。1929年成为党卫军首领和希特勒私人保镖。1933年任慕尼黑警察局长。1934年成为普鲁士盖世太保头子。1936年任德国警察总监。1943年任内政部长。1944年任国内驻防军司令。1945年5月被盟军捕获，5月23日在吕内堡自杀身亡。

∧ 丘吉尔在伦敦庆祝胜利日的游行队伍中，向欢呼的人群挥动表达胜利的手势。

∧ 在英国伦敦人们在庆祝胜利日的活动中欢呼。

第二天，弗里德堡在接到了邓尼茨的新指示以后，与蒙哥马利签订了在法国西北部、荷兰、岛屿地区、施勒斯维希——霍尔施泰因和丹麦的全部德军的投降书。

接着，弗里德堡马不停蹄，赶到了艾森豪威尔在兰斯的总部。5月6日，约德尔将军也奉命赶到了那里，协同弗里德堡工作。他们是在争取时间，以便使尽量多的士兵和难民可以摆脱苏联而到西方盟国一边来；同时试图向西线的英美单独投降。

艾森豪威尔识破了他们的企图，他不但要求德国在限定的时间内投降，而且坚持要有一个面向所有同盟国的投降。弗里德堡和约德尔无法做主，只得和邓尼茨商量。

邓尼茨也无招可施了。他向他的两位部长发出了签约的命令。5月7日上午，由比德尔·史密斯中将和约德尔将军签订了全面无条件投降书。当然，这必须有法国和苏联的军官在现场作证。于是，所有的战斗在5月8日午夜全面停止了。

5月9日清晨，在柏林举行了正式的投降仪式。空军上将特德代表西欧盟军最高统帅艾森豪威尔将军，朱可夫元帅代表苏联政府，陆军元帅凯特尔代表德国，分别在无条件投降书上签了字。这个签字仪式给德国主战场的战争画上了句号。

这可以说是个压倒一切的胜利。在胜利之中丘吉尔向他的盟友美国和苏联，发出了热情洋溢的贺电，并且要求他的妻子——她此时正在莫斯科，在广播中代替他向苏联人民宣读他的贺电。

然而，德国虽然已经无条件投降了，丘吉尔却没有感到一点轻松。在激动喧闹、庆祝胜利的日子里，这位饱经战争考验的首相被邀请向全国人民讲话。他在讲话中，向沉浸在胜利中的全国人民发出了警告。他警告他们还有许多事情要做，而且，大家必须准备为伟大事业在身心方面再做努力，作进一步的牺牲。他告诫他们，应该保持清醒的头脑，无论在什么时候都不能放松警惕，节日的欢乐固然是人们所需要的，但是，每个人都必须迅速恢复精力，以更大的劲头回到工作上去，并且在公共事务方面留心观察。

他提醒大家对于战后欧洲的发展做共同的努力，为欧洲乃至全世界的和平而努力。

显然，他，丘吉尔，仍对未来的欧洲很担心，对世界的未来充满忧虑。胜利是快乐的，是值得高兴的，但对付苏联却是艰难的、令丘吉尔头痛的。

>> 波茨坦会议

对德战争的胜利，也同时标志着英国联合政府最高任务的完成。1940 年 5 月，各党派走向联合，组成力量强大的联合政府。其目的便在于击败德国，保全不列颠。

在过去的 5 年里，联合政府唤起了不列颠巨大的潜力和持久力。在联合政府中，各个政党精诚团结，共同缔造出了丰硕的成果。然而，当战争的危险缩小，胜利的曙光出现在地平线上时，英国各政党间的竞争开始了。要求大选的呼声也一日高于一日。

作为首相的丘吉尔，虽然曾在 1944 年 10 月许诺过在对德战争结束时举行选举，现在战胜德国的目的达到了，而他认为，在许多问题的处理上，还必须由他来进行，因为他熟悉甚至曾经经历过战争中所进行的每一件事，在处理这些问题上，他不但有经验、知识，更有资格。所以他建议把大选放在击败日本之后举行。估计击败日本将需要一年或更长一段时间。

但是，英国国内选举的气氛越来越浓，而且各个党派之间，似乎已经终结了过去那种合作的关系，而相互变成了竞争对手。保守党内认为，与其这样纷纷扰扰，还不如早日大选，所以主张在 6 月进行大选。丘吉尔就此事询问了正在旧金山开会的艾登，艾登的回答也倾向于 6 月大选。

在保守党内，得不到令人满意的答案，丘吉尔便写信给艾德礼先生，希望得到他的帮助，能够把选期推到击败日本以后。但是，得到的答案同样是令他难过的。

面对各党派之间的纷争和关系的突然破裂，丘吉尔不得不在5月23日向国王递交了辞呈。他向国王详细地陈述了各种情况，而国王欣然接受了他的辞呈，并要求他在解散联合政府的同时另外组织一个新的"看守政府"，直至大选结果揭晓为止。

于是丘吉尔遵从国王的命令，组织起一个"看守政府"。他们那些曾经在战时内阁中发挥过重要作用的人物，包括保守党、自由党以及无党派的人物，仍然留在了他们的岗位上，这些人仍在下院中占多数。

5月28日，丘吉尔在唐宁街举行茶会，款待前政府的部长们。他对这些人充满了感激之情。因为在过去5年时间，甚至更长的时间，他们通力合作过。许多人因离开了他们的工作而感到难受，而丘吉尔因为失去了他们的帮助而更加难过。

选举阶段的日期和时间，也都一一定了下来，而且得到了国王的恩准。国王宣布，自从丘吉尔接到他的新任命起经过3个星期后，解散议会，也就是6月15日解散议会；7月5日提名候选人，由于士兵的票数必须等选票从前线寄回后才能计算，所以从进行选举到计算票数再到宣布结果必须经过21天，因之，大选结果出来应在7月26日。

在丘吉尔为大选的事情思索的时候，6月1日，杜鲁门来电，告诉了他一个喜人的消息：斯大林元帅同意在7月15日左右在柏林举行一个他所称为的"三人会议"。

丘吉尔立即答复，他将很高兴地带着英国代表团到柏林去。

参加重大的国际会议，丘吉尔一向主张在危机时期，每个政府首脑都必须有一个副手，以备不测。在战时的议会中，他一直把艾登看成是他的得力助手和继承人，但是现在新的议会正在选举之中，结果尚未揭晓，而且艾登正出席旧金山会议，所以，他决定邀请反对党领袖艾德礼出席波茨坦会议。艾德礼答应了他的邀请。

丘吉尔最担心的是美军过早地从他们曾经赢得的界线撤回到占领协定中所规定的区域中去，因为一旦这样，美军将空出长达600余千米的战线，这便给苏军占领有利地位和在占领中取得更多利益创造了条件。因为在丘吉尔看来，过去所制定的占领协定未必完全切合实际，所以应该在三大国再作商量之后，再各自进入自己的占领区域。所以，他极力建议早日召开三国会议。虽然这一建议未被采纳，他还是希望早日解除自己的顾虑。

6月4日和9日，他向杜鲁门致电，一再申明要求提前会期的原因，并要求美国与英国达成一致，同意在三国会议之后三国军队再撤回规定的防区。

杜鲁门也建议应该立即命令军队占领各自的占领区，关于苏占区，他已命令部队在6月21日起开始撤出。这在丘吉尔看来是万万不可的，于是他一方面致电杜鲁门，与他磋商；另一方面，致电斯大林，征求他的意见。

斯大林的答复，使这些问题得到了最后的解决。斯大林说，由于从6月19日起，朱可夫

∧ 1945年8月2日，在波茨坦会议上，就座的前左一是丘吉尔邀请的反对党领袖艾德礼与杜鲁门、斯大林合影。

元帅以及所有其他的苏联战地司令官，都已被邀请到莫斯科去参加最高苏维埃的会议，而且还要筹备并参加6月24日的大检阅，他们28～30日之间才能回到柏林。再加上柏林的地雷清除工作还没有完成，大概在6月底才能结束，于是他建议有关军队的调动和进入他们各自在德奥两国的占领区的日期应推迟到7月1日。

7月1日，美国和英国的军队开始撤到指定的占领区内。苏联从此便在欧洲的心脏地区站住了脚。

在这些事务紧张地进行的时候，英国的大选开始了。丘吉尔坐着汽车，到英格兰和苏格兰的各大城市，每天要进行几次富有热情的讲演，在群众中推销自己。一个年逾古稀的人，还这样尽力地竞选，真是一个了不起的人。各种各样的活动使丘吉尔精疲力竭，白天忙碌，晚上本应该休息，但还有大堆的电报在等待着他处理，所以他每天要工作许多小时。

大选使丘吉尔繁忙了一段时间之后，终于盼到了投票日。从选票投放开始，直到3个星期之后才能得知结果。于是丘吉尔打算让自己在这一段时间，在波茨坦会议之前，在和煦的阳光中度过一周的假期，休养一番。

于是，在投票日两天以后，他和夫人及女儿玛丽，一起飞抵波尔多。他们被安顿在布鲁廷内尔将军的别墅里，这里靠近西班牙边境，环境非常优雅舒适，而且是个沐浴的好去处。

丘吉尔每天早晨都躺在床上，阅读一位杰出的法国作家所写的一本关于波尔多停战及其在奥兰悲惨结局的记述。这些很容易唤起他对自己5年来往事的回忆。下午，他便带着精致的画夹出门，在尼夫河上或者圣让德路兹湾旁边找到动人的题材作画。他每天只处理几份有关即将召开的波茨坦会议的电报，其余时间尽量不问政治，或是把政治、政党置于脑后。

7月15日，他先乘汽车穿过森林到达波尔多机场，再从那里乘坐他的"空中霸王"式飞机到达柏林。

也就在这时，日本战败的形势日渐明朗。盟国军队的不断挺进和胜利，使盟国的国家首脑们把研究如何早日征服日本的问题提上了议事日程。

7月15日，杜鲁门和丘吉尔同一天到达柏林。这两位伟人急于相见，因为他们只通过书信联系，从未谋面，得此良机，当然是先见为快。于是当天下午丘吉尔便去看望杜鲁门。

第二天，他们分别在柏林城进行了巡视。柏林城内残垣断壁，一片混乱。街道上到处是面容憔悴、衣衫褴褛的人们。但当他们看到丘吉尔时，却发出了欢呼。

丘吉尔下了汽车，看看被战争折磨得疲惫不堪的人们，向他们挥挥手，走进了总理官邸。这是希特勒生前工作的地方，他曾经在这里发动了弥漫欧洲乃至全世界的战争，以至有了几分神秘的感觉。在向导的指引下，丘吉尔到了地下避弹室，观看了希特勒和他的情妇自杀的房间，然后又回到地面上，参观了他们的尸体被焚化的地方，仿佛目睹了这位曾经不可一世的法西斯魁首悲惨下场的情景。

7月17日，从美国传来了震惊世界的消息：原子弹试爆成功。

∨ 1945 年 7 月 17 日，丘吉尔在波茨坦会议时得知美国原子弹试爆成功。

★史汀生

美国国务卿。曾就读于耶鲁大学和哈佛大学法学院。毕业后为纽约市开业律师。1911至1913年任陆军部长。第一次世界大战时在法国作战。1927至1929年任美国驻菲律宾总督。1929年任国务卿，任内曾于1930年、1932年两次率代表团出席伦敦会议和海军日内瓦裁军会议。第二次世界大战爆发后任陆军部长。1945年曾提出对日本使用原子弹的建议。

这天下午，史汀生★来到丘吉尔的寓所，他把一张纸放在了丘吉尔的面前，其上写道："孩子们满意地生下来了。"

不用说话，只看他的神色，丘吉尔便知道一定有非常的事情发生。他便急忙问："这个是什么意思？"

"这意思是表示墨西哥沙漠里的试验已经进行了。原子弹已经是一个实实在在的东西了。"

从史汀生的口中，丘吉尔了解到了原子弹的一些情况，但是对这种东西的功用，他还是感到有些茫然。

第二天早晨，一架飞机带来了人类历史上首次原子弹爆炸这一惊人事件的详尽描述。

人类历史上第一枚原子弹，是在一个30米高的塔顶上起爆的。周围16千米以内的任何人都必须离开。爆炸的威力极其大。一股巨大的火焰和烟雾一飞冲天，周围约2千米以内的东西被完全毁灭。所以，这被看作是结束第二次世界大战最简洁的办法。

杜鲁门邀请丘吉尔立即和他交谈，因为这种发明对谁来说都是非同小可的。同时进行交谈的还有马歇尔等。

经过讨论研究，他们准备用这种可怕的空中轰炸和大量的军队配合攻击日本本土，迫使日本投降。因为他们深知，日本士兵所拥有的武士道精神，一向都是抵抗到底，至死方休的，这种精神不仅表现在阵地战中，而且每个洞穴、每条壕沟中的战斗也是这样。当他们战败时，他们不愿投降，排成一队，集体自杀。这样，要征服日本，必须一个人一个人、一寸土一寸土地抗争，对盟国来说，这样不但是可怕的，而且要付出巨大的损失。与其那样进行耗费巨大的战斗，还不如用一两次剧烈的震动使战争早日结束。

有了这种威力无比的武器的支援，英美深深地感到，他们再不需要苏联参加对日作战了。只要杜鲁门总统一声令下，这种武器便会在日本本土上空爆炸，日本必将被这种史无前例的武器震慑和折服。而斯大林曾在德黑兰和雅尔塔答应在击败德国之后，即进攻日本，为了实现这个诺言，从5月初开始，苏联便不断向远东运送军队。但是，这种举措，在丘吉尔

> 丘吉尔与美国总统杜鲁门握手。

和杜鲁门看来，已经没有必要了。

斯大林也是他们对希特勒作战的一个伟大的盟友，这件事情必须让他知道，最起码要让他知道已经有了一种能够支配大局的新东西。这个消息怎样告诉他呢？是以书面形式还是以口头表达呢？应该在一个正式的特别会议上，还是应该在日常会谈中，或在一个特别或日常会议之后？这是丘吉尔和杜鲁门必须慎重考虑的问题。

不管通知不通知斯大林，对日本战争的胜利可以说不是最难的问题了。德国已经垮了，现在必须首先解决的问题，是给大家创造一个自由安全的生活环境。而丘吉尔认为，其中首要的是应该解决波兰问题。因为，在战争中，苏联的边境划到了波兰的境内，而波兰必须从德国取得土地，这些都是大家公认的。

到1945年7月，苏联已经把它的边界推到了寇松线，这意味着住在这条界线附近的几百万波兰人不得不向西迁移。而且，在苏联指挥下，波兰政府已经命令向西尼斯河方向推进。但东西尼斯河之间，还有大量的德国人。这些人应如何处置？也要他们迁移吗？这太不可思议了。

苏美英三巨头终于又碰面了。不过，这一次由杜鲁门代替了罗斯福。

会议的第一次全体大会是在7月17日下午5点开始举行的。斯大林和丘吉尔都邀请杜鲁门为会议主席。会议提出了关于联合国和世界和平的一些问题。丘吉尔认为这些在目前都是次要的，他提醒大家应该把注意力集中到波兰的自由选举等迫切的实际问题上来。

7月18日下午5点召开第二次大会。会场外面，180多名新闻记者在徘徊窥伺，他们非常愤怒，因为他们没有被允许到里面去采访。丘吉尔认为应该接见他们，并向他们解释会议必须在安静和秘密的环境下进行，使他们死心塌地地离去。斯大林则对新闻记者极其厌恶，并制止了丘吉尔的这种做法。

会议仍然秘密进行，各国外长们拿出了他们起草的欧洲和平条约计划。

首先谈到的是德国问题。但是，明确管制委员会的权力，各种经济恢复与发展的问题，对纳粹舰队的处置，对这些问题还都没有做好讨论的准备。于是，丘吉尔问道：

∧ 波茨坦会议的主会场外景。

"'德国'的含义是什么？"

斯大林答道：

"指它的战后现状。"

而杜鲁门说：

"1937年的德国。"

"对于德国，我们不能脱离开战争来说。"斯大林说，"你说的那个1937年的德国已经不存在了。它既没有确定的边界，也没有军队，只有四个占领区。"

"但是，我们可以把1937年的德国作为我们讨论的起点。"杜鲁门说。

这次没人提出异议，讨论便转到了波兰问题上。

苏联代表团要求把波兰的西部边界延伸到斯维纳明德以西直达奥得河，把什切青归到波兰这一边，然后沿奥得河上溯到它和西尼斯河的会流处，再从此沿西尼斯河直达捷克斯洛伐克边境。

而在以前，三国曾经约定，根据1937年的德国边界把它分为四个占领区，分别由苏、美、英、法四国占领，而且英美两国的军队已经撤退到了自己的占领区内。但苏联政府这样做，显然是在不同英美商量的情况下划给了波兰一个区。如果这个占领区不在德国的占领区内，那将使牵涉到的赔偿及其他与东德国有关的问题无法解决。

杜鲁门根据雅尔塔宣言，建议就波兰西部边界问题与波兰政府商量。于是，他们一同向波兰政府发出邀请书。

　　7月24日下午，以波兰临时政府的贝鲁特总统为首的代表们来到了丘吉尔的寓所，与他会见。当时艾登、克拉克、克尔爵士以及亚历山大也一同参加了会谈。

　　一开始，丘吉尔就提醒他们，英国是因为波兰受到德国的侵犯而参战的，英国一向是非常关心波兰的，但是波兰现在所要得到的边界，意味着德国将失去它在1937年所拥有的可耕地的四分之一。因此有近900万德国人将必须迁出，这样大量的移民，不仅震动了西方民主国家，而且也直接威胁到英国在德国的占领区，因为英国不得不维持英占区的难民的生活。而结果是波兰和苏联握有粮食和燃料，而英国只有嘴巴和壁炉，所以英国反对这样分割德国。而且，英国深信，波兰向西推进得太远，正像他们一度向东推进得太远一样，是危险的。

　　贝鲁特★抗辩道：

　　"如果英国当初是为了波兰而参战，现在却表示不理解我们的要求，这将会犯严重的错误的。我们这些要求并不过分，而且我们也是为欧洲的和平着想。波兰所要求得到的并没有超过它的损失，必须迁移的德国人一共才有150万。从寇松线以东移来的400万波兰人和将从国外回来的大约300万人都需要新的土地来安顿，即使这样，波兰的领土还是赶不上战前，它已经失去了肥沃的耕地、宝贵的森林和加利西亚的油田。在战前，约有80万波兰雇农常到德国东部去当季节工，波兰所要求的地区，特别是西里西亚，其中的居民，实际上大多数是波兰人。而且，这些领土在历史上就是波兰的。况且，东普鲁士的马祖里人中至今还有大量的波兰人。"

　　"贝鲁特先生"，丘吉尔说，"波兰应该得到补偿，我想，把东普鲁士在科尼希斯贝格以西和以南的地区划归波兰是没有问题的。"

★贝鲁特

曾任波兰人民共和国总统。波兰统一工人党主席。1912年加入社会党。1918年参加共产党。1927年起长期流亡国外。1942年参加建立波兰工人党并担任领导工作，积极组织波兰人民进行民族解放斗争。1944年当选为全国人民代表会议主席。波兰解放后，1947至1952年任波兰总统，1952至1954年任部长会议主席、工人党中央委员会总书记。1948年12月，工人党与社会党合并组成波兰统一工人党后，任主席、第一书记。

"但是"，贝鲁特还争辩道，"战败的德国仅丧失了领土的18%，而波兰却损失了20%。在战前，波兰的人口就非常拥挤，许多人不得不迁居国外。波兰人仅仅请求把他们的领土要求加以仔细的审查。我们所建设的界线是波兰和德国之间可能做到的最短的一条线。这将使波兰得到公正的补偿。波兰相信英国会同意波兰所受的损失得到补偿的。"

　　"我有必要提醒你，直到现在，我们无法亲自看到波兰的实际情况，由于那里对我们来说是个关闭地区。我想问你，我们能不能派人到波兰去，而且享有充分的行动自由，从而告诉我们那边的实际情况？我赞成你的国家应得到充分的补偿，但我不得不告诉你，你们要求这么多是一种错误。"丘吉尔补充说道。

　　第二天上午，丘吉尔又和贝鲁特进行了一次严肃的单独谈话。

　　交谈中，贝鲁特说：

　　"战争为新的社会发展提供了一个很好的机会。"

　　"这是不是意味着波兰将投入共产主义的怀抱？这是我所反对的，虽然这完全是波兰自己的事。"丘吉尔又发出了警告。

∨　以斯大林为首参加波茨坦会议的苏联代表团。

"不，不。我可以向你保证，依我看来，波兰和共产党还相去很远，它有必要和苏联友好，并且向它学习，但波兰有自己的传统，我们是不愿意照搬苏联的制度，如果有人试图用武力把它强加给波兰，波兰人民是不会答应的。"

"内部问题虽然是你们自己的事情，但它会影响我们两国之间的关系。当然，波兰也有需要改革的地方，尤其是在土地方面。"丘吉尔说。

"我认为，波兰应在西方民主的原则上发展。"贝鲁特说，"波兰并不是小国，而且位于欧洲的中心，如果按照民主的路线发展，尤其是以英国为楷模，改革将是不可避免的。"

"而且，波兰必须有独立于行政之外的法院。"丘吉尔说，"巴尔干各国最近的发展并不是趋于苏维埃化，而是变成了警察政府，警察奉了政府命令到处拘捕人民。西方民主国家对此感到非常遗憾。波兰将有所改进吗？苏联的秘密警察撤退了吗？"

"一般情况下，苏联的全部军队都即将撤防。苏联的秘密警察在波兰是发挥不了什么作用的，波兰的安全警察与他们是没有关系的，他们只隶属于波兰政府。"

丘吉尔告诉贝鲁特：

"英国决不想从波兰得到什么，而仅仅希望看到波兰强大、幸福、繁荣和自由。自从雅尔塔会议以后，没有很大的进步，但是最近几个星期以来，情况大有改进，现在已经有了一个得到公认的波兰政府，我希望它能使自己变得尽量地开明一些，对于德国占领期间的恐怖的考验并不是人人都能经得起的。强者抵抗，但是大多数普通人则只有俯首从命，并不是所有的人都能够成为烈士或英雄的。聪明的办法只有一个，那就使所有人都回到自治生活的主流中去。"

"我的政府并不是阻止人民发表政治上的意见，但是我们迫切希望避免有许多小党派。在选举中，凡是愿意参加的小党派都可以尽量参加竞选，但是平常只能有几个大团体，最后不超过4个或5个。"

丘吉尔答道：

"我们决不妨碍波兰的前途，但是，边界问题和赔偿及供应的问题纠缠在一起，使一大批德国人逃到了我们这边来，而他们所赖以生存的肥沃土地却被波兰人拿去。波兰人的要求太多了。"

这次波茨坦会议，可说是一个极其失败的大会，没有得到解决的问题太多了，包括波兰的边界问题。但是，在开会辩论之余，各国的代表们却进行了广泛的社交接触。

三个代表团轮番互请，相继设宴。23日晚上，在丘吉尔主持下，英国举办了最后一次宴会。宴会的规模相当大，代表们和主要的指挥官都被邀请在内。作为主人的丘吉尔邀请杜鲁门坐在他的右边，斯大林坐在他的左边。

7月24日，全体会议完毕以后，大家从圆桌旁站了起来，三三两两地离开了会议室，而杜鲁门却向斯大林走了过去，要求和他交谈。他们便低声交谈起来。

"斯大林先生，我想告诉你一个震惊的消息。"

"什么消息，有这么大的力量？"斯大林问道。

"是这样的，在几天前，美国和英国的研究人员成功试验了一种非常特殊的炸弹，它能把好几千米以内的东西完全摧毁，威力特别大，他们叫它原子弹。"

"原子弹！威力非常大！"斯大林惊奇地说。

"是的，我们认为，它可能对整个日本战争的胜利起决定性的作用。"

"哦，你们的运气真好，能试验出这种武器。这真值得庆贺。"

斯大林对这种新型武器的发明感到非常高兴，但他并没有深究这一发明将会产生的后果及它对日作战的影响。

7月25日，他们又召开会议。在会议上，他们对德国及德波边界问题进行了辩论。这次会议是丘吉尔在波茨坦参加的最后一次会议，因为在7月26日，英国大选的结果就要揭晓，所以他必须在此之前回到伦敦。

∧ 波茨坦会议期间，斯大林、杜鲁门、丘吉尔在交换意见。

>> 胜利了却被抛弃

这天下午，丘吉尔带着他的女儿玛丽乘飞机回国，他的妻子在诺索尔特飞机场接他。

保守党总部对选举的估计是，保守党将以多数票胜利。丘吉尔在得到这种安慰之后，就去睡觉了，他相信，英国人是愿意让他为他们工作的。但是，天快亮的时候，他在梦中惊醒了。他心中有一个清晰而不祥的预感：保守党失败了。不过，他强迫自己继续睡着了。

直到 9 点钟，传来了对他不利的消息。到中午，结果已经出来，社会党获得多数。

就这样，丘吉尔在大选中失败，辞去了首相的职务，由艾德礼代替他在波茨坦继续出席会议。丘吉尔虽然对这种结局感到不满，但他毕竟可以喘口气了。

在丘吉尔下台之时，日本的情况已经很不妙了。盟军以海、空军对日本进行歼灭性的袭击。7 月底，日本的海军已经名存实亡了。

日本国内陷入了一片混乱，已经濒临崩溃的边缘。日本外交家们深信，只有立即投降，才能免于日本的土崩瓦解。但是，当时的日本国家权力还是被掌握在军人集团的手里，他们已经杀红了眼，决心宁可全国集体自杀，也不甘承认自己的失败。

但是，日本的失败已无法避免了，为敦促日本早日投降，盟国于 7 月 26 日联合向日本发出了最后通牒。在通牒中，盟国说：

我们通告日本政府立即宣布所有日本武装部队无条件投降，并对此种行动诚意实行予以适当及充分之保证。除此一途，日本即将迅速完全毁灭。

但是，这种条件遭到了日本军事统治集团的拒绝，因此，美国空军制订了一个计划，准备在广岛和长崎各投放一颗原子弹，以迫使日本政府投降。

7 月 27 日，美国空军散发传单，警告了 11 个日本城市，它们将遭受猛烈的空中轰炸。第二天，其中 6 个城市遭到了轰炸。7 月 31 日，对另外 12 个城市进行警告，并在次日对其中 4 个城市进行了轰炸。

8 月 5 日，发出最后一次警告，在一天中，散发出了 150 万张传单，还有 300 万份最后通牒。8 月 6 日，第一枚原子弹在广岛爆炸。8 月 9 日，第二颗原子弹落在了长崎。这两颗原子弹对两座城市造成了毁灭性的破坏，日本政府再也无法坚持了。他们不顾一些军阀极端分子的叛乱，表示如果不损害天皇作为一国元首的特权，同意接受最后通牒。

盟国政府向他们作了答复，天皇应该受盟国最高统帅部的管制，他应该授权并且保证投降书的签订。

8 月 14 日，日本接受了投降的条件。8 月 15 日，日本宣布无条件投降。这样，第二次世界大战正式宣告结束。盟国军队取得了最后的胜利。

第十二章
永不服输的政治家

1874-1965　丘吉尔

下台后，丘吉尔的许多朋友劝他离开议会，放弃反对党的领袖。因为，丘吉尔作为保守党的领袖，他在 1945 年的选举中犯有错误，而使保守党失败。

但是丘吉尔没有听从这些劝告。他不承认自己会从此永远退出政治舞台。而且，他明确地意识到，一旦他离开了保守党领袖的职务和反对党的领导岗位，他就不可能再做首相了。因此，他宣布，他将在议会中全力以赴，研究战后英国乃至欧洲面临的一切问题。

这位 71 岁的老人还坚信，他一定能够再返回唐宁街 10 号。

★艾德礼

英国首相。工党领袖。1883年1月3日出生于普特尼。曾就读于赫利贝里公学，后入牛津大学学院研修历史、法律专业。1907年加入工党。1935年当选工党领袖。第二次世界大战时参加丘吉尔战时联合政府，任掌玺大臣、副首相兼殖民事务大臣。1945年工党组阁，出任首相。1945至1946年兼国防大臣。1950年工党在大选中获胜，继续出任首相。

>> 不甘寂寞

1945年7月，可以说是丘吉尔最痛苦的时候，他万万没有料到在战争中取得巨大成就的首相，却不能被选民接纳。对丘吉尔来说，这是个极大的悲剧。虽然他的夫人说这也许是塞翁失马，焉知非福，其实她也为自己的丈夫丢掉了首相的职位而心中不悦。

7月27日，丘吉尔神色沮丧地召开了最后一次内阁会议，对他的老伙计安东尼·艾登说：

"在过去的30年里，我的生活与这间办公室一直有着千丝万缕的联系，我真舍不得离开。以后我永远也不会坐在这里了。你是有希望的。"

但是，舍不得离开也得离开，因为他已经不在其位了。丘吉尔从唐宁街10号搬了出来，在克拉里奇饭店的顶楼住了几天。丘吉尔，由一位声名显赫的首相变为一位反对党的领袖，其中的滋味确实不好受。

丘吉尔本来已经心灰意冷，准备放弃从政，退隐山林，但看到社会党（工党）那嚣张的气焰和不可一世的架势，他改变了主意。他决心继续努力，在下院待下去，一定要把工党从台上赶下来。保守党再也找不出一个能替代丘吉尔的人选，没有人能够比他更家喻户晓，所以，他们都欢迎丘吉尔能继续做他们的领袖。于是，失败的气愤平息之后，丘吉尔又在新议员中出现了。

虽然新上任的艾德礼★首相向他发出邀请，请他与他一起去出席那场没有完成的波茨坦会议，但是丘吉尔没有去。在从波茨坦返回英国的时候，许多的人都预祝他大选成功，重返会场，丘吉尔也相信自己能战胜对手，并扬言将在不久返回去。但是，现在结果出来了，与自己的意愿恰恰相反，这让他怎么回去呢？因为现在代表英国政府的，已经不是他丘吉尔了，而是艾德礼。

其实，丘吉尔对大选的失败也有所准备。他邀请艾德礼参加了波茨坦会议第一阶段的会议，其目的便是要反对党的领袖了解会议的情况，以使他在自己大选失败后能够继续坚持自己的立场。

那么，对于这样一位功勋卓著的领袖，英国人民为什么不让他继续担任首相呢？大选之中，丘吉尔为什么失利如此之惨呢？

这当然与他的政纲以及其在大选中的表现有直接关系。可以这么说，在大选之中丘吉尔没有把握住选民的心理和情绪，而且在整个选举活动中，他脱离了人民，与选民相距甚远，连他的夫人也说他一点都不了解普通老百姓的生活。

首先，1945年春天丘吉尔提出的政治纲领便是同英国人民的期望背道而驰的。在当时，整个欧洲，当然包括英国在内，人民群众的思想都或多或少地受到共产主义的影响，英国人民则更希望在民主的基础上改善国内的政治生活。但是对这些，丘吉尔一无所知，就连他的敌手艾德礼先生，对此也知之甚少。艾德礼能赢得选举，主要凭借的是他那谦恭的态度和朴素的作风。

其次，在5月23日提出辞职之后，英王让丘吉尔组成"看守内阁"。在组织这个"看守内阁"时，又犯了一个错误，那就是他把保守党中最受反对的几个派别，全部吸收到了新政府之中。而这些新议员则是代表着战后保守党的政治纲领。英国人民立即意识到，丘吉尔在战后根本不想在英国进行民主改革，虽然他嘴上经常挂着民主、自由等字眼，但那仅仅是口头上的。这就意味着他有可能将使英国再回到20年代的黑暗中。这是英国人民万万不能答应的，这样就严重损害了他在选民心目中的地位，对他承诺的战后和平使人表示怀疑。

苏联对德战争的胜利以及当时欧洲对苏联及社会主义的宣传，使欧洲人民对社会主义有一种向往的心理，都要求能够有这方面的尝试，便对社会党，也就是工党有一定的兴趣。而对工党提出的各项改革措施，保守党则极力反对，而且公开谴责工党是社会主义党，结果适得其反，因为共产主义在当时是英国民众所向往的。这样，保守党便把自己的选票白白送给了对手。

丘吉尔为了能够赢得大选，他频繁地活动，对工党的领袖们进行猛烈的人身攻击，这又是他的一大错误。工党的领袖们，都是从1940年参加战时内阁起与丘吉尔共事，而且通力合作的老同事，可以说在政见上差别并不是非常大。

但是丘吉尔却对他们大肆攻击。

相反，工党的领袖们在选举中就相对明智得多。他们根据当时英国的情况，制定了重要的改革纲领。这一点正合民意。他们向选民许诺，他们上台以后，将在英国的经济的许多领域实行国有化，彻底改革社会保险制度，大力进行民用住房的建设。而且保证，战后英国将全力保持在战争中形成的美英苏联盟关系。这些方针，当然比对丘吉尔作为战争中的巨人的宣传要高明许多。

同时，在选举中，工党的作风与保守党迥然不同。作为工党领袖的艾德礼先生，不像丘吉尔那样组织一个竞选的队伍，而是由他的妻子陪着，坐一辆旧汽车，从一个城市到另一个城市，进行竞选旅行、讲演。他为人沉着、稳健、谦和，在整个选举中态度一直非常诚恳、谦虚。他的朴实的演说和丘吉尔那放肆的自命不凡的态度，形成了鲜明的对比，给选民留下了深刻的印象。

这样，英国人民便选择了谦虚朴实的艾德礼，而放弃了一贯放荡不羁的丘吉尔。7月26日的选举结果揭晓，工党在下院得到了393个席位，而保守党及其追随者一共才获得212个席位。这一结果，使丘吉尔悲痛万分，呆若木鸡。

其实，由工党执政，英国在各个方面的政策也不会马上有截然不同于前的变化。因为新政府也基本上是由那些在战争年代参加联合政府的工党右翼领袖们组成，他们在与保守党合作中长期受到熏陶。况且，他们其中的重要人物艾德礼还曾征求丘吉尔的意见。

当时，艾德礼曾经提议由休·多尔顿任外交大臣，贝文先生任财政大臣。但是后来，贝文却变成了外交大臣。这是因为，在此期间，艾德礼曾经秘密地拜访过丘吉尔，丘吉尔认为应该由贝文任外交大臣，于是，艾德礼就让贝文当上了外交大臣。虽然，丘吉尔的建议不是贝文成为外交大臣的唯一原因，但毕竟也是一个重要的原因。

贝文任外交大臣，他一定会继续奉行丘吉尔的政策，安东尼·艾登过去的努力也不会白费，人们把贝文唤作"长胖了的安东尼·艾登"。在工党上台后的几个星期，战争的形势发生了极富戏剧性的变化，使许多问题简单化了，人们对战争的担心也没有必要了。

按照原来的计划，在战胜德国18个月内，希望能使日本投降，如果苏联能加入进来，可能会更快一些。但是，没有料到日本在8月中旬突然宣布无条件投降。这也许是由于美国对广岛和长崎投放了两颗原子弹，或许是因为苏联在8月8日参加了对日作战，不管怎么说，日本被打败了。

因为对日战争的胜利，8月15日，丘吉尔以反对党领袖的身份，跟在议长的身后，走进了圣玛格丽特教堂，参加对日战争胜利的感恩祈祷。

大选的失利，使丘吉尔再次变成了平民。现在他面临的问题是，下一步应该怎么办。许多朋友认为，他应该退出政治舞台，在享受他战争中所赢得的荣誉中安度晚年，而不应该仅满足于作为一位微不足道的反对党领袖的角色。此时议会需要决定的，已经不是战争年代中的生死攸关的问题，而是和平建设时期的日常事务和社会经济问题。丘吉尔对这些是不感兴趣的，因为他已经习惯了战争，没有战争他感到非常寂寞。

所以，在议会休会时，他便无所事事。这时候，他想干的事情，首先是度假。他曾在伦敦市中心买了一所住房，在肯辛顿海德公园门28号，并对它进行了修缮，作为自己的居所之一。

在他赋闲之时，陆军元帅亚历山大为他租了一栋坐落在意大利北部科莫湖附近的别墅。这所房子在战争期间曾是他的总司令部，丘吉尔也曾在这里居住过。亚历山大指定两名年轻军官作为丘吉尔的随从副官，这两个人是丘吉尔第4骠骑团的军官。

于是，9月1日，丘吉尔带着女儿萨拉和莫兰勋爵来到了别墅，在这里度假消遣。在这气候宜人的环境下，丘吉尔以作画和野餐消磨时光。同时，他带来了自己的战时记录，特别是1940年的记录。对这些记录他边浏览和欣赏，边在心中构思，为写他的战争回忆录做准备。

丘吉尔一心无挂，在充分地休息，精神得到了很大的恢复。三个星期后，容光焕发的丘吉尔又到了法国的里维埃拉的昂蒂布角。在那里又休息了两个星期，然后回国。

丘吉尔的许多朋友劝他离开议会，放弃反对党的领袖。因为，丘吉尔作为保守党的领袖，他在1945年的选举中犯有错误，而使保守党失败。有些保守党人甚至想摆脱丘吉尔的领导。

但是丘吉尔没有听从这些劝告，也没有这样做。他不承认自己会从此永远退出政治舞台。而且，他明确地意识到，一旦他离开了保守党领袖的职务和反对党的领导岗位，他就不可能再做首相了。因此，丘吉尔宣布，他将在议会中全力以赴，研究战后英国乃至欧洲面临的一切问题，并将继续领导保守党。而且这位已经71岁的老人还坚信，他一定能够再返回唐宁街10号。

这种信念，驱使丘吉尔在积极地工作，他认为自己在议会中的任务是千方百计破坏工党的威信，促使保守党早日上台。但是工党政府正在为解决社会问题和经济问题而努力，而且工党中的许多人都是从丘吉尔政府中取得了管理经验的很有才能的活动家。就当时的情况而言，保守党的领导集团要比工党的领导集团弱一些。

由于战争的损坏，战后的英国工党政府面临着一系列的严重问题，纷繁复杂，一时理不出个头绪来。虽说战争给英国带来的损失要比欧洲其他国家小得多，但是却极大地削弱了英国在世界经济、政治中的地位。

战后英国财政严重恶化，战争的支出超过了250亿英镑，国家外债增加了两倍。由于在战争中多次遭到轰炸，国内工业遭到严重破坏，致使工业生产下降和出口贸易锐减。英国为了不致落在其他竞争国家后面，在战后实行英联邦特惠制和组建英镑集团来扩大出口贸易。

同时，增加工业投资，对煤炭、电力、天然气、交通等重要工业部门实行了国有化，并对其进行改组。这促使垄断资本主义快速转变为国家垄断资本主义，使工业生产走上增长的道路。但是，这样一来，工人的负担加重了，而且收入相对地降低了，于是工人不得不用罢工来抗议。

工党要实行的工业国有化，恰恰是丘吉尔所反对的。作为反对党的领袖，他不时对工党的这一政策和改革进行抨击。

>> 掀开冷战铁幕

∧ 1946年3月，访美的丘吉尔与杜鲁门在一起。

虽然他不在台上了，但是丘吉尔认为自己以前的所作所为是没有错误的，对苏联的担忧和怀疑，甚至遏制都是应该的，因为他认为自己考虑的是整个西方的利益。他在对待苏联问题上所持的态度是得到杜鲁门的赞同的。他始终认为，应该警惕苏联，应该遏制社会主义在欧洲的蔓延，为的是在战后能使英国与美国联合起来对付苏联。

一切准备就绪以后，在杜鲁门的陪同下，1946年3月4日，丘吉尔乘坐巴尔的摩和俄亥俄铁路的总统专列，前往密苏里并于次日到达。这里是杜鲁门的故乡。杜鲁门亲自把丘吉尔

∧ 1946年3月5日，丘吉尔在杜鲁门的陪同下到密苏里州的富尔敦，在此发表了著名的"铁幕"演说。

介绍给了听众。在听众面前，丘吉尔发表了他精心准备了许久的演说。这次演说不只在当时当地而且对以后的国际关系以及美国和英国的外交政策，都产生了极其深远的影响。这次在威斯敏斯特学院发表的演说，通常被人们称为"铁幕"演说。

在演说中，丘吉尔呼吁联合国成立一支维持和平部队。首先，建立一个空军中队，并赞成西方国家保持有关原子弹的知识和经验的秘密，建议在维持军事联系的基础上，保持英语国家的特殊关系。他重点提到了对东欧及苏联的看法。他说：

"从波罗的海的什切青到亚得里亚海边的里雅斯特，一幅横贯欧洲大陆的铁幕已经降落下来了。在这条线的背后，坐落着所有中欧和东欧古国的首都。在中欧和东欧，几乎在每一处都是警察政府占了上风。到目前为止，除了捷克斯洛伐克之外，根本没有真正的民主。"

当时，在大西洋两岸，人们对苏联的感情还是相当友好的，因为是它帮助西欧打败了德国，把和平还给了大家。因此，丘吉尔的演说及他所说的"铁幕"，在世界范围内掀起了轩然大波。

可以这样说，丘吉尔的演说，不仅仅表达了他自己的观点，它宣传的是英美两国统治集团的反苏的政策和纲领。杜鲁门在富尔敦的出现，就是一个信号，它表示美国将以自己在资本主义世界中的领导地位，来实现丘吉尔所提出的对付苏联及共产主义的计划。

丘吉尔宣布，新的战争直接威胁来自于苏联和国际共产主义运动。在这种威胁下，应该建立英语民族之间的兄弟联合，这种兄弟的联合不仅要在英美两个国家的社会体系之间不断增长，而且应该在军事参谋部之间保持密切的联系，共同研究可能发生的问题，研究武器和条例的标准化，甚至交流技术，交换技术学院的学生和教官。同时必须保持建立在共同安全基础上的现实条件，共同使用两国在世界各地的海军和空军基地，以增加美国海军和空军的机动性，同时增强英国的军事力量。

丘吉尔提出了英美联合的目标是反对谁的问题，他明确的做了解释，是反对苏联和正在增长的社会主义革命。他提出"实力主义"，主张用实力来反对苏联，而且要在美国拥有原子弹而苏联还没有的情况下尽快动手。他已经不满足于英国传统的力量均衡政策。

在他的演说中，表露出了英美联合，建立世界霸权的思想。

丘吉尔此番演说的矛头直接对准苏联，而且是在"二战"刚刚结束，战士刺刀上的敌人的血还没有擦干的时候。这是对在战争中作出巨大贡献的苏联，对付出了巨大牺牲的苏联人民擂响了征服的战鼓。他认为苏联是所有国家人民安全和自由的主要威胁，要大家团结起来，在英美的领导下，消除这一威胁。这种变化来得未必有些太突然，昨天还是亲密的盟友，今天又变成了相互仇视的敌人。

他的这种演说，激怒了苏联人民，更激怒了曾经与他广泛接触过的斯大林。

在资本主义世界，丘吉尔的演说引起了惊慌。小资产阶级们整日里担惊受怕，害怕世界大战再起，对丘吉尔的指责之声四起。在英国议会中，100多名工党议员提出了谴责丘吉尔演说的议案。各种报纸和出版物对丘吉尔的指责更是随处可见。

但是艾德礼政府却避免以官方的名义对前首相的演说发表意见。而且，在以后的实际施政中，工党的对外政策就遵循了丘吉尔在富尔敦确定的路线。

1947年3月，美国政府宣布了"杜鲁门主义"。6月，提出了"马歇尔计划"★。首先举起了"冷战"的旗帜。丘吉尔在富尔敦提出的外交政

★ 马歇尔计划

正式名称为《欧洲复兴方案》。1947年6月5日，由美国国务卿乔治·马歇尔在哈佛大学发表演说时提出。其正式的法律形式是美国国会于1948年4月通过的《经济合作法案》。"马歇尔计划"于1948年4月开始实施。这一计划在很大程度上加速了西欧重建的进程。但由于苏联和东欧国家的拒绝参加并宣布实行"莫洛托夫计划"与之抗衡，使东西欧对立有所加剧。而且这一计划实行过程中由于美国对欧洲事务的介入日益加深，欧美间的关系也出现了裂隙。

策方案，被美国采纳为其政府的政策。美国开始向英国乃至欧洲伸出了援助的手、联合的手，准备建立军事政治集团，来反对苏联和社会主义。为了对付西方的联合，苏联于1947年秋天成立了共产党和工人党情报局；1948年扶助捷克斯洛伐克彻底走上了民主发展的道路。

有了第一次，第二次就随之而来了。1946年秋天，丘吉尔作为瑞士联邦政府的客人，在日内瓦湖边休养。他在勃朗峰下准备了讲稿。9月19日，他在苏黎世大学发表演说，并接受了苏黎世大学的荣誉学位。

在这次演说中，丘吉尔建议建立统一的欧洲，以此与苏联对抗，并用欧洲反对派的联合势力来消灭东欧各国人民取得的民主及社会主义。

由于丘吉尔的煽动，战争的气氛越来越浓。在资本主义和社会主义两大阵营日益形成的过程中，捷克斯洛伐克共产党革命以后，西欧大多数政府，英国、德国、比利时、荷兰和卢森堡在布鲁塞尔签订了一项联合防御条约。1948年6月，苏联在德国的占领军当局，关闭了西欧国家供应他们在西柏林驻军的地面通道。西方国家只能使用飞机，通过空中走廊供给西柏林。柏林局势紧张，双方剑拔弩张。这就是第一次柏林危机。

为了适应"冷战"新形势，美国的B-29轰炸机再次迁到英国基地，而且西方国家开始商量建立一个较广泛的西方国家军事联盟。1949年4月，除了《布鲁塞尔条约》成员国以外，还有美国、加拿大、冰岛、丹麦、意大利、挪威和葡萄牙，签订了《北大西洋公约》，由英国和美国为首领，建立起了西方军事政治同盟。此后，为了以示对抗，苏联也和东欧国家共同签订了《华沙条约》，形成了华约组织。战后世界局势至此形成。

为了能使欧洲能够统一起来，丘吉尔四处奔波。1948年5月，丘吉尔出席了在海牙召开的"欧洲统一"运动的成立大会，并且担任其名誉主席。次年 8 月又前往斯特拉斯堡参加"欧洲统一"的第一次会议。但是，英国政府对此并不热心，参加会议的代表们也没能同舟共济，于是他的一片苦心，并没有得到他所想要得到的东西。

同时，丘吉尔在保守党中的地位，尤其是在保守党议员的心目中的地位明显下降。保守党中竟然有人公然要求丘吉尔退休。当丘吉尔得知这个消息以后，气愤地用手杖敲击着地板，大发雷霆。

丘吉尔确实有些过时了，已经是和平年代了，就要以和平的眼光看世界，但是他还念念不忘战争。在他离职的日子里，他经常和莫兰勋爵谈起战争。他始终认为世界将在不久又会被战争淹没，每当莫兰勋爵问他"是不是还有一场战争"时，他的答案永远都是"是"。

当然，他自己虽然曾经是显赫一时的人物，曾经是世界政治军事大潮中的弄潮儿，但既然离职，政治生活的泉水便只能断流。他还有回忆的权利，于是，从一下台起，丘吉尔便着手准备写他的《第二次世界大战回忆录》。

这本书包含着非常广泛的内容。丘吉尔曾详细地研究了从第一次世界大战到第二次世界大战的世界历史。他首先研究了欧洲，然后再推广到其他诸洲。他认为，历史只不过是叙述以默默无闻、无所作为的人民群众为背景进行活动的善良或凶恶的英雄人物们的事迹。他用这种观点写成了他的著作。在他的著作中，给人们的印象，就是他便是历史事件的中心人物，他便是世界历史的中心。这便是丘吉尔及其著作的独特之处。

在他的著作中，丘吉尔用极其丰富的表现手法来描述英国的伟大。在他看来，英国和英国人民是特别优秀的，他仍站在所有国家和人民之上。他把捍卫不列颠的尊严，看成是自己的天职。

当然，对苏联粉碎法西斯的贡献，也曾有所记述。但是，在字里行间，除了能看出几分轻描淡写之外，还有几分一直就有的戒心，到最后竟然把反苏的情绪跃然纸上。

这部巨著不但给丘吉尔带来了财富，并且抬高了他的身价。他的著作不但英国家喻户晓，同时他还获得了诺贝尔奖金。

他仍然喜欢作画。他曾用笔名把自己的画送到皇家美术学院去，而且其中两幅被选中，在那里展出。1948 年，他被皇家美术学院选为特别荣誉院士。

在 1945 至 1949 年期间，丘吉尔在议会中一直是反对党的领袖。但是，他对政治已经没有以前那么强烈的热情，而是依恋着乡村，在恰特韦尔过着恬静的生活。虽然这里没有伦敦市中心那样的摩天大楼，但这里的美丽田园更能愉悦人的身心。

而且在这几年时间里，丘吉尔经常到国外去旅游、做客、演说，每到一处，都受到热烈的欢迎和隆重的接待。有许多城市都邀请他做荣誉市民，有许多组织都接纳他为成员，他作为平民的生活并非空虚无味，而是丰富多彩的。

但是，这些都不是丘吉尔的最高追求。他现在正在养精蓄锐，为进行竞选做准备，想再打一个翻身仗。到了1949年底，新的选民意见的考验的迹象出现了，看来不会再拖下去了，新的大选可能就在眼前了。他那不服输的心又躁动起来了。

>> 再度当选首相

在作为反对党领袖的年月里，从表面上看，丘吉尔对议会的活动不太感兴趣。他经常缺席下院的会议，有时也做一些没有多少人支持的、无足轻重的演说。但是他的观点非常鲜明，在对外政策方面，由于政府在战后的基本路线是根据他的思想，他的富尔敦演说的精粹制定，他当然支持政府。对于内政及经济问题，他则猛烈抨击，从不改变态度。虽然在他1951年任了首相以后对这些政策没有任何改变，但其作为反对党的领袖、在野党的成员，对这些政策不能置之不理。

在内政方面，丘吉尔谴责工党政府所采取的各项措施，不是当时社会的需要，更不是人民的需要，而是为了满足他们对特定的社会主义学说的信仰，一种空洞的、毫无意义的信仰。另一方面，他断言，工党在经济方面的政策，不会使英国的经济兴旺发达，而只能使它逐渐衰落，以至最后以破产而告终。虽然工党一直还在台上，但丘吉尔对他们的攻击却从未间断过。

在艾德礼任首相期间，第二次世界大战打破了战前的殖民体系。各大洲的人民民族解放和民族独立运动风起云涌，作为世界头号殖民主义大国的英国受到了严重的打击。英国的许多殖民地都取得了自由，建立起了自己独立的政府。印度、缅甸、锡兰、巴基斯坦，还有许多非洲国家，都先后脱离了英国的直接控制，获得了自由。不列颠帝国在世界的势力范围不断地缩小。

殖民体系的瓦解，引起了英国政府的混乱，为了镇压各地的民族解放运动，英国的军费开支巨大，国家出现了经济上的通货膨胀，工党的官员腐败成性，官僚机构不断扩大，各种因素混杂一起，使战后英国的政治经济地位在资本主义世界内部一落千丈。

由于世界局势的变化和工党政府的经营无方，使英国的国际威信不断下降。而且，对在大选中许下的诺言，工党政府也和过去其他各个执政党一样，没有得到落实。在外交方面，他们口头上说要坚持战争中形成的苏美英联盟关系，但实际上，他们是采取了联美反苏的政策，使三国联盟很快被破坏。同时，还加强和美国合作，企图联手控制世界局势。1945年所

∧ 丘吉尔在选举途中向人群致意。

制订的《英苏条约》早被抛到了九霄云外，与苏联的友好关系亦早不复存在，代之而来的是"冷战"，对苏联和其他社会主义国家的"冷战"。在冷战中，扩充军备，当然是必不可少的，但是，增加军费开支，却引起了广大人民群众的不满。

在这种背景下，1951年10月，艾德礼不得不宣布，将举行新的选举。

"2月3日将解散议会，2月23日投票选举。"

这可是个喜人的消息。当时丘吉尔和妻子克莱门蒂娜在马德拉度假。听到这个消息，丘吉尔迫不及待地说：

"我必须马上回伦敦，我们再也不能失去这次机会了。"

"好吧，我们明天就回去！"

"不，我想应该是今天！"

∧ 1951 年，77 岁的丘吉尔奇迹般地获胜后，向人群作出代表胜利的手势。

这次竞选中，战争与和平的问题，成了关键问题。对于那些喜欢耍两面派的工党大臣们，英国人民表现出了极大的厌恶，想把他们换掉。但是，让他们发愁的是，如果保守党执政，真怀疑会不会使英国卷入一场更大的战争之中。选民们左右为难。

所以，保守党应该考虑到选民的情绪，最起码必须在口头上换取选民的信任，于是丘吉尔又向选民承诺他将与苏美领导人举行高级会谈。

但是，选民们对他的这种承诺是不是相信呢？在当时英国的报纸上，人们详细地讨论了这样一个问题，那就是当丘吉尔的手指触及英国武器按钮时，会产生什么样的后果。在《每日镜报》的头版头条的位置，刊登了一幅右手扣着手枪扳机的巨幅画像，并在其文中这样问道：

"你要谁的手指来扣动扳机？艾德礼，还是丘吉尔？"

对丘吉尔是不是战争贩子的问题，成了人们争议的中心。

面临各种攻击，丘吉尔频繁出击，到各个选区活动，发表演说，而且不知疲倦。他的朋友麦克米伦对他的这种表现，描绘的生动有趣。他这样描绘道：

"他已经在每个选区内投了票，作了一系列短小精悍的演说，显示了他的幽默和讽刺的各种品质，特别是早餐时大吃大喝：鸡蛋、咸肉、香肠和咖啡，随后是威士忌酒、苏打水和一支雪茄。"

1951年的选举，是第一次电视选举。双方候选人以及各个选区的代表都是通过电视发表演讲等。但是观看的比例很小，收视率很低。

为了抨击工党，安东尼·艾登参加了电视广播。他制作了一幅图表，用来表示在工党政府统治之下，生活费用如何迅速上涨。这一举措虽然受到了工党的指责，但有效地激起了选民对工党的反感。

到了投票那天，《每日镜报》又重新掀起了反对保守党的运动，在其报纸的第一版，又刊登出了手枪和手指。这种对选民近似恐吓性的宣传，还真的起了作用，在竞选运动的最后几天，工党的得票有了相当可观的恢复。

但是，这改变不了工党垮台的大趋势。大选结果，保守党得到了多数票，虽然也是优势不大，但还是胜利了，丘吉尔的一片苦心总算没有白费。保守党在新议会中得到321个席位，工党获得295个席位，自由党获6个席位。

选举结果出来以后，艾德礼立刻前往白金汉宫向国王提出辞职。几分钟之后，丘吉尔便被召见，并奉命组阁。这真是一个奇迹！

> 这是一张 1942 年时的合影，右一是丘吉尔，身后是艾登，中部吐出雪茄烟雾的是艾德礼。

　　不过，丘吉尔对保守党以微弱的优势获胜不太满意，于是想以吸收自由党参加政府的方法来支撑。开始，他任命了八位高级阁员，任命他的老部下、得力助手安东尼·艾登为外交大臣，出人意料地任命巴特勒为财政大臣；任命奥列弗·利特尔顿为殖民地事务大臣；任命戴维·马克斯韦尔·法伊夫为内政大臣；任命沃尔特·蒙克顿为劳工大臣；任命伍尔顿为枢密院院长；索尔兹伯里被任为掌玺大臣；战时丘吉尔忠实的"哈巴狗"伊斯梅被任命为英联邦事务大臣。

　　丘吉尔考虑应该把国防大臣的职位留给亚历山大，因为他现在正是英国驻加拿大总督，于是，他先宣布由自己兼任国防大臣。尔后，彻韦尔勋爵出任主计大臣，莱瑟斯勋爵负责协调运输，自由党领袖克莱门特·戴维斯被任命为教育大臣。哈罗德·麦克米伦则被安排了一件特殊的任务。在大选中，丘吉尔曾经向选民承诺，保守党上台以后每年建造30万所住房。这个艰巨辛苦的任务就落在了麦克米伦肩上。丘吉尔在任命他的时候，对他说：

　　"这是一场赌博，一场造就或损害你的政治生涯的赌博，如果你能做得很成功，每个平民家庭都会为你歌功颂德。"

而这个建造住房的部，叫作什么部呢？丘吉尔把以前称为"地方政府和计划部"，改成了"住房和地方政府部"，以强调住房的重要性。

内阁总人数为16人，比艾德礼政府少2人。这样，以丘吉尔为首的保守党在经过一番斗争以后，再度成为执政党，丘吉尔也如愿以偿，再次当选为首相。

当上首相的丘吉尔已经是77岁高龄了。在这个年龄段，丘吉尔还能保持健康的身体，充沛的精力，确实已是不易了，而丘吉尔在此时还热衷于效忠英王的事业，真是精神可嘉。这个首相的位子来得也并不容易，丘吉尔当然对它倍加珍惜。

这次能够再次荣登宝座，丘吉尔非常高兴。因为他非常清楚，1940年他能担任政府首脑，可以说只不过是个历史的巧合而已。当时的复杂的国际国内形势把他推上了首相的宝座。而这次，完全是自己以及自己所领导的保守党经过竞选，得到了胜利，当上了首相，这被视为是100%的正宗的首相，因为他完全是经过了英国传统的法定程序产生的。

丘吉尔在出任首相以后，表现出了他以前从未没有过的稳健和镇静，或许是因为他上了年纪，但更重要的原因可能是由于他认清楚了当时英国的形势。当保守党的大臣们坐在下院席位上时，人们惊奇地发现丘吉尔一反常态。他说：

"人民需要一个良好的政府，希望过几年安全的生活。下院需要心平气和地、建设性地讨论我们面临的许多问题，来自各方面的发言都不要受这次选举的或者准备下次选举中的激动情绪所影响。"

他有了这种镇静的态度，在施政方面也放弃了过去过激的做法。

在对外政策方面，从"二战"结束到丘吉尔上台，艾德礼政府完全是按照丘吉尔的观点做的，所以，外交方面的政策，不做丝毫的改动，完全继承艾德礼政府的做法。

在内政方面，对艾德礼政府的做法，也没有做很大的或实质性的改变。社会保险制度、国有化、以及其他方面的政策，几乎全部继承下来了。

在军备方面，丘吉尔虽然曾经指责过工党政府在扩充军备方面的不力，但是在他执政以后，不但没有扩充军费，而且把艾德礼政府准备三年内花费的军费分成四年来花费。这不仅使保守党的议员不解，就连工党议员也觉得有些惊奇。

上台以后，丘吉尔提出了一种"中立议员基调"。由于在艾德礼掌权时期，直到1951年，英国的经济虽有发展，但还相当的困难，有些生活必需品还是靠配给，财政部曾有人甚至预言将会有比 1931 年更加严重的经济危机在英国出现。

针对经济上的困难，发表口头政论是没什么用处的。为了节省财政开支，为了显示内阁对经济危机的关心，经过会议和内阁一致通过，大臣的正式年薪由 5000 英镑降低到 4000 英镑，首相的年薪由 10000 英镑降为 7000 英镑。这种降薪对大臣们的生活影响不小，不说他人，单说丘吉尔，在其年薪下降以后，五个星期内，以 7000 畿尼——英国的一种旧金币——出售了他的赛马"柯罗尼斯特第二"。在迁入唐宁街 10 号以后，把海德公园门 28 号租给了古巴驻伦敦大使，以获得大量租金。

对内政问题，丘吉尔很少过问，而由他手下的大臣们分别处理，自己则把大量精力放在外交方面。

1952 年 1 月，丘吉尔带领着一大批专家和顾问，到美国进行访问。他又见到了杜鲁门，并和他进行了会谈。

他们的会谈内容广泛。丘吉尔想在扩军方面得到美国的帮助，经过会谈，达成了美国向英国提供钢材，交换有色金属的协议。关于战争与和平问题，杜鲁门和丘吉尔达成共识，同意支持建立欧洲防务集团，并使西德加入北大西洋军事集团。丘吉尔还想让美国同意北大西洋公约组织的各国军队使用英国的枪支，但没有得到美国的允许。

同时，丘吉尔受杜鲁门的邀请，在美国国会两院联席会议上发表演说。其中在谈到要求美国援助，提高英国装备的质量时，他说：

"我这次来这里，不是来要黄金的，而是来要钢材的；不是来讨欢心的，而是来要装备的。"

丘吉尔在国际关系及国际争端中始终相信实力的作用。在他的施政中，继续执行"实力地位"的政策。所以，丘吉尔对当时世界上最先进的武器——原子弹的研究给予了极大的关注。

早在 1945 年，美国成功地试爆了第一颗原子弹。在当时，杜鲁门和丘吉尔对这种新武器的认识，以及当时它在战争中将起到并且已经起到的作用都做了高度的评价。虽然原子弹的研究工作是英美双方合作完成的，但其制造却是由美国独立完成的。所以，当时，只能说美国是拥有原子弹的唯一国家。

为了独占这种技术及武器方面的优势，1946 年 8 月，美国通过了《麦克马洪决议书》，拒绝对英国透露原子弹的秘密。这使英国政府非常气愤，当时的首相艾德礼指责这是一种背信弃义的做法，因为起初英国的科技人员也积极参与了原子弹的研制。

美国以为独霸了原子弹的技术知识，便可称雄于世，但是，苏联 1949 年 8 月原子弹试爆的成功，使这种优势大为削弱。丘吉尔也为之大吃一惊。

丘吉尔取得政权以后，在原子能方面所推行的政策，与艾德礼的政策不相上下。

英国急于研究出原子弹的目的非常明确，一是为了在与苏联对抗中不致处于劣势，二是为

∧ 1952 年，丘吉尔同美国总统杜鲁门会面。

了使英国在与美国交往中取得平等地位，与美国平起平坐。拿丘吉尔的话来说，那就是无论美国和苏联有什么，英国都必须同样有。丘吉尔深深地意识到，如果英国不能够独立制造出原子弹，将有被降到二流国家的可能。丘吉尔和他的官员们都相信，只有拥有核武器才能恢复昔日大不列颠的荣耀。

　　就在这时，1952 年 2 月 6 日，英王乔治六世★逝世，终年 56 岁。

　　伊丽莎白继承了父亲的王位，此时她才 25 岁。

　　丘吉尔的担子更重了。莫兰勋爵一直担心这些重担会压垮他。几个月以来，丘吉尔的耳

★乔治六世

英国国王。乔治五世的次子。就学于达特茅斯皇家海军学院。1913年服役于皇家海军。1917年服役于皇家海军航空兵。1919年在皇家空军服役。后曾在剑桥大学三一学院学习历史和经济。1920年6月3日被封为约克公爵。1923年4月26日与伊丽莎白·安吉拉·玛格利特·鲍斯－莱昂结婚。1936年12月继承王位，称乔治六世。1937年5月12日加冕。

聋越来越严重，而且精神也大不如前，年老的迹象越来越明显。在2月间他突然患了失语症，莫兰不得不与首相的秘书科尔维尔和女王的私人秘书拉塞尔斯商量，要求减轻他的工作量，或者请他进上院。但是丘吉尔坚决拒绝接受这种做法。

1953年6月23日，意大利总理加斯皮里到英国进行访问。在他访问的两天中，受到了丘吉尔的热情接待。他到达伦敦的当天晚上，丘吉尔作为东道主，在唐宁街10号设晚宴，为加斯皮里接风洗尘。

饭后，丘吉尔兴致盎然，要即兴发表演说，但是，他试了几次，都没有从椅子上站起来。当时在场的克里斯托夫·索姆斯急忙把情况暗示给了克莱门蒂娜。克莱门蒂娜请走了侍者，以免他们看见首相的窘相。同时，丘吉尔的话语也有些含混不清。大家都以为他是多喝了几杯，头脑发晕，所以也没太在意，只命办事人员到莫兰家去请医生。但是莫兰恰恰外出，办事人员便留下一封信，请他次日来为丘吉尔看病。

第二天，莫兰来了，他发现丘吉尔患了轻度中风。丘吉尔嘴角左侧歪斜，步履蹒跚，口齿失去了往昔的风采，病情有点严重。

但是丘吉尔不理这套，医生刚刚离去，他便又召集内阁开会，只是在会上不常发言，只听别人讨论，必要的时候说一两句话，或用手势表达其意。人们几乎看不出他有什么不同，只是他的脸色有些苍白而已。议员都对此感到莫名其妙。

可是，不表露不等于病不存在，以后几天他的病情越来越严重。6月28日，他的老朋友马克斯·比弗布鲁克来看望他，并且与他共进午餐。丘吉尔的左侧麻痹的迹象愈来愈明显了，但是他还是那么的高兴和轻松，看不出一点病态，只是在用餐时，别人才能看出其中端倪。

∧ 丘吉尔虽然在病中，可是很难让人看出一点病态。

CHURCHILL

∨ 丘吉尔在保守党会议上明确的谈到了退休的问题。

因为在用餐时，无论是吃东西还是喝酒，他都只用右手，而左手和左臂不能动。当然，他要想移动左腿同样也是很艰难的。

艾登早已被公认为丘吉尔的接班人了，他现在也在思考，首相年纪已经这么大了，他什么时候能够辞职呀。但是，在莫兰的帮助和护理下，丘吉尔恢复得很好，而且在马加特保守党会议上并没有表现出病老的迹象。在谈到退休的问题时，丘吉尔明确地说：

"我这么大一把年纪了，还仍然身居高位，肩负着国家的重任，这绝不是因为我贪恋权势和官职，在这两个方面，我早就满足了。我之所以继续留任，只是因为我有一种感受，我可以做一些事情，使它对过去发生的事情产生影响，尤其是对我所关心的问题，建立可靠和持久的和平问题。"

其实，这只是表面之辞，不过是拖延时间而已。在会后，他告诉他的秘书科尔维尔，他留在首相位置上，等到女王回来。因为从11月开始，英国女王和爱丁堡公爵到英联邦各国去旅行，到明年5月才能结束。

11月初，保守党开会时，丘吉尔再次做了讲演，再次表现了他横溢的才华、巧妙的言辞，富有情趣和讥讽的表达，在寂静的会场，发出坚决的声音。发完了感慨，在会场恢复寂静之后，他来到了吸烟室，愉快地叼上一支大雪茄，坐在那里啜着白兰地，回味着自己那精彩的发言，这是一种胜利的姿态。对他的发言，大家无不赞叹，有人甚至说："这是他有生之年的最精彩的演说之一。"

11月底，他为赛马总会在唐宁街10号安排了一次宴会，虽然很是费劲，但他很高兴。赛马总会的老朋友们都来赴宴了。

12月初，丘吉尔等到了他争取了很长时间才得到同意举行的百慕大政府首脑会议。为了迎接法国总理拉尼埃和美国总统艾森豪威尔，丘吉尔第一个到达了百慕大。艾森豪威尔带来了他的国务卿福斯特·杜勒斯。

会议不久，丘吉尔就发现了一个事实：在外交方面，美国方面说了算的不是艾森豪威尔，而是他的国务卿杜勒斯。杜勒斯办事古板，喜欢在白纸黑字中思考问题，他曾极力反对举行最高级会议。丘吉尔对他没有丝毫好感，丘吉尔逢人便说：

"这家伙像是教父在布道，一本正经，杀气腾腾，不苟言笑，办事总是用让人难受的那一套。"

∧ 艾森豪威尔（中）和丘吉尔（右）在百慕大会议上。

　　经过了一番讨论，会议同意，在新年年初，邀请苏联参加在柏林召开的外长会议，主要讨论法国和奥地利等问题。同时，杜勒斯要求及早解决法国接受欧洲防务的问题，与法国总理进行了长时间的讨论。对于再请苏联回来，丘吉尔口头上虽然大力提倡，但如果真要这么做，他还是有点害怕。

　　1954年1月，柏林外长会议召开。艾登所推行的政策是在欧洲和其他地方寻求与苏联恢复友好关系。但是，在法奥问题上，会议没有达成任何协议，只达成了在4月份召开日内瓦会议，主要是处理远东问题，特别注重处理印度支那战争问题。

　　与此同时，英国又被卷入了另一事件之中。艾登认为，英国驻扎在埃及的军队应该撤回本国，因为根据1936年的条约，英国军队一直驻扎在埃及。但以查尔斯·沃特豪斯上尉领导的20多人的少数派反对这样做。丘吉尔在这件事上支持艾登，因为他相信威力无比的氢弹远比固定的军事基地强得多。1953年12月16日他会见了"1922年委员会"成员，并向他们声明，内阁所执行的政策决不会被反叛的恐吓所吓倒。

　　此后不久，氢弹的问题又成了轰动一时的讨论的中心话题了。英国从1952年便着手研制氢弹，美国也在同年开始研究工作。但是两年之后，1954年2月，美国第一次试验的情报泄露，公众得知了研制该新武器的消息。在美国原子能两院联席委员会主席斯特林·科尔所做的关于氢弹的声明中，说丘吉尔对氢弹的威力有了了解。这直接促使丘吉尔要求与艾森豪威尔会面，讨论新形势下各个方面的问题。

　　1954年6月，丘吉尔再次到达华盛顿，主要讨论了原子能方面的问题，因为双方的外长同时参加会议，在其他方面，尤其是对法国国民议会要建立欧洲防务集团的态度问题，交换了意见。最后，艾森豪威尔同意英美之间交换原子武器的情报，不再受1946年的《麦克马洪法案》的限制。

< 丘吉尔同艾森豪威尔在参加百慕大政府首脑会议时所摄。

当时，法国国民议会对欧洲防务集团的态度还不明确。丘吉尔则正在考虑另一条捷径，他想自行前往苏联，与苏联的领导人马林科夫会谈，因为他直接感到自己作为世界和平缔造者的机会已不多了。

但是，苏联当时情况也不好，正陷入外交混乱，无暇他顾。次年2月马林科夫下台，新的苏联政府正处于政权巩固时期，使丘吉尔的愿望落空。这样，丘吉尔永远失去了作为世界和平缔造者的机会。

此时，保守党中希望他退休让贤的情绪越来越高。就连安东尼·艾登本人也跃跃欲试，大有等待不及的感觉。他决定继承接班的日期为1954年5月等待女王从联邦旅行回国，后来改为7月，再后来又改为9月。

1954年10月，丘吉尔对内阁进行了一次改组，在这次改组中他没有想他自己要退休的事。陆军元帅亚历山大勋爵退休了，马克斯韦尔·法伊夫接替了大法官西蒙爵士的职务，麦克米伦被升为国防大臣，丘吉尔的女婿邓肯·桑迪斯接替了麦克米伦任住房部长。

11月30日，是丘吉尔80岁生日。对他生日的祝福和生日礼物，来自四面八方，世界各地。

但是，到了1955年初，丘吉尔像一架快要飞到最高点的飞机，感觉汽油马上就要耗尽了，不寻找良好的着陆地点，就会有坠机的危险。看来自己的退休是势在必行了。

4月4日，丘吉尔在唐宁街10号设宴，邀请伊丽莎白女王和爱丁堡公爵参加，同时还邀请了政府官员、工党的重要人物、第二次世界大战期间的军事将领和他的亲密战友。因为，第二天，也就是4月5日，是他的退休日。

宴会开始，丘吉尔简单地说了几句话之后，便向女王和他的丈夫祝酒，女王也向他和他的家人祝酒。在宴会快要结束时，女王说：

"尊敬的首相，我代表英国的人民感谢您为国家和人民所做的工作。我想得授予您公爵爵位，因为我觉得只有这样，才能对您和您所做的工作有所报偿。"

"谢谢，尊敬的女王陛下，作为国家的臣民，为国家工作是我应尽的职责。对于您想授予我公爵的爵位，我认为我不能接受。我衷心地祝您健康，祝英国兴旺发达。"

4月5日，丘吉尔退休了。在白金汉宫门前，他走出汽车，拄着手杖，最后一次走进白金汉宫，来向女王递交辞呈。

为了感谢唐宁街10号的工作人员，丘吉尔举行了一个茶会，然后离开了这里，永远地离开了。因为很快，这里的主人就是安东尼·艾登了。工作人员和群众，都列队欢送这位80岁高龄的首相。

他离去了。

∧ 伊丽莎白女王参加完丘吉尔的宴会后离开唐宁街10号。

＞ 卸任首相后的丘吉尔在小河边垂钓。

>> 最后的岁月

终于，丘吉尔摆脱了政务的纠缠，又回到了平民的队伍中来了。他回到了恰特韦尔，回到了田园之中。

但是，议会中有他的位子，只不过从政府官员的地方移到了过道下面的第一个位子。他仍然是议员，是选区保守党的代表，只要他愿意参加议会，他有这个权利。

丘吉尔卸任之后，4月12日便同夫人克莱门蒂娜到锡拉库萨去度假。在那里，他每天除了玩纸牌，便是绘画，再就是同他的朋友去野餐，过得很充实。

同时，他开始写书，在1956年到1958年之间，丘吉尔致力于出版他的四卷本的《英语民族史》。这部书是他在第二次世界大战之前，用了一年零三个月的时间写成的。但是由于战争的爆发，没有出版，第二次世界大战结束之后，他又集中力量撰写一部更加富有吸引力的力作《第二次世界大战回忆录》，所以就把这部《英语民族史》的出版推迟了，尽管他早在1930年就和卡塞尔出版公司签订了出版合同。

所以，在退休之后，他首先想到的是先得把这部《第二次世界大战回忆录》出版了。当他的著作陆续出版之后，保

守党的报刊便开始对其大肆吹捧，他们要利用这个丘吉尔，因为他仍然是保守党中权力的钓饵。他们高度赞扬了丘吉尔在书中所提到的英美联盟，想使其进一步得到宣传。在四卷本的写作中，丘吉尔极力鼓吹英美联盟。他认为，英美联盟是西方所谓的自由制度的支柱，没有英美的联合就不会有西方的和平。

好大喜功、沽名钓誉的丘吉尔虽然年老，但其本性丝毫未变，他做了许多城市的名誉公民。戴高乐总统还授予他法国"解放奖章"。

无聊的时候，丘吉尔便到蒙特卡罗去赌博，因为他一直喜欢冒险。但是他很注意控制自己，没有因此而上瘾。在蒙特卡罗，几乎所有的人都认识丘吉尔这个言语不多的老头儿。在蒙特卡罗，他住在帕里旅馆，每天晚上穿着绅士的衣服，挂着手杖，蹒跚地走到轮盘赌桌前坐下来，面前摆着一大瓶1918年产的"拿破仑"白兰地，嘴里叼着没有点燃的雪茄，并且始终压在18号和22号上，而且总是运气不错，经常赢。

∨ 晚年的丘吉尔是许多城市的荣誉公民。

★艾森豪威尔

美国总统。美国五星上将。生于得克萨斯。先后毕业于西点军校、指挥参谋学院和陆军学院。1942年11月起任驻北非和地中海地区盟军总司令,创建联合司令部制度,指挥了在摩洛哥、阿尔及利亚、突尼斯和意大利等一系列登陆战役。1943至1945年任驻西欧盟军最高统帅,组织指挥了诺曼底登陆战役和进军德国的战役。法西斯德国投降后,被任命为美国驻德国占领军总司令。1945年11月,任美国陆军参谋长。1952年11月,当选为美国第34任总统。

不幸的是,1962年,丘吉尔在蒙特卡罗摔了一跤,胯股骨折。英国空军的飞机把他接回英国,在医院里住了很长时间,伤口愈合得很好。不过,他自此再也不去蒙特卡罗,赌博的兴趣也没有了。

1959年4月,丘吉尔又前往法国南部旅行,去养精蓄锐,因为10月初又要进行竞选。他必须做好准备,决不能让伍德福德的选民们失望。丘吉尔认为自己上了年纪了,在做一件紧张或意义重大的事情之前,进行一定的休养,调整一下情绪,是必不可少的。

10月初,当他在伍德福德保守党协会发表完22分钟的讲演时,他再次理所当然地被接纳为本党候选人。他的唯一的对手是一个工党候选人,名叫阿瑟·莱瑟姆,是个新手,法学顾问,还是罗姆福德自治市的议员。

在投票的前两天和投票日,丘吉尔按照自己的惯例来到了自己的选区,并参加公开集会,作为被接纳的候选人与选民见面。投票日晚上,选举结果出来了,保守党又获得胜利。工党的候选人盖茨克尔在电视中向公众承认自己的失败。保守党获得了365个席位,工党获得258个席位,自由党获得6个席位,独立党获得1个席位。全国的选票仅有1.1%转向了保守党。

丘吉尔个人在他的选区中又获得胜利,得到了24815票,而对方得到10018票。丘吉尔和以往一样,在计票的最后阶段来到计票大厅,在里面慢慢地踱步,和自己的对手很友好地交谈。等到结果出来了,便同他的政敌握握手,建议向经办选举的官员们致谢,然后向公众作个"V"字形手势,走进他的汽车。

由于身体日渐衰弱,丘吉尔很少再去拜访威斯敏斯特。而在此时,他继承了"议会之父"的称号,1922年以来,这个称号一直属于工党成员的戴维·格伦费尔,现在归他领导了。1959年11月30日,他得到了来自议会的祝贺。

1959年春天,他最后一次到华盛顿以私人身份拜访了艾森豪威尔★,在沃尔德里德医院看望了杜勒斯和马歇尔,杜勒斯患了癌症,已到后期,马歇尔将军患了中风偏瘫。丘吉尔对他这些美国的老朋友都一一问候,然后怀着复杂而沉重的心情回到了英国。

329

就在这一年，丘吉尔的一个朋友，希腊的百万富翁、船王亚里士多德·奥纳西斯，邀请丘吉尔及其夫人乘他的游船到地中海和大西洋去巡游。本来就无所事事，只求消磨时光，而又富于想象的丘吉尔对此当然欣然接受。

1959 年到 1963 年他们曾多次被邀请，最东他们到过伊斯坦布尔，最西到达西印度群岛和纽约。奥纳西斯显然很乐意尽量为这位高贵的客人做任何事情，同时他还喜欢和丘吉尔进行一些非常有趣的交谈。

"尊敬的首相，您的政治生涯几乎是在紧张和繁忙中度过的，我想知道，您为什么要这么忙，这么心急呢？"奥纳西斯一边喝着香槟酒，一边问。

正在一旁专心致志抽雪茄烟的丘吉尔眯着眼睛，风趣地说：

"因为我想超过我父亲。"

"您的父亲？我想您已经超过他了。"

"不，我不可能比我父亲活得更长，所以我必须抓紧时间。"

"您的父亲活了多少岁？"奥纳西斯有点惊奇，他还真的以为丘吉尔的父亲比丘吉尔活得更长。

"45 岁。"丘吉尔回答。

"可是您现在已经快 90 岁了。"奥纳西斯觉得好笑，心里嘀咕："这老头儿是不是老糊涂了？"

"可是我的父亲他现在已经一百多岁了。"丘吉尔回答道，然后冲着奥纳西斯一笑。

"哈，哈……"奥纳西斯终于明白了，他是在开玩笑。

"您的工作那么繁重，为国家和人民操劳，怎么还能活这么大年纪？"奥纳西斯继续发问。

"这是因为我和上帝合作得好，他老人家很照顾我。另外我有个习惯，如果有地方坐，我决不站着；如果能躺着，我绝不会坐着。"丘吉尔答道。

但是，岁月无情，年纪不饶人啊！

1959 年 6 月以后，丘吉尔的身体每况愈下。此后他便不间断地受到中风的折磨。他尽量避免一切在公众场合露面的机会，把皇家学院的宴会辞掉了，哈罗学校的"唱校歌会"也不去参加了。他的听力还在下降，走起路来更是吃力。克莱门蒂娜对他很担心。为了避免这些应酬，他或在里维埃拉，或在罗克布吕纳，或在戴尔角的比布鲁克，或在蒙特卡罗，或在奥纳西斯的游艇上。

1960 年，丘吉尔在海德公园门的住宅里跌倒在寝室的地板上，造成背部骨折，在帕丁顿的圣玛丽医院住了三个星期，才能下床。1961 年，有一次带着他的朋友奥纳西斯到奥瑟俱乐部参加他孙女西利亚·桑迪斯的舞会，在返回的路上又摔了一跤，不过这次没有受伤。

1962 年夏天，就是他到蒙特卡罗去赌博的那次，发生了一次严重的摔伤事故，居住在那里的为说英语的侨民看病的医生戴维·罗伯特立刻去给他治疗，还给他上了石膏。麦克米伦

∧ 繁华落尽，空余寂寞。

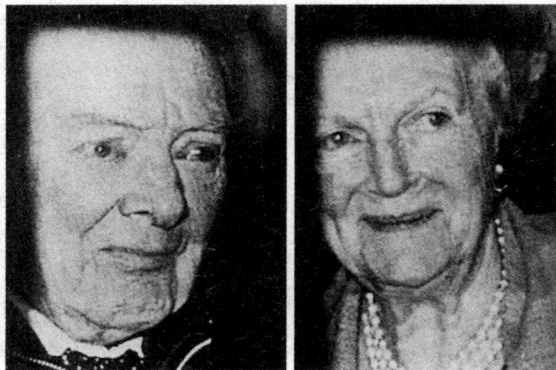

首相派飞机把他接回伦敦。但不久以后，他又可以走动了。他还一个劲地抱怨道：

"如果我不从议会退休，就不会无事可干，也就不会摔这么多次的跤了。"

1963 年初，美国国会两院大多数议员同意，决定授予丘吉尔"美国荣誉公民"称号。4 月，肯尼迪总统签署批准。由于丘吉尔不能再远行到美国去，只能由他的儿子伦道夫·丘吉尔代替前往。在白宫简短的仪式上，伦道夫代替他父亲宣读了接受该称号的信件，而且对英国和英联邦的地位发表了自己的看法。他代表他的父亲对美国总统及国会致以感谢。

肯尼迪非常崇拜丘吉尔，在他的心目中，丘吉尔一直有着高大的形象，他把丘吉尔作为自己学习的榜样。

对肯尼迪来说，结识丘吉尔是他梦寐以求的事情。肯尼迪的许多生活习惯都模仿丘吉尔。丘吉尔有中午睡午觉的习惯，肯尼迪便每天中午换上睡衣，在被窝里睡上一个多小时。有一次肯尼迪和他的妻子在坎那休养时，正遇上丘吉尔在那里作客，于是肯尼迪终于有机会见到了他心目中的伟人，但是此时伟人已经老眼昏花，气衰力竭了。丘吉尔起初根本没有认出和他热情握手的是谁，但最后还是认出了肯尼迪。可是作为一个连自己都照顾不了的老人，丘吉尔面对肯尼迪无话可说，虽然肯尼迪对他非常崇敬。

他们最终还是简单地谈了几句，并没有畅谈。这对肯尼迪来说，不能不说是个遗憾，他见到他心中的英雄已经太晚了，他此时已经失去了当年那令人敬慕的风采。尽管如此，这仍然不能改变肯尼迪对丘吉尔的态度，当国会提议接收丘吉尔为"美国荣誉公民"时，他欣然应诺。

由于丘吉尔的夫人克莱门蒂娜的年纪也越来越高，许多事情无力处理，丘吉尔的秘书安东尼·蒙塔古·布朗越来越多地负责处理丘吉尔的生活，并且代替他出席各种新闻发布会。至于家务方面的工作，则落到了克莱门蒂娜的秘书格拉斯·汉布林的肩上。其实，为处理各种事务，丘吉尔身边有很多的工作人员，有两名女秘书专门处理他的个人信件，除了劳伊·豪厄尔斯以外，还有两名护士，以及厨师等其他仆从。

1964 年，89 岁的丘吉尔在家人的劝告之下，决定不再作为议员的候选人了。他长达 65

年的议员生活至此结束。下院的同事们为他举行了欢送会。这位曾在议会中发表过许多惊世骇俗的演说，在议会主持过许多拯救英国人民的会议的老政治家，终于走完了他的政治旅程。他坐在他的议席上回味了一下自己的议会生活之后，带着永久的回忆，离去了

1964年11月30日，是丘吉尔的90岁诞辰，没有隆重的庆祝场面，因为丘吉尔已经对庆祝没有了兴趣。他收到了来自国内外的60多封贺信和贺电。伦敦市的市民"近水楼台先得月"，到海德公园街的住所去看望他。丘吉尔和往年一样，穿上节日的盛装，站在窗口，向群众致意。家人还特意为他拍了一张照片，当他看到照片上衰老的自己时，禁不住叹息道：

"老啦！老啦！"

丘吉尔虽然因此苦恼，但他也是无能为力了。

1964年末，他的情绪一直很好，胃口也一直不错，每天饭后照样喝一杯白兰地，抽一支雪茄烟。但是，到了1965年1月9日，他不再喝酒和抽烟了。第二天，便神志不清，似乎中风病又犯了。

莫兰医生在诊断之后，说他患了脑血栓，自此丘吉尔一直昏迷不醒。

1965年1月24日上午8点，延续了长达近一个世纪的生命走到了尽头，在弥留之际，丘吉尔只喃喃地念诵着：

"我已经完全厌倦了！"

1965年1月24日上午8点，一位世界伟人停止了呼吸。

这位老人的去世，引起了当时的英国，乃至全世界人民的悲哀。这些人中，有的是他的老朋友、老战友，也有的是他的政敌，甚至是他曾经的敌人……

为了对这位曾经为英国做出杰出贡献的人进行悼念，英国女王伊丽莎白二世向全国宣布，为丘吉尔举行国葬。对于一个英国的平民来说，不属于皇室血统的平民，没有特殊的贡献，是绝对不可能享受此种殊荣的。在英国历史上，曾经有两个人曾经受此殊荣，一位是1853年曾经打败拿破仑的威灵顿将军，另一位是1898年去世的大政治家格莱斯顿。

由于丘吉尔的去世，英国议会也停止了开会，在他曾经发表过许多著名讲话的威斯敏斯特大厅，举行公开瞻仰其遗容的仪式。有许许多多的英国公民从各地赶到伦敦，向他们敬爱的老首相告别。

在威斯敏斯特大厅中，在用红色地毯铺盖的四层台阶中央的高台上，安放着丘吉尔的灵柩。在雕花的墙壁和天花板的衬托下，整个大厅显得庄严肃穆。在台阶四角，由议院院长和三个政党领袖们为他守灵。英国军队的四个参谋长，也默默地站在他们的老领袖的灵旁。

隆重的告别仪式过后，国葬日来临了。

黎明，冷冷的风在飕飕地刮着，阴云密布的天空低低地垂着，仿佛上帝也因为他的去世而哀悼。天冷得出奇，但牵挂着首相的人们却很早就起床了，他们站在灵车将要经过的道路两旁，静静地等待着灵柩的到来。

在威斯敏斯特大厅的门外及门外的大街上，早已站满了送别的人群。按照国葬的常规，他的灵柩将先被抬上炮车，从威斯敏斯特大厅送到圣保罗大教堂，由大主教为他祈祷，然后再送葬。

上午9点45分，他的遗体被抬上炮车。那辆曾经送走维多利亚女王、爱德华七世、乔治五世和乔治六世四位君王的炮车，今天，它送走的却是一位平民，一位非同寻常的平民。

炮车缓缓地开了出来，灵柩上覆盖着英国的国旗，国旗上面放着女王奖给他的那枚嘉德勋章。

炮车后面，是他的夫人及亲眷的车子，再后面是以他的儿子为首的送葬队伍。送葬的乐队走在队伍最前面。队伍在哀乐队的引领下，以极慢的速度向前移动。他们穿过了议会广场，走过了白金汉宫，缓缓地来到了宏伟壮丽的圣保罗大教堂。

女王伊丽莎白在教堂的门前默默地等待着灵车的到来。和她站在一起的还有来自世界各地的著名人物，荷兰女王、伊丽莎白女王的母亲、法国的戴高乐总统、美国的前任总统即他的老朋友艾森豪威尔、苏联代表科涅夫元帅、他过去的敌人联邦德国总理艾哈德、日本原首相岸信介……他们都默默地站着，默默地哀悼。

灵车到来了，丘吉尔的遗体从上面移了下来。合唱开始了，坎德贝里大主教开始了祈祷：愿他的灵魂在歌声和祈祷声中升入天堂。

仪式结束了，灵柩又被放到了炮车上。在缓缓地、沉沉的哀乐声中，炮车向伦敦塔移动。然后，从伦敦塔的栈桥上，把灵柩搬到了河中的汽艇上。

在19响的礼炮过后。载着灵柩的汽艇出发了。在空中，16架英国空军的喷气式飞机盘旋在低空，向他们爱戴的首相，曾经鼓励他们战斗的首相，遥遥地致意。

载着遗体的汽艇沿泰晤士河逆流而上，到达了滑铁卢，并从那里由专列送到布莱顿教堂。那儿是他的归宿。

这位在90岁高龄时去世的老人，就是温斯顿·丘吉尔。

1940年，在英国遭受德国法西斯狂轰滥炸，濒于灭亡时，他，丘吉尔，临危受命，领导英国人民为了不列颠而战。

此后，是他，丘吉尔，与斯大林和罗斯福联合起来，共图消灭法西斯的大计，共图世界和平大计……

1945年，德国投降了，日本失败了，法西斯灭亡了，这其中，也有他——丘吉尔不可磨灭的功劳，但是，他在大选中却败了，败给了艾德礼……

但他没有沉沦，他仍旧在奋斗，在他快80岁时，再次当选为首相。其生命力之强，意志之坚，世所罕见，令人感叹。

当他逝世时，英国人民，全世界人民，给予他以永久的怀念……

< 载有丘吉尔灵柩的炮车正前往圣保罗大教堂。

∨ 丘吉尔的灵柩正被搬离圣保罗大教堂。

09

> 第二次世界大战开始之前,法西斯魔头的一次会晤。

法西斯魔头的最后会晤

1944年7月20日，德国最高领导人希特勒和"意大利社会共和国"领导人墨索里尼在德国希特勒大本营"狼穴"举行会晤，这是希特勒和墨索里尼的最后一次会晤。双方讨论了欧洲战局和德意政局，但未就具体问题达成实质性的协议。会晤结束后，希特勒带领墨索里尼观看了仍在冒烟的会议室残迹。数小时之前，在此发生了一次暗杀希特勒的行动，在这次暗杀行动中，希特勒险些丧命。

四大国催生联合国

1944年10月，美国、英国、苏联和中国正在认真考虑成立一个国际性安全组织机构。在华盛顿特区敦巴顿橡树园召开的会议上，与会代表将计划中的这个国际性组织命名为"联合国"，其宗旨为"调动一切海上、陆地和空中力量，维护和恢复世界和平与安全"。罗斯福总统说："所有爱好和平的国家都可以确信，在今后，任何可能出现的侵略者都会在其发动战争之前被消灭。"四国对建立联合国这一提议取得了一致意见。

苏军突破"柏林之钥"

"柏林之钥"即泽洛高地。位于德国柏林以东50~60千米处。因其扼守柏林大门，故又称"柏林之钥"。第二次世界大战期间，苏联军队和德国军队曾在此进行过激烈战斗。1945年4月16日至17日，苏军对该高地的德国守军发起了猛烈攻击。德军顽固防御，却最终未能抵挡住苏军的强烈攻势。苏军突破泽洛高地的防守之后，迅速转入对德国首都柏林的进攻。第二次世界大战结束后，泽洛高地附近修建了一座苏军战士纪念碑。

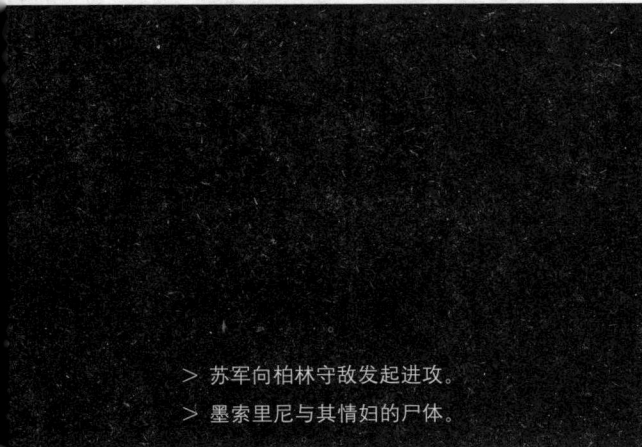

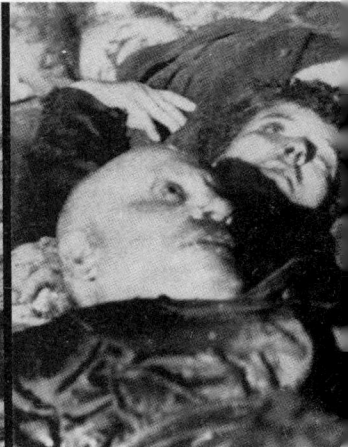

> 苏军向柏林守敌发起进攻。
> 墨索里尼与其情妇的尸体。

10

墨索里尼的可耻下场

1945年4月，意大利法西斯头目墨索里尼在一切幻想破灭之后，携带部分亲属，仓皇出逃。途中被游击队员截获。为防止德国出兵劫持墨索里尼，意大利游击队总部下令立即枪决墨索里尼等15名法西斯分子。4月28日，游击队对墨索里尼及其同伙执行枪决。当晚，墨索里尼的尸体被运到米兰，被抛弃在广场。4月29日，墨索里尼的尸体被人们吊在路灯杆上，悬尸街头。

希特勒自杀

在苏联军队的炮声渐近之际，希特勒自知末日来临。1945年4月29日，希特勒与跟随了他多年的情妇爱娃在柏林总理府地下避弹室举行了婚礼，口述并签署了私人和政治遗嘱，将戈林和希姆莱开除出纳粹党，任命邓尼茨为德国总统兼国防军最高司令。29日下午得知墨索里尼被悬尸街头后，希特勒决定立即自杀。30日下午3点左右，希特勒与爱娃自杀身亡，尸体由部下焚烧。

11

美国轰炸日本本土

1944年6月15日，美国B-29"超级堡垒"轰炸机轰炸了日本，开始了对日本的全面空战。日本主要岛屿的最南端的工业中心九州岛遭到了美军飞机的严重轰炸。美国陆军参谋长马歇尔称这次空袭为"一种新式的对敌攻势"。这次空袭对铺平进攻日本的道路、推进战争的进程起到了重大作用。

罗斯福抱憾辞世 杜鲁门就任总统

1945年4月12日，美国总统罗斯福总统与世长辞。就在他去世时，他统帅的军队和战舰已经攻到柏林的城门和日本的海岸。可惜的是，他没能等到胜利的到来。在参议院所致的献词中，他被称为"我们时代最伟大的人，他是作为这场战争的英雄死去的"。当晚，副总统哈里·杜鲁门在举行的白宫内阁会议时就任了总统。当时只有他的妻子、女儿和罗斯福的几个重要助手站在一旁。

∧ 遭美机轰炸过后的东京。

retrieval

希特勒与墨索里尼的最后通电

1945年4月24日，德国最高领导人希特勒从德国柏林总理府地下指挥部给意大利最高领导人墨索里尼发出了一份密电，这是希特勒与墨索里尼之间的最后一次电报联系。电文声称："生与死的斗争达到了白热化的程度。……但视死如归的德国人民和其他一切无所畏惧的人民，都将奋起抗争。他们在斗争中的非凡气概将加速当前这场战争的进程……"电文中不乏鼓励意大利法西斯继续顽抗之词，但对危在旦夕的墨索里尼却很难起到作用。

北约成立

北约全称为北大西洋公约组织，是第二次世界大战后西方资本主义国家所建立的最大的国际军事组织。1948年3月22日至4月1日，美国、加拿大、英国代表在华盛顿举行会谈决定扩大布鲁塞尔条约组织，缔结北大西洋地区安全公约。1949年4月4日，美、加、英、法等12个国家外交部长在华盛顿举行了《北大西洋公约》签字仪式，北约正式宣告成立。其总部设在比利时首都布鲁塞尔。

斯大林逝世

1953年3月5日，苏联领导人斯大林在莫斯科去世，享年73岁。斯大林的遗体在克里姆林宫停放了几天后，被安葬在列宁墓。斯大林是苏联历史上的一位伟人，他冷酷无情，谙熟政治；在热战中他是西方的盟友，而在冷战中他又是西方的敌人。他还是一位杰出的军事指挥家，是他首先打败了希特勒，并由之加速了第二次世界大战的结束。

∨ 苏联领导人斯大林在他的克里姆林宫办公室里。